James & Shirley Dobson

Stille Zeit für Eltern

Andachten zum Auftanken

Über die Autoren

Dr. James Dobson ist einer der renommiertesten Eheberater der Welt. Er ist Gründer und Leiter von *Focus on the Family*, einer Beratungs-Organisation für Familien. Er und seine Frau *Shirley* haben gemeinsam viele Bücher zum Thema Ehe und Familie geschrieben.

JAMES & SHIRLEY DOBSON

Stille Zeit für Eltern

Andachten zum Auftanken

TEAM.F

GerthMedien

FSC
www.fsc.org
MIX
Papier aus verantwortungsvollen Quellen
FSC® C014496

Verlagsgruppe Random House FSC-DEU-0100
Das für dieses Buch verwendete FSC®-zertifizierte Papier
Munken Premium Cream liefert Arctic Paper Munkedals AB, Schweden.

Die amerikanische Originalausgabe erschien unter dem Titel
„Night Lights – For Parents“ by Dr. James and Shirley Dobson

3. Auflage 2013
Best.-Nr. 816500
ISBN 978-3-86591-500-1

Übersetzung: Mechthild Bruchmann
Umschlaggestaltung: Immanuel Grapentin
Umschlagfoto: Shutterstock
Satz: Die Feder GmbH, Wetzlar
Druck und Verarbeitung: GGP Media GmbH, Pößneck
Printed in Germany

Wir widmen dieses Buch allen Müttern und Vätern,
die sich heute mit Liebe und Opferbereitschaft
für die Generation von Morgen einsetzen.
Es gehört zu den großen Verantwortungen im Leben,
Kinder zu erziehen und mit Jesus bekannt zu machen.
Mit dieser Zielrichtung haben wir die nachfolgenden Andachten
und Gebete ausgewählt. Gott segne jeden einzelnen Leser,
der Tag für Tag mit uns die folgenden Seiten durchdenken möchte.

James und Shirley Dobson

Inhalt

Einführung ... 9
1. Woche: Den Glauben weitergeben ... 15
2. Woche: Geistliches Training ... 25
3. Woche: Beten – ein Privileg ... 38
4. Woche: Vorbildliche Eltern ... 47
5. Woche: Vater sein ... 58
6. Woche: Mutter sein ... 69
7. Woche: Geborgenheit ... 79
8. Woche: Zeit für Ihre Kinder ... 89
9. Woche: »Ich will euch Ruhe geben« ... 100
10. Woche: Liebevoll erziehen ... 110
11. Woche: Junge Rebellen ... 121
12. Woche: Ermutigung für jeden Tag ... 131
13. Woche: Geldangelegenheiten ... 141
14. Woche: Keine Zeit zu verlieren ... 153
15. Woche: Der Angriff auf die Unschuld ... 164
16. Woche: Bewahre sie vor dem Bösen ... 175
17. Woche: Lernen Sie Ihre Kinder kennen ... 186
18. Woche: Man lernt nie aus ... 196
19. Woche: Machen wir alles richtig? ... 207
20. Woche: Der Charakter zählt ... 218
21. Woche: Harte Zeiten ... 228
22. Woche: Die richtige Perspektive behalten ... 239
23. Woche: Ich habe meinen Wert ... 250
24. Woche: Standhaft sein ... 260
25. Woche: Loslassen ... 269
26. Woche: Der Lohn ... 280
Nachwort ... 292
Anmerkungen ... 293

Einführung

Viele Jahre sind vergangen, seitdem unser erstes Kind geboren wurde. Mit der Stunde seiner Geburt entspann sich eine irrationale Liebesgeschichte zwischen dem frisch gebackenen Vater und seiner Tochter Danae Ann, die sofort zum absoluten Mittelpunkt der Familie Dobson wurde. Wie habe ich dieses Mädchen geliebt! Jeden Morgen stand die kleine Danae weinend an der Haustür, wenn ich zur Arbeit musste, und rannte mir strahlend mit ausgebreiteten Ärmchen entgegen, wenn ich abends wieder nach Hause kam. Es war jedes Mal ein Wiedersehen wie nach monatelanger Trennung! Und ich fragte mich: Würde ich ein zweites Kind je so lieb haben können wie diese Tochter?

Die Frage beantwortete sich fünf Jahre später von selbst, als ein winziges Kerlchen namens James Ryan das Licht der Welt erblickte. Und wieder verliebte ich mich bis über beide Ohren! Er war mein Junge – ein Sohn, den ich aufziehen durfte. Welche Freude, ihn heranwachsen zu sehen und zu erleben, wie er sich entwickelte und lernte! Ich war stolz, sein Vater zu sein, und glücklich, dass mir dieses Kind anvertraut war, und ich für sein Wohlbefinden sorgen durfte. Als er klein war, brachte ich Ryan jeden Abend zu Bett, und wir lachten und spielten zusammen und sprachen über Jesus. Ich habe zum Beispiel die Stofftiere seiner Schwester im ganzen Haus versteckt. Und dann machten wir alle Lichter aus und gingen beide mit Taschenlampen und Spielzeuggewehren bewaffnet auf große Jagd. Ryan konnte nie genug von diesem simplen Spiel bekommen.

Die ersten Jahre vergingen wie im Flug und plötzlich wuchsen die Kinder vor unseren Augen zu jungen Erwachsenen heran. Danae beendete die High School und wechselte aufs College. Nach ihrem Studienabschluss wollte sie ihr eigenes, selbstständiges Leben führen. Shirley und mir fiel es sehr schwer, sie ziehen zu lassen, aber wir trösteten uns damit, dass Ryan ja noch fünf Jahre zu Hause sein würde. Doch auch diese fünf Jahre vergingen rasend schnell. Ryan entschied sich schließlich für ein College, das etwa zweitausend Meilen von uns entfernt liegt. Dieses Mal blieb niemand zurück, der die entstandene Lücke füllen konnte. Das Nest war von einem Tag auf den anderen leer. Shirley und ich hätten nicht geglaubt, wie schmerzhaft diese umwälzende Veränderung für uns sein würde.

Natürlich wussten wir bereits seit Jahren, dass dieser Augenblick kommen würde. Ich hatte über die Notwendigkeit des »Loslassens«

ganze Bücher geschrieben, Vorträge gehalten und anderen Menschen gute Ratschläge erteilt. Und doch ist es ein großer Unterschied, den Umbruch »life« am eigenen Leib zu erfahren. Ich gebe offen zu, dass Ryans Auszug mich wie ein Hammerschlag getroffen hat.

Das Packen und Verstauen seiner Sachen war eine Aufgabe, die besonders viele Erinnerungen weckte. Wir kämpften uns in seinem Zimmer durch eine gewaltige Ansammlung von Tand und Trödel. Ryan war ein passionierter Sammler von vielen Dingen, für die sich sonst kaum jemand interessiert – alte Straßenschilder, kaputte Auto- Schiffs- und Flugzeug-Modelle und ausgefallene Angelruten. Die gesamte Familie ließ sich vorsichtshalber gegen Tetanus impfen, bevor wir uns in das Chaos stürzten. An dem letzten gemeinsamen Abend leerten Shirley und Ryan die letzten Schubladen und verstauten die letzten Kisten. Das Werk war vollbracht. Seine Koffer waren gepackt. Unser Sohn war abflugbereit.

Gegen Mitternacht trat Ryan in mein Arbeitszimmer und wir setzten uns noch einmal zu unserem gewohnten allabendlichen Gespräch zusammen, das ich jahrelang so sehr genossen hatte. Er hat immer gern am Ende eines Tages das Gespräch mit mir gesucht. Der Inhalt dieses letzten Gespräches ist zu persönlich, um ihn weiterzugeben.

Am nächsten Morgen begleiteten wir Ryan als ganze Familie zum Flughafen. Da saß ich nun am Lenkrad und fuhr über die Schnellstraße. Plötzlich überfiel mich das heulende Elend. Ich glaubte, es nicht ertragen zu können, ihn davonfliegen zu sehen. Ich machte mir keine Sorgen um seine Zukunft. Nein, ich bejammerte das Ende einer Ära – den Abschluss der kostbaren Lebensspanne, als unsere Kinder klein waren und ihre fröhlichen Stimmen durchs Haus schallten. Ich konnte meine Tränen nicht verbergen, während ich das Auto parkte. Ryan musste am Gate 18 einchecken. Ich wollte mich nicht in den Warteraum setzen und weinen. Darum ließ ich mich lange Zeit mit der Menge treiben und kehrte erst zum Gate zurück, als die Passagiere bereits an Bord gingen. Wir umarmten Ryan kurz und entließen unseren Jüngsten ins Leben. Ich wusste zwar, dass er noch oft nach Hause zurückkommen würde. Aber es würde nie mehr dasselbe sein. Jeder von uns würde sich verändern. Die Eltern-Kind-Beziehung würde von diesem Zeitpunkt an eine völlig andere werden. Und das war auch in Ordnung. Aber ich habe noch nie unwiederbringliche Veränderungen gemocht und schon gar nicht, wenn es dabei um Menschen ging, die ich liebe.

Shirley und ich fuhren schweigend in das Haus zurück, in dem sich Danae und Ryan von Säuglingen zu jungen Erwachsenen entwickelt hatten. Und da überfiel mich der Schmerz wieder! Das Haus, das wir vor drei Stunden in einem Wirbelsturm von hektischen Aktivitäten verlassen hatten, hatte sich in unserer Abwesenheit verwandelt. Es war ein Kloster geworden – ein Archiv – ein Museum. Die Ruhe schmerzte uns beide. Jede Ecke barg den Hauch der Erinnerung.

Ich schlich in Ryans Zimmer und setzte mich auf den Fußboden neben sein Bett. Ich sah ihn als Kleinkind – wie er auf mich zugestürmt kam und in meine offenen Arme sprang. Was für eine glückliche Zeit! Dann sah ich ihn als Kindergartenkind in einem nagelneuen Cowboyanzug mit der Snoopy-Butterbrottasche um den Hals. Diese Bilder blitzten eins nach dem anderen vor meinem inneren Auge auf. Jetzt erschien ein 7-jähriger Junge vor mir. Er lächelte, und ich bemerkte, dass ihm die Schneidezähne fehlten. In seinem Zimmer versteckten sich überall Kröten und Käfer und eine Tarantel namens Pebber. Als ich den Jungen umarmen wollte, verschwand das Bild langsam und löste sich auf. Anschließend schlenderte ein hoch aufgeschossener Teenager durch die Tür und warf seine Bücher auf den Schreibtisch. Er schaute mich an, als wolle er sagen: »Komm, Papa, reiß dich zusammen!«

Meine eigenen Worte von damals klangen mir im Ohr. Mir fiel ein, wie ich in einer Rede vor Eltern vorrausschauend exakt das formuliert hatte, was sich schon bald in unserem Haus abspielen sollte: »Der Tag wird kommen«, hörte ich mich sagen, »dann werden die Fahrradreifen platt sein, das Skateboard verzogen in der Garage an der Wand lehnen und die Schaukel nur noch vom Wind bewegt werden. Die Betten werden kalt bleiben. Und in den Fluren ist es mäuschenstill. Ich weiß, dass diese Zeit auch für mich bald kommt und mir ist klar, dass es so sein muss. Ich akzeptiere das. Ich werde um keinen Preis versuchen, unseren Sohn oder unsere Tochter aufzuhalten, wenn es an der Zeit ist, sie gehen zu lassen. Aber es wird ein sehr trauriger Tag sein, weil die wertvolle Erfahrung, mit Kindern zu leben, für mich damit zu Ende sein wird.«

Und so geschah es auch. Die Zeit, die ich seit Jahren erwartet hatte, brach mit einem einzigen Morgen an.

Wenn Sie glauben, dass ich hoffnungslos sentimental bin, wenn es um meine Kinder geht, dann haben Sie Recht. Dass ich Tag für Tag für sie sorgen durfte, war meine beste Lebensaufgabe. Allerdings hatte ich nicht mit einem so intensiven Schmerz gerechnet, als Ryan ausflog. Ich dachte, ich sei auf diesen Moment gut vorbereitet, aber ich stellte erst in diesem Moment fest, wie verletzlich ich war – und immer noch bin, wenn es um Menschen geht, die ich liebe.

Im Grunde war es jedoch nicht allein das Ende meiner formalen Fürsorge, das meine Welt erschütterte, als Ryan auszog. Ich trauerte um die Begrenztheit des menschlichen Lebens an sich. Als mein Sohn seine Maschine bestieg, begriff ich ganz neu die Endlichkeit unserer Lebensphasen und unserer gesamten Lebenszeit. Später hörte ich auf dem Fußboden im Zimmer meines Sohnes nicht nur Ryans Stimme, sondern auch die Stimmen meiner Mutter und meines Vaters, die hier gelacht, gelebt und geliebt hatten. Nun waren auch sie von uns gegangen. Und eines Tages werden Shirley und ich ihnen folgen.

»Wir haben hier keine bleibende Statt«, wie die Bibel sagt. Unser ganzes Leben ist auf eine Reihe glücklicher Willkommens- und trauriger Abschiedsgrüße begrenzt. Nichts ist wirklich von Dauer. Nicht einmal die Beziehungen, die in einem gesunden Zuhause Wurzeln geschlagen haben. König David sagt es besonders treffend: »Ein Mensch ist in seinem Leben wie Gras, er blüht wie eine Blume auf dem Felde; wenn der Wind darüber geht, so ist sie nimmer da, und ihre Stätte kennt sie nicht mehr« (Psalm 103,14 und 15 L).

Was für ein unglaublich wichtiges Konzept hat David uns mit diesen Worten gegeben! Wenn wir begreifen würden, dass unsere Tage gezählt sind, wären wir bestimmt viel stärker motiviert, vor allem in geistliche Werte zu investieren. Würde ein 50 Jahre alter Mann eine Affäre mit einer jungen Frau beginnen, wenn er sich bewusst wäre, wie schnell er diese Tändelei vor Gott verantworten müsste? Würde eine Frau sich selbst mit kleinlichen Verwandtschaftskonflikten oder anderen unnützen Frustrationen krank machen, wenn sie wüsste, wie wenig Zeit ihr noch bliebe? Würden Männer wie Frauen ihre Lebenskraft zum Erwerb von Statussymbolen einsetzen, wenn sie realisieren würden, wie schnell ihnen ihre Besitztümer aus den zittrigen Händen gerissen würden?

Es ist die Illusion der Dauer, die unsere Wahrnehmung trübt und unser eigensüchtiges Verhalten bestimmt. Sobald Ewigkeitswerte in unser Blickfeld gelangen, wünschen wir uns nichts sehnlicher, als Gott zu gefallen und so viele Menschen wie möglich unter seinen Einfluss zu bringen. Und wir beginnen bei unseren eigenen Kindern und allen, die wir lieben.

Darum stelle ich mir und jedem meiner Leser heute diese wichtige Frage: Wenn wir *tatsächlich* glauben, dass das ewige Leben unserer Kinder auf dem Spiel steht – werden wir unsere tägliche Lebensweise ändern? Werden wir eine so große Gelegenheit ignorieren, wenn unser Blick für diese ungeheure Verantwortung geschärft ist? Ich glaube nicht. Ich bete, dass wir die Chance nicht verpassen.

Ich möchte Sie, liebe Mütter und Väter, dringend bitten, die biblische Wahrheit im Blick zu behalten, während Sie durch Ihre Tage eilen! Lassen Sie nicht zu, dass die Erziehung Ihrer Kinder sie mutlos macht. Ja, Kindererziehung ist eine ermüdende und schwierige Herausforderung und es gibt Zeiten, da fühlt man sich wie ausgewrungen. Aber ich bitte Sie dringend: Halten Sie Kurs! Kommen Sie täglich zu Gott und bitten Sie ihn um Kraft und Weisheit! Tun Sie, wozu er Sie berufen hat! Es gibt keine wichtigere Lebensaufgabe.

Die Dringlichkeit meiner Bitte werden Sie besser verstehen, wenn Sie da angekommen sind, wo Shirley und ich heute sind. In einem einzigen Augenblick werden Sie sich von Ihren Kindern verabschieden und in ein leeres Haus zurückkehren. Sie halten einen Moment inne und sprechen ein Stoßgebet, dass die Werte und Instruktionen, die Sie Ihren Kindern im Laufe der Jahre mit auf den Weg gegeben haben, in ihnen Wurzeln schlagen und in ihrem Leben Früchte tragen mögen.

Das ist der Grund, warum wir dieses Andachtsbuch geschrieben haben: Wir wollen Ihnen helfen, so genannte »Prioritäten« zu setzen. Wir möchten Ihnen Mut machen, sich als Vater und Mutter mit Begeisterung um das geistliche Wohl Ihrer Kinder zu kümmern. Bei unserer Arbeit als Familienberater haben wir erlebt, dass die Wahrung der unerschütterlichen Werte des christlichen Glaubens die größte Chance für eine erfolgreiche Erziehung bietet. Erzählen Sie Ihren Kindern von Jesus, von Gut und Böse, und bringen Sie ihnen die fundamentalen Wahrheiten des Wortes Gottes bei. Beten Sie täglich für Ihre Kinder und helfen Sie ihnen, im Glauben zu wachsen. Wenn ihre Kinder mit einem klaren Konzept aufwachsen und wissen, wer Gott ist, und welche Rolle er in ihrem Leben spielen kann, haben Sie Ihr wichtigstes Lebensziel erreicht.

Unser Buch soll Ihnen helfen, dieses Ziel zu erreichen, und wir möchten Sie dabei begleiten. Es umfasst sechs Monate mit einer täglichen Andacht für Ihre Familie. Dazu gehören geistliche Übungen, Gebete und wichtige Themen wie Charakterbildung, Disziplin, Ruhe, harte Zeiten und vieles mehr. An jedem Sonntag wird ein neues Thema mit einer nachdenkenswerten Geschichte und mit einem kurzen Kommentar eingeführt. Im Zeitabschnitt von Montag bis Freitag wird das

Thema durch Bibelverse, Gebete, Berichte oder Vorschläge behandelt. Außerdem werden einige provokative Fragen gestellt. Samstags beschließt Shirley die Woche mit ihren eigenen Gedanken.

Ich sollte vielleicht die Einführung mit einem kurzen Blick auf unser heute leeres Nest beenden. Mein Kummer dauerte etwa 30 Tage, in denen ich glaubte, ich würde es nicht aushalten. Aber stellen Sie sich vor: Es passierte in dieser Zeit etwas ganz Interessantes: Die neue Familienkonstellation entpuppte sich nach und nach als wahrer Segen! Das Chaos und der Trubel unserer Heranwachsenden wich einer heiteren Gelassenheit, und Shirley und ich hatten viel mehr Zeit füreinander. Es stellte sich heraus: Gott meint es immer noch gut mit uns.

Heute haben wir eine wunderbare Beziehung zu unseren erwachsenen Kindern. Zwar nicht mehr als Eltern, die die unmittelbare Verantwortung für das Verhalten ihrer Kinder tragen, sondern eher als Freunde, die eine ganz neue Art der Verbundenheit mit ihnen teilen. Diese Beziehung ist genauso wertvoll wie die der ersten 18 Jahre. Shirley und ich sprechen fast täglich mit Danae und Ryan oder hören von ihnen und sind ganz stolz auf unsere Großen. Und was uns besonders freut: Sie lieben Gott und tragen die Werte und Grundsätze weiter, die wir ihnen in den prägenden Jahren mitgegeben haben. Das ist für uns die wertvollste Erfahrung.

Wir hoffen, dass Ihnen dieses Andachtsbuch gefällt, und dass Sie viele praktische Anregungen und Ideen für Ihre eigene Familie finden. Wir würden uns freuen, von Ihnen zu hören.

1. WOCHE

Den Glauben weitergeben

SONNTAG

Fußstapfen

von Dennis Rainey

Samuel war immer schon *der* Sportler in unserer Familie. Ich hatte im Junior-College mit Begeisterung Basketball und Baseball gespielt und mir erhofft, dass unser Sohn in meine Fußstapfen treten würde.

Schon als Kind hatte Samuel einige Jahre lang mit älteren Jungen in der Kinderliga gespielt und sich gut geschlagen. Mit 13 Jahren wurde er ein ausgezeichneter Tennisspieler. Wir schauten uns gern seine Spiele an und begleiteten ihn zu seinen Turnieren. Dazu fuhren wir viele hundert Meilen und brachten ihn im ganzen Land zu Einzel- und Doppelspielen. Er schleppte Trophäen und Schleifen nach Hause. Einmal stand er landesweit an der Spitze seiner Altersklasse, bis er in einem Tiebreak verlor.

Samuel rangierte an 7. Stelle in unserem Bundesstaat. Doch plötzlich ließ er nach. Sein Trainer konnte nicht verstehen, warum er die Bälle nicht mehr bekam, die er früher mit Leichtigkeit zurückgeschlagen hatte. Ob es an seinen Schuhen lag? Oder irgendein Wachstumsproblem? Wir fuhren mit ihm zu einem Orthopäden, einem Spezialisten, der ihn gründlich untersuchte. Doch seine Leistungen wurden immer schwächer.

Nach Samuels 14. Geburtstag flogen wir mit der ganzen Familie nach Dallas zu einer Familienfreizeit. An diesem Wochenende stellten wir fest, dass Samuel nicht mithalten konnte, wenn wir gemeinsam die Treppen hinauf zum Essen stürmten oder als wir durch den Flughafen eilten, um unsere Maschine zu erwischen.

Am nächsten Montagmorgen gingen wir mit Samuel zum Arzt. Wir waren sprachlos und wollten zuerst nicht glauben, was der Neurologe uns verkündete: »Ihr Sohn leidet an einer Art Muskelschwund. Höchstwahrscheinlich wird er damit nicht im Rollstuhl enden, aber er wird nicht mehr schnell laufen können. Mit seinem Tennis und sonstigen Sportarten ist es vorbei.« Einige Monate später bestätigte eine Untersuchung in der Mayo Klinik die erste Diagnose.

Obwohl Samuels Krankheit nicht lebensgefährlich ist, fühlten wir uns todunglücklich. Ein Traum war zerbrochen.

Die nächsten vier Monate waren besonders hart, weil Samuel das Tennis nicht aufgeben wollte. Die meisten Spiele verlor er, stolperte häufig, stürzte auch oft und verlor in klaren Sätzen. Viele seiner Gegner, die nicht wussten, was mit ihm los war, machten sich lustig über Samuel.

Endlich hängte Samuel seinen Tennisschläger an den Nagel und fand sich damit ab, dass seine Karriere zu Ende war.

An einem Spätnachmittag, als ich Samuel von einem Arztbesuch nach Hause fuhr, sprachen wir über seine Krankheit und was sie für ihn bedeutete. Nur mit Mühe konnte ich meine Tränen unterdrücken, während ich versuchte, ihn zu trösten. Ich hatte mit mir zu kämpfen: Mein 14-Jähriger sollte nie mehr einen Tenniscourt betreten! Nie mehr mit seinen Brüdern Basketball spielen! Nie mehr mit seinem Vater joggen.

Doch schließlich tröstete Samuel mich.

Im Zwielicht der Spätnachmittagssonne wendete sich mein Sohn mir zu und meinte mit einem spitzbübischen Grinsen: »Nun, Papa, ich glaube, man braucht keine schnelle Rückhand, um Gott zu dienen.«

Das verschlug mir die Sprache. Ich wischte mir übers Gesicht und konnte nur schweigend meinen Arm um seine Schultern legen.

Samuel ist nicht vollkommen. Er flattert noch mit den Flügeln und lernt wie wir alle erst nach und nach, was es heißt, ein Jünger Jesu zu sein. Als ich an diesem Nachmittag mit ihm im Auto fuhr, zeigte er mir allerdings, dass er ein junger Mann ist, dessen Identität nicht beim Tennisspielen endet. Sein Charakter stellte sich einer harten Herausforderung. Seine Beziehung zu Gott und seiner Familie gaben ihm Halt. Sollte er im Leben körperliche Einschränkungen erleiden, würden sie seinen Auftrag für Gott nicht beschränken.

Ich hatte gehofft, dass Samuel als Sportler in meine Fußstapfen treten würde. Und ich war hocherfreut, als ich feststellte, dass er einen bedeutungsvolleren Weg eingeschlagen hatte!

Vorschau

Gibt es etwas Schmerzlicheres für Eltern, als einen Sohn oder eine Tochter körperlich, emotional, geistlich oder sogar auf allen drei Gebieten leiden zu sehen? Sie wollen den Schmerz unbedingt beseitigen. Aber Sie können gar nichts machen. Oder doch?

Es stimmt: Viele Schwierigkeiten im Leben lassen sich nicht verhindern. Krisenzeiten sind unvermeidlich. Aber *Sie können* Ihre Kinder vorbereiten, damit sie mit den Härten des Lebens fertig werden. Das ist die wichtigste Aufgabe, die Ihnen gestellt ist.

Wir wollen in dieser Woche über Ihre wichtigste elterliche Aufgabe reden, über die Möglichkeit, Ihren Kindern eine Beziehung zu Gott nahe zu bringen. Der eigenständige Glaube wird Ihr Kind leiten und schützen, wird es stärken und es auf den Weg bringen, der zum ewigen Leben führt. Was immer Ihrem Kind begegnen mag, unser himmlischer Vater wird es zur rechten Zeit mit allem versorgen, was es braucht. Und wenn *Sie* leiden, wird er auch Sie trösten – vielleicht sogar durch Ihren eigenen Sohn oder Ihre eigene Tochter.

MONTAG

Staffellauf

Nichts macht mich glücklicher, als zu hören, dass meine Kinder der Wahrheit gemäß leben. 3. Johannes 1,4

Kinder zum Glauben zu führen ist mit einem Staffellauf vergleichbar. Zunächst sind Ihre Eltern die Strecke mit dem Stab, dem Wort Gottes, in der Hand vorgegangen. Im passenden Augenblick haben sie Ihnen den Stab übergeben und nun laufen Sie Ihre Runde. Dann kommt die Zeit, da Sie den Stab sicher in die Hand Ihres Kindes legen müssen. Wie jeder Trainer bestätigen kann, *werden Staffelläufe immer im Moment der Übergabe des Stabes gewonnen oder verloren.* Die Übergabe ist der kritische Moment, wo durch Fehlkalkulation oder Ungenauigkeit alles verloren gehen kann. Hat der nächste Läufer den Stab erst einmal fest im Griff, wird er ihn beim Lauf nur selten fallen lassen.

Und genau das ist unsere wichtigste Lebensaufgabe als Eltern, dass wir den Stab sicher in die Hand unseres Kindes legen (Johannes 3,3). Haben unsere Söhne und Töchter erst einmal den Glauben ergriffen, ist es nicht mehr so wichtig, wie schnell sie laufen. Hauptsache, sie kommen an!

Gute-Nacht-Gedanken

- Wie haben Ihre Eltern Ihnen (falls überhaupt) den Stab des Glaubens in die Hand gegeben?
- Bereiten Sie Ihre Kinder auf eine gute Übernahme vor?
- Was können Sie tun, damit Ihr Kind die Wichtigkeit dieser Übernahme erkennt?

Lieber himmlischer Vater, unser sehnlichster Wunsch ist, dass wir eines Tages mit unseren Kindern bei dir in der Ewigkeit sind. Schenke uns Kraft und Weisheit, wie wir dich unseren Kindern vorstellen können und wie wir ihnen im kritischen Moment dein Wort an die Hand geben sollen. Amen.

DIENSTAG

Früh übt sich ...

Gewöhne einen Knaben an seinen Weg, so lässt er auch nicht davon, wenn er alt wird. Sprichwörter 22,6

Wenn Sie sich überlegen, wann Sie Ihre Kinder mit Jesus bekannt machen wollen, sollten Sie nach dem Motto »Je eher, desto besser« handeln. In einer Studie fand George Barna heraus, dass Kinder im Alter zwischen 5 und 13 Jahren mit einer Wahrscheinlichkeit von 32 Prozent Jesus als ihren Retter annehmen. Für Kinder zwischen 14 und 18 Jahren sinkt dieser Prozentsatz beachtlich auf nur 4 Prozent! Und wer bis zu seinem 19. Lebensjahr noch nicht Christ ist, hat bis zu seinem Lebensende lediglich die Wahrscheinlichkeit von 6 Prozent, es noch zu werden!

Die geistliche Schulung von Kindern sollte beginnen, sobald sie bewusst wahrnehmen können. Das wichtigste Jahr ist dabei das 5. Lebensjahr. In dieser Zeit sind Kinder besonders offen und aufgeschlossen für Glaubensdinge. Einige Kinder kommen in dieser Lebensphase an eine Wegkreuzung. Entweder beginnen sie zu verinnerlichen, was sie bisher gelernt haben, und fangen an, ihren eigenen Glauben zu entwickeln. Oder die biblischen Geschichten werden für sie zu Fabeln und Märchen, die mit der wirklichen Welt nichts zu tun haben. Sie als Eltern können in dieser kurzen Lebensspanne durch sorgfältige Unterweisung eine Glaubensgrundlage in den Kindern anlegen, die sie durchs Leben begleiten wird.

Gute-Nacht-Gedanken

- Wo stehen Ihre Kinder im Moment, wenn es um den Glauben an Jesus geht?
- Entspricht das Niveau, mit dem Sie Glaubensdinge vermitteln, dem Alter Ihrer Kinder?
- Wie sehr sind Sie bis heute von dem geistlichen Input beeinflusst, den Sie als Kind erhalten haben?

Lieber Jesus, du bist der beste Lehrer. Hilf uns, deinem Beispiel zu folgen, wenn es um unsere Kinder geht. Hilf uns, die richtigen Worte zur richtigen Zeit und in der richtigen Art zu sagen, damit sie deine Kinder werden. Amen.

MITTWOCH

Prägung

Bringt die Gebote euren Kindern bei! … Solange Himmel und Erde bestehen, werdet ihr und eure Nachkommen dann in dem Land bleiben können, das Gott euren Vorfahren versprochen hat. 5. Mose 11,19–21

Gestern haben wir davon gesprochen, wie wichtig es ist, Kindern im Alter von ca. 5 Jahren biblisches Wissen zu vermitteln, weil sie in dieser Zeit besonders offen für das sind, was die Eltern ihnen sagen. Vielleicht macht Ihnen dieser Gedanke Schwierigkeiten. Sie möchten lieber, dass Ihr Kind sich selbst ganz frei entscheiden kann, was den Glauben an Gott angeht. Wir möchten darauf mit einem Beispiel aus der Natur antworten. Wenn ein Gänseküken aus seinem Ei schlüpft, wird sein Interesse von dem geprägt, was sich unmittelbar neben ihm bewegt. Und das ist gewöhnlich die Gänsemutter. Sollte Mama Gans nicht bei ihm sein, findet jedes andere bewegliche Ding seine Zuwendung. Ja, ein Gänseküken kann sehr gut auch von einem rollenden Ball angelockt werden und betrachtet diesen dann als seine »Mutter«. Der kritische Faktor ist der richtige Zeitpunkt: Nur wenige Sekunden nach seiner Geburt ist das Gänseküken prägbar. Wird diese Gelegenheit versäumt oder falsch genutzt, lässt sie sich nicht mehr nachholen.

Ähnlich gibt es eine Zeitspanne, in der Kinder für alles, was ihnen über Gott und Gut und Böse gesagt wird, besonders aufnahmefähig sind. Wenn Eltern sich entscheiden, jede Art der religiösen Unterweisung von ihrem kleinen Kind fern zu halten, damit es »sich selbst entscheiden kann«, ist fast immer die Garantie gegeben, dass es sich letztlich für gar nichts entscheiden wird. Wenn Sie möchten, dass Ihre Kinder einen festen Glauben an Gott entwickeln, müssen Sie alle Versuche, neutral zu sein, ablegen und vielmehr »den Kindern die Gebote beibringen«, wie es in 5. Mose 11,19 gesagt ist.

Gute-Nacht-Gedanken

- Haben Sie Bedenken, Ihren Kindern geistliche Wahrheiten beizubringen? Falls ja, warum?
- Kann man Kindern schaden, wenn man sie geistlich nicht »aufklärt«?

Lieber Gott, danke, dass wir das Vorrecht haben, unseren Kindern von dir zu erzählen. Lass uns die Gelegenheiten nutzen, die du uns gibst, und nicht zulassen, dass irgendetwas zwischen unsere Kinder und ihr ursprüngliches Vertrauen zu dir kommt. Amen.

DONNERSTAG

Weitersagen

Hütet euch davor, etwas, von dem, was ihr gesehen habt, zu vergessen! Erinnert euch euer Leben lang daran, und erzählt es euren Kindern und Enkeln weiter! 5. Mose 4,9

Es ist klug, die Worte von Mose zu befolgen, wenn Sie Ihren Kinder Gottes Wort weitersagen. Er rät den Eltern, kontinuierlich mit ihren Kindern über geistliche Dinge zu reden:

»Prägt sie (Gottes Gebote) euren Kindern ein! Redet immer und überall davon, ob ihr zu Hause oder unterwegs seid, ob ihr euch schlafen legt oder aufsteht. Schreibt euch diese Worte zur Erinnerung auf ein Band und bindet es um die Hand und die Stirn! Ritzt sie ein in die Pfosten eurer Haustüren und Stadttore!« (5. Mose 6,7–9 Hfa)

Zusammengefasst bedeutet diese Botschaft, dass wir uns die geistliche Entwicklung unserer Kinder zur obersten Priorität machen sollen. Nichts ist von größerer Bedeutung in der Erziehung. Unsere Bemühungen waren Gott sei Dank bei unseren beiden Kindern bis heute erfolgreich. Das ist das Höchste, was wir im Leben erreichen können! Wenn Sie dem Ratschlag Mose folgen und Ihren Kindern beständig von Jesus, seinem Wort und seinen Wegen erzählen, ist die Wahrscheinlichkeit groß, dass Sie das höchste Ziel Ihrer Erziehung erreichen.

Gute-Nacht-Gedanken

- Wie intensiv reden Sie mit Ihren Kindern über Gott?
- Ist es das höchste Ziel Ihrer Erziehung, Ihre Kinder zu einer Beziehung mit Gott anzuleiten?
- Was lässt sich von Moses Ratschlägen praktisch umsetzen?

Vater, vergib uns, dass wir Eltern so oft unsere Verantwortung vor dir aus den Augen verlieren. Wir wollen deinen Geboten folgen und sie unseren Kindern einprägen. Hilf uns dabei. Amen.

Gottes gute Nachricht

Nun wird jeder, der sein Vertrauen auf den Sohn Gottes setzt, nicht zu Grunde gehen, sondern ewig leben. Johannes 3,16

Vielleicht lesen Sie dieses Buch und können selbst gar nicht an Gott glauben. Das beste Geschenk, das Sie Ihren Kinder – und sich – machen können, ist die Entscheidung, Ihr Vertrauen auf Jesus zu setzen. Wir alle sind mit einer Krankheit infiziert, die sich Sünde nennt. Das bedeutet, wir lehnen uns innerlich gegen Gott auf. Dieses Verhalten liegt uns im Blut. In der Bibel heißt es: Auch wenn wir uns noch so viel Mühe geben, wir können gar nicht gut oder gerecht genug sein, um uns von dieser angeborenen Schwäche zu befreien (siehe Römer 3,23; 5,8; 6,23).

Gottes unendliche Liebe fordert – zu unserem Glück –, dass er eine Lösung für die Menschen findet. Gottes Antwort auf dieses menschlich unlösbare Problem: Er sendet seinen einzigen Sohn, Jesus, damit er am Kreuz von Golgatha die Strafe trägt, die wir verdient haben. Jesu Tod und seine Auferstehung drei Tage nach seinem Tod ist unser Weg aus einer sinnlosen Existenz in ein Leben, das bis in die Ewigkeit hineinreicht. Er bietet Ihnen einen neuen Anfang als Geschenk an. Was Sie dafür tun müssen? Bereuen Sie Ihre Schuld und setzen Sie Ihr Vertrauen auf ihn. Das ist alles. Dadurch kommt Sinn in Ihr Dasein. Das ist die einzige zufrieden stellende Erklärung, warum wir auf dieser Welt sind und wohin unser Weg führt. Das ist das Evangelium, die Gute Nachricht!

Wie aber können Sie Ihre Kinder zu Jesus führen, wenn Sie ihn selbst nicht kennen? Wenn Sie sich Jesus noch nicht anvertraut haben, dann können Sie es jetzt in diesem Augenblick mit dem folgenden Gebet tun.

Gute-Nacht-Gedanken

- Haben Sie das Geschenk des ewigen Lebens, das Jesus anbietet, schon angenommen?
- Wenn nicht, was hindert Sie daran, es jetzt zu tun?

Lieber Jesus, ich bin dir unaussprechlich dankbar für dein Opfer. Ich bin ein Sünder, der dich braucht, und ich glaube an dich. Hilf mir, dir zu dienen, dir zu gehorchen und dir zu folgen. Bitte vergib mir all meine Sünden und schenk mir ein neues Leben mit dir, das bis in alle Ewigkeit gilt. Amen.

SAMSTAG

Himmlische Hilfe

Lasst nicht nach im Beten! 1. Thessalonicher 5,17

Wer sich die große Verantwortung von Eltern bewusst macht (von der unglaublichen Macht des Bösen in unserer Welt soll dabei nicht einmal die Rede sein), den überrascht es nicht, dass viele Eltern nicht nachlassen, für ihre Kinder zu beten. Unsere Danae war etwa 3 Jahre alt, da wurde Jim und mir klar, dass wir himmlische Hilfe brauchten. Wir begannen für Danae – und später auch für Ryan – zu beten, und das fast jede Woche, und von Zeit zu Zeit auch zu fasten (eine Übung, die ich bis heute beibehalten habe). Unser Gebet lautete etwa so: »Herr, gib uns die Weisheit, die Kinder, die du uns anvertraut hast, in deinem Sinne zu erziehen. Und hilf uns vor allem, sie zu dir zu führen. Das ist uns wichtiger als unsere Gesundheit oder unsere Arbeit oder unser Geld. Wir bitten dich von ganzem Herzen, dass die Gemeinschaft mit dir und den Kindern nicht abbricht, bis wir uns im Himmel wiedersehen.«

Gott hat unser Gebet nicht nur erhört, sondern es so gesegnet, wie wir es nie erwartet hätten. Unsere Gebetszeiten, die wir nicht mehr missen möchten, haben uns als Paar enger zueinander und näher zu Gott geführt. Außerdem erinnert uns das Fasten an unsere Prioritäten: Es ist beinahe unmöglich, seine wichtigsten Werte zu vergessen, wenn ein Tag in der Woche extra reserviert ist, um sie besonders im Blick zu behalten. Und letztlich wurden unsere Kinder durch diese Disziplin beeinflusst. Wenn sie unser Fasten und Beten mitbekamen, ergab sich für uns die Gelegenheit, ihnen zu erklären, warum wir das taten, und ihnen zu zeigen, wie sehr wir sie liebten und wie wichtig uns unsere Beziehung zu Gott war.

Gott hört und erhört – zu seiner Zeit – unser Flehen für unsere Kinder. Wenn Sie das Beste für Ihre Kinder wünschen, kann ich Ihnen nur empfehlen, so häufig wie möglich die größte Macht des Universums im Gebet anzurufen.

2. WOCHE

Geistliches Training

SONNTAG

Leben und Lernen

Robin Jones Gunn

Wir steckten in der Innenstadt im Stau. Da trat plötzlich bei Rot eine schlanke Frau an unser Auto heran.

»Bitte«, flehte sie und klopfte hastig an die Fensterscheibe. »Bitte, können Sie mir helfen?«

Mein Mann kurbelte die Scheibe hinunter und wir hörten das Baby in ihrem Arm wimmern. »Ich brauche Milch für mein Kind. Können Sie mir etwas Geld geben?«

Mein Mann zog einen 20-Dollar-Schein aus seiner Tasche und reichte ihn durchs Fenster, als die Ampel auf Grün sprang. Wir fuhren weiter und ich runzelte die Stirn. Welche Bettlerin kann sich so viel Make-up leisten? Was denkst du wohl, wie viele Fahrer die heute schon an der Nase herumgeführt hat!

Unsere 7-jährige Tochter fragte von hinten: »Glaubt ihr, dass sie jetzt Milch von dem Geld kauft?«

Ich gab nur ein muffiges »Hrmpf!« von mir. Mein Mann antwortete: »Ich weiß es nicht.«

»Und warum hast du ihr dann das viele Geld gegeben?«, fragte unser 11 Jahre alter Sohn erstaunt.

Mein Mann antwortete ohne Zögern: »Weil Gott mich gebeten hat, ein fröhlicher Geber zu sein. Ich bin nicht dafür verantwortlich, was sie mit dem Geld macht. Sie muss das vor Gott verantworten. Ich bin nur für meinen Teil verantwortlich, und der lautet in diesem Fall: Fröhlich geben!«

Hm! Ich blieb skeptisch. Wir besaßen nämlich keine unerschöpfliche Quelle für 20-Dollar-Noten. Unser Budget war sehr schmal.

Unsere Kinder kannten sich mit Geld aus. Wir hatten ihnen schon früh beigebracht, vernünftig mit Geld umzugehen. Wir hatten auch viel über Verantwortung mit ihnen geredet. Und zum Thema Ehrlichkeit hatten wir ihnen eingeschärft, immer die Wahrheit zu sagen.

Solange wir im Familienkreis darüber redeten, war es einfach, den Charakter unserer Kinder nach biblischen Grundsätzen zu formen und uns nach christlichen Erziehungsbüchern zu richten. Viel schwieriger war es, unsere Theorie im Alltag bei den unmöglichsten Gelegenheiten in die Praxis umzusetzen.

Wie damals zum Beispiel, als ich zwei Jeans für unseren Sohn gekauft hatte und auf dem Heimweg feststellte, dass mir nur eine Hose berechnet worden war. Das war der Fehler der Verkäuferin gewesen und ich hatte wirklich nicht die Zeit, noch einmal in die Stadt zurückzufahren. Doch da fiel mir ein, was wir unseren Kindern in Bezug auf Ehrlichkeit eingeprägt hatten! Also holte ich unsere Tochter von der Schule ab, nahm die Jeans und den Kassenzettel und versuchte, die zweite Hose zu bezahlen. Die Verkäuferin schien nicht zu wissen, was sie nun tun sollte. Darum rief sie ihre Vorgesetzte herbei. Wieder erklärte ich die Sache und meine Tochter hörte zu. Die Vorgesetzte schickte mich zum Kundendienst, wo ich erneut versuchte, mein Geld loszuwerden.

»Warum machen Sie sich die Mühe?« fragte die Verkäuferin. Das fragte ich mich inzwischen auch. Doch jetzt sprang meine Tochter ein.

»Gott hat es gemerkt«, meinte sie ruhig. Sie zupfte an meiner Handtasche. »Mama, sag ihr einfach, dass du nur versuchst, ehrlich zu sein.«

Mein Frust verflog nicht sofort, aber ich begann zu begreifen, dass ich meiner Tochter gerade etwas beibrachte, das sie länger behalten würde als jede Moralpredigt von mir. Unsere Kinder beobachten unser Leben und lernen aus dem, wie wir uns entscheiden.

Unser Sohn ist inzwischen zu einem schlaksigen Teenager aufgeschossen. Er hat noch keinen richtigen Job, doch er verdient sich hin und wieder Geld. Außerdem bekommt er zu Geburtstagen usw. von der Verwandtschaft etwas zugesteckt. So hatte er eine beachtliche Summe angespart und wollte sich unbedingt eine neue Spritzpistole davon kaufen. Am nächsten Wochenende bemerkte ich, wie er einen gefalteten 20-Dollar-Schein in den Opferteller der Kirche legte.

Ich rechnete schnell im Kopf nach und war erstaunt, dass er den zweifachen Zehnten von seinem Geburtstagsgeld gegeben hatte. Also konnte er sich jetzt die Spritzpistole nicht mehr leisten.

Verdutzt und zu Tränen gerührt, dass er so viel Geld geopfert hatte, drehte ich mich zur Seite, um ihn zu beobachten. Auf seinem markanten Gesicht lag ein Lächeln und er sah in diesem Moment seinem Vater sehr ähnlich. Das erwärmt das Herz einer Mutter! Und mir wurde schlagartig klar: Wir hatten mehr als nur unsere Gene weitergegeben.

Vorschau

Die Geschichte von Robin Jones Gunn klang mir sehr vertraut, als ich sie las. Das ist auch nicht verwunderlich, denn dasselbe war mir vor einigen Jahren auf dem Parkplatz eines Restaurants passiert. Eine Frau mit einem Kind versperrte mir mit ihrem Auto den Weg und begann hysterisch zu weinen. Sie brauche unbedingt in diesem Augenblick 20 Dollar und habe keine Zeit, mir das näher zu erklären, schluchzte sie verzweifelt. Als ich wissen wollte, warum sie das Geld so dringend benötige, jammerte sie: »Oh, bitte, bitte helfen Sie mir. Ich darf Ihnen nicht den Grund sagen. Ich brauche es ganz einfach.« Ich reichte ihr 20 Dollar und sie ging schluchzend davon.

Hatte ich mich ausnehmen lassen? Wahrscheinlich. Und warum hatte ich ihr das Geld überhaupt gegeben? Ich hatte damals kein Kind dabei, dem ich Vorbild sein wollte. Das konnte also nicht der Beweggrund gewesen sein. Ich gab das Geld aus dem selben Grund, aus dem Robins Mann der Frau mit dem Baby die 20 Dollar gereicht hatte. Meine Eltern hatten mir beigebracht, Menschen zu helfen, die in Not sind. Großzügigkeit ist ein Merkmal eines Christen. Wenn es in der Bibel heißt: »Gib dem, der dich bittet!« (Matthäus 5,42), heißt das nicht: »Gib nur, wenn du den Eindruck hast, dass das Geld vernünftig angelegt wird«, oder: »Gib nur, wenn du weißt, dass du es zurückbekommst.« Ich kann mir schon denken, was Sie in diesem Moment denken: »Es ist doch dumm zuzulassen, dass man übers Ohr gehauen wird.« Und das finde ich auch. Aber so lange die Fakten ungeklärt sind, tue ich, was richtig zu sein scheint, und überlasse es Gott, wie er mit »meinem Nächsten« umgeht.

Dieses Prinzip des Gebens ist nur eine Komponente christlicher Werte, die wir unseren Kindern weitergeben müssen. Die Bibel ermahnt uns: »Erziehe dein Kind schon in jungen Jahren – es wird die Erziehung nicht vergessen, auch wenn es älter wird.« (Sprichwörter 22,6). Dazu gehört allerdings eine Voraussetzung: Wir können unser

Kind nicht richtig erziehen, wenn wir nicht wissen, welchen Weg es überhaupt einschlagen soll.

Wir haben für die nächste Woche einiges an Material zusammengestellt, das Ihnen bei dieser Aufgabe helfen soll. Ich nenne es gern »Checkliste zur christlichen Erziehung«. Dieser kleine Selbsttest soll sie zu einer wohl überlegten, schrittweisen, behutsamen Glaubenserziehung Ihrer Kinder führen. Viele der aufgeführten Punkte verlangen eine Reife, die Kinder noch nicht haben können. Wir sollten nicht versuchen, gleich erwachsene Christen aus unseren Kindern zu machen. Aber wir können ihnen in frühen Jahren behutsam die Grundzüge unserer christlichen Werte nahe bringen. Das ist vielleicht die wichtigste Aufgabe für Eltern.

Die folgenden sechs Richtlinien sollen Wegweiser zur geistlichen Erziehung Ihres Kindes in seinen ersten 7 Lebensjahren sein. Die Richtlinien und dazugehörigen Fragen sind Ziele, auf die Sie ein Kind grundsätzlich ausrichten können. Behutsam angewendet geben sie Ihrem Kind eine geistliche Grundlage, auf der es später aufbauen kann. Beten Sie um Weisheit. Gott wird Ihnen bei dieser wichtigen Aufgabe helfen.

CHECKLISTE ZUR CHRISTLICHEN ERZIEHUNG

Richtlinie Nr. 1: *Darum liebt ihn (den Herrn) von ganzem Herzen, mit ganzem Willen, mit ganzem Verstand und mit allen Kräften!* Markus 12,30

- Lernt Ihr Kind die Liebe Gottes durch Ihre Liebe, Zärtlichkeit und Barmherzigkeit kennen? (Sehr wichtig!)
- Lernt es, mit und über Gott zu reden und ihn in seine Gedanken und Pläne mit hineinzunehmen?
- Lernt es, Jesus um seine Hilfe zu bitten, wenn es Angst hat oder sich einsam fühlt?
- Lernt es, die Bibel zu lesen?
- Lernt es beten?
- Lernt es, was Glaube und Vertrauen bedeuten?
- Lernt es die Freude am Christsein?
- Lernt es die Bedeutung von Jesu Geburt und Auferstehung kennen?

Richtlinie Nr. 2: *Liebe deine Mitmenschen wie dich selbst.* Markus 12,31

- Lernt Ihr Kind, die Gefühle anderer Menschen zu achten?
- Lernt es, nicht selbstsüchtig und fordernd zu sein?
- Ist es bereit, zu teilen?
- Lernt es, zu anderen freundlich zu sein?
- Lernt es, sich selbst anzunehmen?

Richtlinie Nr. 3: *Lehre mich deine Wege, denn du bist mein Gott.* Psalm 143,10

- Lernt Ihr Kind, seinen Eltern zu gehorchen, damit es später Gott gehorchen kann? (Sehr wichtig!)
- Lernt es, sich in der Kirche – dem Haus Gottes – ordentlich zu verhalten?
- Lernt es beide Aspekte des Wesens Gottes, seine Liebe und Gerechtigkeit, kennen und schätzen?
- Lernt es einen angemessenen Umgang mit Autoritätspersonen wie Eltern, Lehrern, Polizisten u. a.?
- Lernt es die Bedeutung der Sünde und ihre unvermeidlichen Folgen kennen?

Richtlinie Nr. 4: *Fürchtet Gott und haltet seine Gebote, denn das gilt für alle Menschen.* Prediger 12,13

- Lernt Ihr Kind, echt und ehrlich zu sein?
- Lernt es, den Sonntag als Ruhetag zu halten?
- Lernt es, dass materielle Dinge relativ unbedeutend sind?
- Lernt es die Wichtigkeit der Familie und Gottes Treue zu ihr kennen?

Richtlinie Nr. 5: *Der Geist Gottes lässt als Frucht eine Fülle von Gutem wachsen, nämlich Liebe, Freude, Friede … und Selbstbeherrschung.* Galater 5,22–23

- Lernt Ihr Kind, sein Temperament zu beherrschen?
- Lernt es, zu arbeiten und Verantwortung zu übernehmen?
- Lernt es, kleine Frustrationen zu tolerieren?
- Lernt es Bibelstellen auswendig?

Richtlinie Nr. 6: *Wer sich selbst erniedrigt, soll erhöht werden.* Lukas 14,11

- Lernt Ihr Kind, freundlich und bescheiden zu sein?
- Lernt es, Gott für alles Gute in seinem Leben zu danken?
- Lernt es, zu vergeben und zu vergessen?
- Kennt es den großen Unterschied zwischen Selbstwert und egoistischem Stolz?
- Lernt es Ehrfurcht vor Gott, dem Herrn des Universums?

MONTAG

Liebt den Herrn

Liebt den Herrn, euren Gott, von ganzem Herzen. Markus 12,30

Ich (JD) werde den Tag nie vergessen, als ich meine damals 4-jährige Tochter zu einer Radtour mitnahm. Keiner hatte bemerkt, dass ich ihren neuen Kindersitz zu dicht am Vorderrad befestigt hatte. In schneller Fahrt sausten wir einen Berg hinunter. Da steckte Danae ihr Füßchen in die Speichen. Und schon stürzten wir beide aufs Pflaster. Danaes Zahn wackelte und ihr kleiner Fuß blutete.

Ich werde diesen schmerzlichen Augenblick nie vergessen, als ich mich über mein verletztes Kind beugte. Auch Danae kann sich noch sehr gut an unseren Unfall erinnern. Später schrieb sie einmal darüber: »Mein Vater nahm mich auf seine Arme und rannte mit mir nach Hause. Tränen rannen ihm dabei über die Wangen und er wiederholte immer wieder: ›Mein Liebling, es tut mir so leid, dass ich dich verletzt habe!‹ Die Zärtlichkeit meines Vaters an diesem Tag wurde für mich im Lauf der Jahre zum Symbol der Liebe.«

Im Schrecken dieses Augenblicks stellte Danae – vielleicht zum ersten Mal – fest, wie wertvoll sie für mich ist und wie sehr ich um sie besorgt bin. Es gab ihr eine erste Vorstellung davon, wie sehr auch Gott sie lieben muss.

Lernen Ihre Kinder die Liebe Gottes durch Ihre Liebe zu ihnen kennen? Lernen sie, über und mit Gott zu reden, ihn in ihre Gedanken und

Pläne einzubeziehen, sich an Jesus zu wenden, wenn sie sich ängstlich und einsam fühlen? Am besten lässt sich ein Vertrauensverhältnis zwischen Gott und den Kindern herstellen, indem Sie ihnen täglich Gottes Liebe in ihrem Leben deutlich machen.

Gute-Nacht-Gedanken

- Veranschaulichen Sie Ihrem Kind jeden Tag Gottes Liebe und Zärtlichkeit ein wenig mehr!
- Was können Sie tun, damit Ihr Kind die Liebe Gottes begreifen lernt?

Vater, wir verstehen, dass wir unseren Kindern am besten vermitteln können, dich zu lieben und dir zu dienen, indem wir selbst dich lieben und dir dienen. Vergib uns, wenn wir unsere Kinder verletzt haben, und zeig uns den Weg, der uns näher zu dir führt. Amen.

DIENSTAG

Liebe deine Mitmenschen

Liebe deine Mitmenschen wie dich selbst. Markus 12,31

Ein Geschäftsmann ist unterwegs, als er plötzlich von Räubern überfallen wird. Sie reißen ihm die Kleider vom Leib, schlagen ihn zusammen und lassen ihn halb tot liegen. Zum Glück kommt schon bald ein Geistlicher vorbei. Doch als er den Mann am Boden liegen sieht, macht er einen weiten Bogen und wechselt die Straßenseite. Kurz darauf kommt ein Ortsansässiger daher. Aber auch er wechselt hastig die Straßenseite und verschwindet. Der dritte Passant ist ein Ausländer. Er sieht den verletzten Mann und eilt ihm zur Hilfe. Er verbindet den Verwundeten, hilft ihm auf und transportiert ihn in die nächste Pension, wo er versorgt wird. Die Rechnung zahlt der Fremde.

Die biblische Geschichte vom barmherzigen Samariter aus Lukas 10,30–37 ist Ihnen bestimmt geläufig. Kennen Ihre Kinder sie auch? Jesus erzählt das Gleichnis, weil er deutlich machen will, wer unsere Mitmenschen sind – also jeder Mensch um uns herum –, und er zeigt uns, wie wir liebevoll auf ihre Nöte eingehen sollen. Braucht die alte Dame an der Ecke Ihre Hilfe in ihrem Gärtchen? Kennt Ihr Teenager einen Klassenkameraden, der einen Freund braucht? Gelegenheiten gibt es überall.

Wenn Sie wissen wollen, ob Ihr Kind schon begriffen hat, was es heißt, seine Mitmenschen wie sich selbst zu lieben, dann überlegen Sie einmal: »Versteht mein Kind die Gefühle anderer und kann es mitempfinden? Widersteht es dem eigenen Drang, selbstsüchtig und fordernd zu sein? Hat es gelernt zu teilen? Wir sind Gott nie näher, als wenn wir versuchen, einander zu lieben.

Gute-Nacht-Gedanken

- Haben Ihre Kinder Sie schon als Samariter kennengelernt?
- Zeigen Ihre Kinder Mitleid mit anderen?
- Wie können Sie Ihren Kindern Mut zur Nächstenliebe machen?

Herr, du hast uns, während du auf dieser Erde lebtest, immer Beispiele aus der Praxis gegeben. Hilf uns durch deinen Geist, unseren Kindern in den Herausforderungen unseres Alltags, in Stress- und Erholungszeiten, deine große Liebe zu zeigen. Amen.

MITTWOCH

In seinem Willen

Lehre mich deine Wege, denn du bist mein Gott. Psalm 143,10

Wir sollten Gott für seine klaren Instruktionen für ein erfolgreiches Leben dankbar sein und uns freuen, dass er uns erklärt, wie wir die Ewigkeit in Herrlichkeit mit ihm verbringen können. Es reicht allerdings nicht aus, dass wir Gottes Willen für uns erforschen und verstehen. Wir müssen auch versuchen, seinen Willen zu tun – und das ist die Schwierigkeit! Oft sind wir einfach zu dickköpfig und wollen uns seinem Willen nicht beugen.

Eine Mutter sagte zu ihrem 4-jährigen, eigenwilligen Töchterchen: »Cathy, nun hör mir einmal gut zu. Ich bin deine Mutter und habe die Verantwortung für dich. Ich bestehe darauf, dass du tust, was ich dir sage.« Für eine Minute war Klein-Cathy still. Sie dachte nach. Dann fragte sie: »Und wie lange willst du das machen?« Dieses Kind von 4 Jahren forderte bereits seine Selbstbestimmung ein. Die meisten von uns waren als Kind genauso dominant.

Es ist dringend notwendig, dass Ihre Söhne und Töchter Ihnen gehorchen lernen. Wie sonst sollen sie später Gott gehorsam sein? Es ist nicht einfach, in Kindern die Bereitschaft zum Gehorsam zu wecken. Doch es ist der Mühe wert. Denn den Willen Gottes zu tun, ist immer der Mühe wert.

Gute-Nacht-Gedanken

- Lernen Ihre Kinder eine gesunde Einstellung zum Gehorsam kennen und wissen sie, wie wichtig das ist?
- Verstehen sie, dass es viele wohlwollende Autoritäten gibt, die es zu achten gilt?
- Lernen sie die Gefahren der Sünde und ihre Konsequenzen kennen?
- Sind Sie ein gutes Vorbild, indem Sie selbst nach Gottes Willen leben?

Lieber Herr, bitte gib uns die Geduld und den Willen, konsequent zu leben. Dazu gehört, dass wir unseren Kindern Gehorsam abverlangen, und, wenn es sein muss, uns auch konsequent durchsetzen. Wir bitten dich, mach uns stark und hilf uns. Amen.

DONNERSTAG

Gesunde Gottesfurcht

Fürchtet Gott und haltet seine Gebote, denn das gilt für alle Menschen.
Prediger 12,13

Man kann sich heute kaum einen Film anschauen, eine Zeitung oder Zeitschrift zur Hand nehmen oder Radio hören, ohne dass der Name Gottes achtlos verschlissen wird. Selbst Christen benutzen die Phrase: »O Gott!« in ihrer Umgangssprache. Wir haben als Gesellschaft offensichtlich Achtung und Ehrfurcht vor unserem himmlischen Vater verloren.

Vielleicht ist das der Grund, warum Gott will, dass wir achtsam mit seinem Namen umgehen. »Missbrauche nicht den Namen des Herrn, deines Gottes« wird mit dem dritten Gebot in 2. Mose 20,7 gewarnt. Unser Vater weiß, dass die Missachtung seines Namens – und sei es nur ein leichtfertiger Gebrauch seines Namens in der Umgangssprache – den Herrn des Universums entehrt. Selbst die Engel rufen in seiner Gegenwart: »Heilig, heilig, heilig ist Gott, der Gott, der die ganze Welt regiert, der war und der ist und der kommt!« (Offenbarung 4,8).

König David hatte das begriffen und respektierte den Allmächtigen: »Du hast gehört, Gott, was ich dir versprochen habe, und wirst meine Bitte erhören. Mit reichen Gaben beschenkst du alle, die sich dir in Ehrfurcht nahen« (Psalm 61,6).Wir müssen den Namen Gottes in Worten, Gedanken und Taten ehren, wenn wir mit unseren Familien in Ehrfurcht vor Gott leben wollen. Denken Sie jeden Tag daran, dass Gott heilig ist. Sprechen Sie mit Hochachtung von ihm. Schalten Sie Filme, Fernsehprogramme und Videos aus, die den Namen Gottes in den Schmutz ziehen. Sagen Sie Ihren Kindern, warum »dem Herrn gehorchen, der Anfang aller Lebensklugheit ist« (Sprichwörter 9,10).

Gute-Nacht-Gedanken

- Verhält sich Ihre Familie auf eine gesunde Weise ehrfürchtig vor Gott?
- Wie können Sie dem Namen Gottes und seinem Wort mehr Achtung verschaffen?

Vater, erinnere uns immer wieder daran, dass wir deinen Namen in großer Achtung und Ehrfurcht aussprechen. Vergib uns, wenn wir leichtfertig und gedankenlos geredet haben. Wir wissen, dass unsere Kinder uns beobachten und genau hinhören ... und du auch. Amen.

FREITAG

Das selbstbeherrschte Kind

Die Frucht des Geistes ist (...) Selbstbeherrschung. Galater 5,22–23 L

Viele Eltern geben ihren Kindern wenig Anleitung und verhalten sich weitgehend passiv, wenn es um Selbstbeherrschung geht. Da junge Menschen in der Regel nicht reif genug sind, um aus sich heraus Selbstdisziplin zu entwickeln, versagen allzu großzügige Eltern an dieser Stelle. Solche Kinder werden erwachsen und wissen nicht, wie sie ihr Leben auf die Reihe kriegen sollen oder wie sie ihre Gefühle beherrschen können.

Da ist zum Beispiel Dirk, ein junger Mann, der nie gelernt hat, sein Temperament zu zügeln oder sich zu überlegen, was er sagt. Seine Eltern haben immer wieder seine kindlichen Wutausbrüche ignoriert, weil sie meinten, ihr Sohn würde sie schon rechtzeitig von allein ablegen. Jahre später tritt Dirk begeistert seine erste Arbeitsstelle an. Schon bald hat er eine hitzige Auseinandersetzung mit seinem Chef – und wird gefeuert. Das ist der Anfang von vielen Enttäuschungen.

Ihre Kinder brauchen Hilfe, damit sie Selbstbeherrschung und Selbstkontrolle lernen. Lassen Sie zu, dass ihre Kinder die unangenehmen Folgen ihrer Fehler, in angemessenem Rahmen, erleben! Lassen Sie Ihr Kind zu Fuß zur Schule gehen, wenn es den Bus verpasst hat, oder lassen sie es die Reparaturkosten zumindest teilweise von seinem Taschengeld abstottern, wenn es mit dem Fahrrad eine Beule in Ihr Auto gemacht hat. Vor allem machen Sie ihm Mut, sich für Gott zu öffnen. Wer Jesus sein Leben überlässt, wird nach und nach die Früchte des Heiligen Geistes genießen (siehe Galater 5,22) – und dazu gehört auch Selbstbeherrschung.

Gute-Nacht-Gedanken

- Müssen Ihre Kinder die Konsequenzen Ihres Tuns »ausbaden«?
- Wie können Sie Ihren Kindern dabei helfen, Selbstkontrolle zu entwickeln?

Vater, hilf uns, dass wir fest bleiben, wenn wir uns schwach fühlen. Hilf uns, dass wir konsequent bleiben, wenn wir am liebsten nur die Achseln zucken möchten, und hilf uns, unsere Kinder in Geduld und Weisheit zu leiten. Und lass uns gute Vorbilder sein, während wir uns bemühen, dass unsere Kinder sich selbst kontrollieren lernen.

SAMSTAG

Ein demütiges Herz

Wer sich hochstellt, den wird Gott demütigen. Lukas 14,11

Wie in dem Buch »Wenn Liebe hält, was sie verspricht (Gerth Medien 1999) berichtet, arbeitete Robertson McQuilkin über 20 Jahre lang sehr erfolgreich als Bibelschul- und Seminarleiter. Seine Frau Muriel unterstützte ihn dabei, wo sie nur konnte. Sie war eine ausgezeichnete Köchin und Gastgeberin für Collegegäste, die sie in ihrem Haus verwöhnte. Die beiden waren ein ideales Pastorenehepaar.

Doch dann begann Muriel, immer vergesslicher zu werden. Untersuchungen bestätigten den Verdacht ihres Arztes: Alzheimersche Krankheit! Muriels Selbstständigkeit ließ rapide nach und Robertson wurde mehr und mehr verantwortlich für die Grundbedürfnisse seiner Frau. Er musste sie bald füttern, baden und anziehen.

Muriels fortschreitende Hilflosigkeit und Robertsons Verantwortung für das College stellten den Ehemann vor eine schwierige Entscheidung: Sollte er Muriel in ein Pflegeheim geben? Er wusste, dass Gott ihn zum Direktor des Colleges berufen hatte. Allerdings wusste er auch, dass Gott noch eine andere Berufung für seine Kinder hat: »Ordnet euch einander unter« und: »Haltet fest an der Demut« (1. Petrus 5,5). Robertson gab seine Position auf, damit er Muriel vollzeitlich versorgen konnte. Es war seine Aufgabe, seiner Frau zu dienen.

Robertson war erstaunt über die Auswirkung seiner Entscheidung: Männer und Frauen, die von seinem Schritt hörten, erneuerten ihre Eheversprechen. Pastoren erzählten die Geschichte sonntags in ihren Predigten. Schließlich drängten Freunde Robertson, seine Erfahrungen aufzuschreiben. Was Robertson wie die einzig mögliche Antwort auf schwierige Lebensumstände erschien, berührte offensichtlich viele Herzen.

Ihre Kinder werden es bemerken, wenn Sie, wie Robertson McQuilkin, die Bedürfnisse Ihres Partners zu Ihren eigenen machen. Ihr Beispiel an Opferbereitschaft wird einen bleibenden Eindruck hinterlassen und ihren Kindern Mut machen, anderen Menschen mit offenem Herzen zu begegnen. Ihre Kinder werden Gottes Anerkennung finden, wenn sie Ihrem Beispiel folgen und mit einem dankbaren und demütigen Herzen ins Leben treten.

3. WOCHE

Beten – ein Privileg

SONNTAG

Kindliche Bitten

Robin Jones Gunn

Als wir noch in Nevada wohnten, hatte meine Tochter Rachel eine Freundin in der Grundschule, die Kristin hieß. Es war ihre beste Freundin. Bevor Rachel mit der weiterführenden Schule begann, zogen wir nach Portland in Oregon. Jeden Abend sprachen wir über die neue Schule und beteten gemeinsam, bevor sie zu Bett ging.

Am Abend vor ihrem ersten Schultag betete Rachel: »Lieber Gott, bitte lass mich in der neuen Schule wieder eine gute Freundin finden, die auch Kristin heißt.« Ich wollte das korrigieren, aber dann ließ ich es bleiben. Warum sollte sie eigentlich nicht so beten?

Am nächsten Morgen stand Rachel vor dem Spiegel und ich kämmte ihr das Haar. Sie war in Gedanken versunken. Plötzlich drehte sie sich zu mir um und verkündete: »Jesus schenkt mir eine neue Freundin. Sie heißt auch Kristin und hat langes braunes Haar, genau wie meine Kristin in Nevada.«

Schnell spulte ich alle Gedanken übers Gebet in meinem Kopf ab. Wie sollte ich diesem Kind am besten klarmachen, dass Gebet nicht bedeutet, von Gott zu verlangen, was wir für richtig halten, sondern dass wir vielmehr seinen Willen suchen sollen? Ich versuchte es mit einigen zaghaften Einwänden, doch umsonst. Rachel hatte keinerlei Zweifel. Ich fuhr sie zur Schule. Unterwegs fand ich leider keine Möglichkeit, sie vor ihrem eigenen Gebet zu schützen. Ich fürchtete, sie könne in eine geistliche Krise geraten, wenn sie in ihrer Klasse keine langhaarige Kristin vorfand. Was würde diese Enttäuschung für ihren kindlichen Glauben bedeuten?

Wir traten in das Klassenzimmer und Rachel fand ihr Namensschild auf ihrem neuen Platz. Sie öffnete das Schreibpult und schaute sich den Inhalt an. Ich setzte mich auf einen Platz daneben und dachte, dies sei der rechte Augenblick, ihr zu erklären, dass Beten nicht dasselbe wie Wünschen ist. Beten hat nichts mit Zauberei zu tun. Man kann Gott nicht um etwas bitten und erwarten, dass es wie auf Bestellung verfügbar ist. Sie musste bereit sein, die neuen Freundinnen anzunehmen, die Gott ihr zur Seite stellte – ganz egal, welche Haarfarbe sie hatten und wie sie hießen.

Ich wollte mich gerade in die Aufklärungsarbeit stürzen, da fiel mein Blick auf das Namensschild der Schülerin, die neben Rachel sitzen sollte. Dort stand in deutlichen schwarzen Buchstaben »Kristin«.

Ich war sprachlos. »Rachel?«, flüsterte ich heiser. »Guck mal! Es gibt tatsächlich eine Kristin in deiner Klasse. Und sie soll direkt neben dir sitzen!«

»Ja, ich weiß, Mama. Dafür habe ich doch auch gebetet.«

Die Schulglocke ertönte. Ich stolperte fast nach hinten in den Klassenraum. Die Schülerinnen und Schüler traten ein. Rachel setzte sich aufrecht hin und lächelte zuversichtlich.

Mein Blick hing an der Eingangstür. Vier Jungen traten ein, gefolgt von einem Mädchen mit blondem Haar, das sich in die erste Reihe setzte. Wieder betraten zwei Jungen den Klassenraum und dann – ja, das war sie! Sie trat schüchtern an den »Kristin-Platz«, nahm Rachels Willkommenslächeln wahr und erwiderte es.

Ich brauche sicher nicht zu erwähnen, dass sie dunkle Haare hatte, die ihr bis zur Taille reichten.

Alles, was ich noch nicht über das Gebet wusste, lernte ich von meiner Tochter.

Vorschau

Das Gebet ist das geheimnisvollste und bemerkenswerteste Geschenk Gottes an uns. Es ist unser »Heißer Draht« zum Himmel, unsere Verbindung zu Gott und die Gelegenheit, dem Schöpfer des Universums unser Lob und unsere Wünsche direkt mitzuteilen. In diesem schlichten Akt liegt eine Kraft, die nicht ganz erklärt, aber auch nicht wegdiskutiert werden kann: »Das Gebet eines Menschen, der so lebt, wie Gott es verlangt, kann viel bewirken« (Jakobus 5,16).

Natürlich wird nicht jede Bitte so schnell und exakt beantwortet wie Rachels Gebet um eine Freundin. Aber in guten wie in schweren

Zeiten, in Augenblicken der Angst und in fröhlichen Stunden ist es für eine Familie immer wichtig, mutig miteinander und füreinander zu beten. Das Privileg des Gebets ist das Geschenk unseres himmlischen Vaters, das wir unseren Kindern unbedingt weitergeben sollten. Darüber wollen wir in dieser Woche reden.

MONTAG

Eine himmlische Beziehung

Lasst nicht nach im Beten und werdet nicht müde, Gott zu danken!
Kolosser 4,2

Die Bibel legt großen Wert auf das Gebet. Wir lesen in vielen Beispielen, wie wichtig Jesus das Gebet war (Lukas 5,16). Es wird uns gesagt, dass das Gebet Gott ehren soll und nicht uns, um die Gunst von Menschen zu erlangen (Matthäus 6,5–6), und dass wir nicht »viele Worte« machen sollen, um Gott zu imponieren (Vers 7). Ja, es werden uns sogar Vorschläge gemacht, welche Worte wir wählen sollen (Verse 9–13).

Warum legt Gott so großen Wert auf unser Gebet? Er möchte mit uns Gemeinschaft haben. Unglaublich! Es ist nicht fassen: Unser Herr möchte uns ganz genau kennen lernen – er möchte persönliche Gespräche mit jedem seiner Kinder führen. Obschon er unsere Gedanken kennt, möchte er, dass wir ihn suchen, ihn lieben und täglich mit ihm reden. Es gibt keine gute Beziehung, wenn einer den anderen nur belauscht und belauert. Das ist der Grund, warum Gott unser Gebet erwartet.

Es ist ganz natürlich, dass Sie als Mutter oder Vater eine enge Beziehung zu Ihren Kindern pflegen möchten. Sie hören gern zu, wenn sie ihnen von ihren neuen Entdeckungen und Freuden berichten. Wenn sie Ängste äußern, beruhigen Sie Ihre Kinder und bieten ihnen Geborgenheit. Unser himmlischer Vater, der uns noch mehr liebt, als wir unsere Kinder lieben können, beantwortet unsere Gebete genauso, wie wir die Bedürfnisse unserer Kinder. In der Bibel heißt es: » ... das Gebet redlicher Menschen macht Gott Freude« (Sprichwörter 15,8). Hier sind Sie, Ihr Ehepartner und Ihre Kinder gemeint. Sie können Gott Freude machen, indem sie ihn so oft wie möglich in Ihr Leben einbeziehen und mit ihm reden.

Gute-Nacht-Gedanken

- Wie ist es im Moment um Ihr Gebetsleben bestellt?
- Wie können Sie sich und Ihren Kindern Mut machen, häufiger zu beten?

Himmlischer Vater, wir sind bewegt, dass du dir eine persönliche Beziehung zu uns wünschst. Wir möchten dir so sehr gern nah sein. Hilf unserer Familie, dass wir dir durch das Gebet näher kommen. Danke für dieses Vorrecht. Amen.

DIENSTAG

Kraft für Generationen

Hier ist das Kind, um das ich damals Gott angefleht habe; er hat mein Gebet erhört. 1. Samuel 1,27

Mein (JDs) Urgroßvater George McCluskey betete jeden Vormittag von 11 bis 12 Uhr für seine Kinder und Enkel. Kurz vor seinem Tod ließ er seine Kinder wissen, dass Gott ihm ein Versprechen gegeben hatte: Jedes Familienmitglied sollte bis in die 4. Generation hinein Christ werden. Diese Verheißung hat sich tatsächlich erfüllt. Als ich geboren wurde, war jedes Familienmitglied – angefangen bei meinem Urgroßvater bis zu mir – nicht nur Christ, sondern außerdem in einem geistlichen Amt tätig. H. B. London, mein Vetter der 4. Generation, ist ebenfalls Pastor. Ich bin der Einzige, der sich dazu nicht besonders berufen weiß. Doch im Hinblick auf meine Tätigkeit als Redner und Berater fühle ich mich auch als Glied dieser Kette!

Mein Urgroßvater ist schon lange tot. Und doch ist er bis heute eine reiche Inspirationsquelle für mich. Sollten auch Sie sich ähnliche Auswirkungen des Gebets auf Ihre Familie wünschen, schlagen wir Ihnen vor, täglich vor Gott zu knien und seine Kraft und seinen Segen im Gebet zu erflehen – und das nicht nur für Ihre Kinder, sondern auch für die kommende Generation.

Gute-Nacht-Gedanken..

- Wie oft beten Sie für Ihre ungeborenen Enkel und Urenkel?
- Zu welcher Tageszeit können Sie am besten für Ihre Familie beten?
- Wie können Sie Ihren Wunsch ausweiten, für Ihre Kinder zu beten?

Lieber Gott, es ist wunderbar, dass du uns deine Kraft durch das Gebet zur Verfügung stellst. Wir wünschen uns, dass alle unsere Bitten dich ehren und du unsere Kinder und die kommenden Generationen unserer Familie segnest. Amen.

MITTWOCH

Immer und überall

Du hast mich erhört, als ich zu dir schrie. Psalm 138,3

Es war ein regnerischer Abend. Ich (SD) war allein und hantierte in der Küche. Plötzlich spürte ich den Drang, unbedingt für meine Tochter Danae zu beten, die mit einer Freundin unterwegs war. Zuerst wollte ich nicht so recht, doch dann wurde der Impuls so intensiv, dass ich alles aus der Hand legte und an Ort und Stelle um Danaes Bewahrung betete.

Kurz darauf stand ein Polizist vor unserer Haustür und sagte mir, dass Danae und ihre Freundin in einen Unfall verwickelt worden waren. Danae war mit dem Auto auf eine Ölspur geraten. Sie geriet ins Schleudern, überschlug sich und kam einige Meter vor einem Steilhang von etwa 1.500 Metern Tiefe zum Stehen, der nicht mit einer Leitplanke gesichert war. Danae und ihre Freundin hatten einige Prellungen und einen gehörigen Schock erlitten, aber sie waren nicht ernsthaft verletzt. Ich bin so dankbar, dass ich meinem Drang zu beten sofort gefolgt war und kann mir die Engel richtig vorstellen, die sich mit ausgebreiteten Flügeln an den Abgrund stellten und die Leitplanke ersetzten.

Gott möchte, dass wir «ohne Unterlass« beten (1. Thessalonicher 5,17 L). Wenn Sie oder ein anderer in Ihrer Familie die geringste Neigung zum Beten verspüren, möchte ich Ihnen Mut machen, alles zur Seite zu legen, was Sie gerade beschäftigt, und mit Gott zu reden – zu jeder Zeit und an jedem Ort! Die Kraft des Gebets wird nur wirksam, wenn wir davon Gebrauch machen.

Gute-Nacht-Gedanken

- Sind Sie bereit, jederzeit zu beten, wenn Sie den Drang dazu verspüren?
- Haben Sie schon erlebt, dass Gott Sie besonders zum Beten gedrängt hat? Und was passierte daraufhin?
- Ist Ihnen bekannt, dass Stoßgebete wortlos sein dürfen und dass sie sofort im Himmel gehört und empfangen werden?

Lieber Vater, ich danke dir für deine Liebe zu uns, für dein Interesse an allen Kleinigkeiten, die unsere Tage füllen, und für deinen Wunsch, uns vor dem Bösen zu bewahren. Mach uns tüchtig, dass wir bereit sind, jederzeit und an jedem Ort deinem Aufruf zum Gebet zu folgen. Amen.

DONNERSTAG

Frieden in unseren Tagen

Der Friede Gottes, der alles menschliche Begreifen weit übersteigt, wird euer Denken und Wollen im Guten bewahren, weil ihr mit Jesus verbunden seid. Philipper 4,6–7

Ein Mann kam müde von der Arbeit nach Hause. Die Waschmaschine spuckte Schaumberge aus, der Kühlschrank taute ab und in allen Zimmern lagen Cornflakes verstreut. Sein 3-Jähriger hatte die Windpocken, seine 8- und 10-jährigen Buben klagten über Bauchweh und das Baby war von Kopf bis Fuß mit Schokolade beschmiert. Mitten in diesem Chaos saß seine Frau und hauchte mit schwachem Lächeln ein »Herzlich Willkommen«.

Keine Frage – das Leben kann chaotisch sein. Manchmal sind wir so beschäftigt, so müde und so gestresst, dass wir meinen, wir hätten keine Zeit zum Beten. Doch gerade das sind die Tage, an denen wir besonders dringend mit Gott reden müssen. Wenn Sie beten – für sich oder andere, die in Not sind – verspüren Sie unwillkürlich einen Hauch von

Gottes Liebe für Sie und Ihre Familie. Sie werden an seine unglaubliche Kraft erinnert und daran, dass er Ihre Situation in der Hand hat. Sie verspüren Freude, Hoffnung und Frieden, die jederzeit bei Gott abgerufen werden können.

Paulus drängt uns: Bringt eure Bitten und Fürbitten und euren Dank vor Gott! Betet für alle Menschen, für die Regierenden und für alle, die Gewalt haben, damit wir in Ruhe und Frieden leben können, in Ehrfurcht vor Gott und in Rechtschaffenheit (1. Timotheus 2,1–2). Warum sammeln Sie sich nicht kurz zum Gebet, wenn ein Wirbelsturm von unerwarteten Umständen Ihre Familie heimsucht? Das Chaos weicht möglicherweise nicht sofort, aber es ist ganz sicher, dass Sie mit den Konflikten besser umgehen können.

Gute-Nacht-Gedanken

- Haben Sie keine Zeit zum Beten? Wie können Sie das ändern?
- Leben Sie Ihren Kindern vor, wie man sich in Stresszeiten an Gott wenden soll?

Großer Gott, nur du kannst Frieden und Ordnung in unsere chaotische Situation bringen. Wenn die Probleme uns überwältigen wollen, zieh uns liebevoll zu dir, damit wir deine beruhigende Nähe spüren können. Amen.

FREITAG

Haltet fest am Gebet

Vertraue auf den Herrn, sei stark und fasse Mut! Psalm 27,14

Ich kenne ein Elternpaar, das das Leben seiner drei Kinder schon vor deren Geburt im Gebet begleitet hat und bis heute täglich für seine Kinder betet. Und doch hat die mittlere Tochter den Glauben an Gott aufgegeben. Sie lebt mit einem Mann zusammen, der zum zweiten Mal geschieden ist, und sie möchte diesen Mann auch nicht heiraten. Inzwischen hatte sie mindestens zwei Fehlgeburten. Ihr Umgang mit ihren Eltern ist sehr abstoßend und verletzend.

Die frustrierten Eltern schrieben mir und fragten mich, warum ihre Gebete so wirkungslos seien.

Unsere Gebete entfesseln in der Tat die Macht Gottes im Leben anderer Menschen. Wir haben das Privileg und die Verantwortung, »ohne Unterlass« für unsere Lieben zu beten und ihre Namen immer wieder vor Gott zu bringen und sie dem Vater vor Augen zu führen. Im Gegenzug macht Gott seinen Kindern ihre Fehlentscheidungen kristallklar und bringt positive Einflüsse in ihr Leben. Aber Gott zwingt sich nicht auf. Jeder muss sich selbst entscheiden. Wer bereut und an Jesus glaubt, erfährt Vergebung und Errettung.

Mit anderen Worten: Gott will keinen Mann und keine Frau gegen deren Willen erretten – aber er hat tausend Wege, sie für ihre Rettung bereitzumachen. Werden unsere Gebete scheinbar nicht beantwortet, sollten wir Gott keine Vorwürfe machen. Er ist dabei, seinen Plan mit unseren Lieben zu verfolgen!

Gute-Nacht-Gedanken

- Lassen Sie sich durch scheinbar unerhörte Gebete entmutigen?
- Beten Sie ständig, auch wenn Sie keine sofortigen Ergebnisse erkennen?
- Machen Sie auch Ihren Kindern Mut, das Beten nicht aufzugeben?

Lieber Vater, in unserer Ungeduld werden wir manchmal mutlos, wenn unsere Gebete scheinbar unerhört bleiben. Aber wir wissen, dass du immer zuhörst und immer am Werk bist! Hilf uns, treu zu bleiben, dass wir ohne Unterlass beten und unsere Lieben niemals aufgeben, die dich so dringend brauchen. Amen.

Das Hauptmenü

Herr, mein Gott, von ganzem Herzen will ich dir danken. Psalm 86,12

Den meisten von uns fällt es nicht schwer, in der Not zu beten. Ich habe sofort ein Stoßgebet gen Himmel geschickt, als ein Einbrecher mich aus dem Schlaf riss, und auch an dem Abend, als Jim einen Schlaganfall erlitt. Auch andere Bitten bringen wir sehr schnell vor den Herrn. Wir wissen, dass Jesus gesagt hat: »Bittet, und er wird euch beschenken, damit an eurer Freude nichts mehr fehlt« (Johannes 16,24). Das sind einleuchtende Gebetsgründe, die unsere Kinder rasch verstehen.

Aber unsere Gebetsgemeinschaft mit dem Herrn hat auch andere Anlässe: Das Lob und die Anbetung. Unser Gott ist kein »Flaschengeist«, der im Himmel nur darauf wartet, dass wir ihm unsere Wünsche und Bedürfnisse nennen. Er ist unseres Lobes wert und freut sich, wenn wir ehrfürchtig vor ihn treten. Er möchte anerkannt werden, genau wie wir.

Lob und Anbetung sind keine »Appetitanreger« im Leben der Gläubigen – sie sind vielmehr Teil des Hauptmenüs. David, der uns in den Psalmen so viele wunderschöne Ausdrucksmöglichkeiten für das Lob Gottes gegeben hat, drückt das so aus: Erweist ihm die Ehre, die ihm zusteht: Bringt ihm eure Opfergaben! Werft euch vor ihm nieder, wenn er in seiner Heiligkeit erscheint! (1. Chronik 15,29)

Lob und Anbetung sind wichtig für ein befriedigendes, wirksames Gebetsleben. Als Jesus seine Jünger lehrte, wie sie beten sollten, begann er mit Lob: Unser Vater im Himmel, geheiligt werde dein Name! (Matthäus 6,9 L).

Unser geliebter Vater ist der souveräne Schöpfer des Universums. Er liebt uns als seine Kinder und hat uns alles gegeben, was wir an Gutem besitzen. Er hat unser Lob zu jeder Zeit verdient. Denken Sie daran, dass Sie auf ihn ausgerichtet sind, wenn Sie beten, und leben Sie das Ihren Kindern vor. Die Konzentration auf Gott bringt uns weg von uns selbst, von unseren Sorgen und Nöten. Wir sind vielmehr auf den ausgerichtet, der unsere Herzen mit Frieden und Freude füllen will.

4. WOCHE

Vorbildliche Eltern

SONNTAG

Erinnerungen an Lavendelduft

Sandra Picklesimer Aldrich und Bobbie Valentine

Cotha Prior schlenderte durch die neue Parfümerie. Plötzlich blieb sie stehen. Ihr Blick wurde von zartlila Papier angezogen. Lavendelseife! Ja, die würde ihrer Tochter gefallen. Sie griff nach einem Stück und hielt es sich unter die Nase. Der Duft entführte sie zurück in ihre Kindheit.

Sie erinnerte sich an Margie, das schmächtige Mädchen aus der 5. Klasse. Sie war immer ärmlich gekleidet, und Duschen gehörte wohl auch nicht zu ihren regelmäßigen Gewohnheiten. Cotha wusste damals mit 10 Jahren schon, wie wichtig die Meinung von Freundinnen ist. Denn obwohl ihr Margie Leid tat, war sie zu feige, mit ihr zu spielen.

Aber eines Nachmittags, als Cotha ihre Hausaufgaben machte und die Staaten von Amerika auf ihrem Arbeitsblatt ausmalte, erzählte sie ihrer Mutter nebenbei von Margie. Die hielt ihren Löffel im Kochtopf still und fragte: »Aus was für einer Familie kommt Margie?«

Cotha blickte nicht auf und antwortete: »Oh, die sind, glaube ich, ziemlich arm.«

»Das hört sich an, als ob Margie eine Freundin bräuchte«, meinte Mrs. Burnett. »Warum lädst du sie nicht für Freitag zum Übernachten bei dir ein?«

Cotha blickte erstaunt hoch. »Meinst du hier bei uns? Bei mir übernachten? Aber, Mama, die stinkt doch so.«

»Cotha Helen.« Wenn Mutter ihre beiden Namen aussprach, war die Lage eindeutig. Widerspruch zwecklos. Es blieb ihr nichts anderes übrig, als Margie zu sich nach Hause einzuladen. Am nächsten Morgen flüsterte Cotha am Ende der Pause Margie ihre Einladung ins Ohr. Margie sah sie misstrauisch von der Seite an. Schnell fügte Cotha hinzu: »Meine Mutter ist einverstanden. Hier ist ein Brief von meiner Mutter, den du deinen Eltern geben sollst.«

Zwei Tage danach fuhren die beiden Mädchen gemeinsam im Schulbus nach Hause. Cotha versuchte die Überraschung auf den Gesichtern ihrer Freundinnen zu ignorieren. Gab es je zwei so schweigsame Fünftklässlerinnen nebeneinander? Cotha dachte an andere Gelegenheiten, wo sie eingeladen worden war, bei einer Freundin zu übernachten. Den ganzen Heimweg hatten sie gekichert und geschwatzt, bis sie aussteigen mussten.

Endlich gab sich Cotha einen kleinen Ruck und sagte zu Margie: »Ich habe eine Katze. Sie wird bald Junge bekommen.«

Margies Augen begannen zu leuchten. »Oh, ich liebe Katzen!« Doch sofort legte sich ihre Stirn in Falten, als ob sie an etwas Schmerzliches denken musste, und sie fügte rasch hinzu: »Aber mein Vater mag keine.«

Cotha fiel danach nichts mehr ein und darum schaute sie scheinbar interessiert aus dem Busfenster. Beide Mädchen schwiegen, bis der Bus vor einem weißen Haus mit grünen Fensterläden anhielt.

Cothas Mutter war in der Küche. Sie begrüßte Cotha und Margie herzlich und zeigte auf den Tisch, der mit zwei Glas Milch und Bananenbroten gedeckt war. »Nehmt schon einmal eine Kleinigkeit zu euch, bis ich das Abendessen fertig habe«, sagte sie.

Als sie die Bananenbrote aufgegessen hatten, reichte Mrs. Burnett jedem Kind ein Blatt mit Ankleidepuppen zum Ausschneiden und zwei Scheren. Nun hatten beide etwas zu tun und konnten sich über die hübschen Kleider austauschen. Als sie aufgefordert wurden, sich vor dem Essen die Hände zu waschen, schnatterten sie bereits begeistert über die Schule.

Nach dem Essen sagte Mrs. Burnett: »Nun ist es Zeit für ein schönes Bad vor dem Schlafengehen, Mädels.« Und damit hielt sie zwei duftende Seifen in Lavendelpapier hoch. »Weil es ein besonderer Abend ist, habe ich gedacht, Ihr freut euch vielleicht über besonders schöne Seife«, sagte sie. »Cotha, du bist die Erste.«

Und dann war Margie an der Reihe. Vielleicht war sie nervös, weil eine Erwachsene sie baden wollte. Aber sie zeigte es nicht. Mrs. Burnett schüttete zwei Kappen von ihrem eigenen Badeschaum in Margies Badewasser. »Magst du Schaumbäder, Margie?«, fragte sie, als ob das Kind jeden Tag in einem solchen Luxus baden würde.

Sie zog Margie ihr schmuddeliges Kleid über den Kopf. »Ich drehe mich um, wenn du den Rest ausziehst. Aber pass gut auf, wenn du in die Wanne steigst. Durch den Schaum ist sie glitschig.«

Als Margie in dem warmen Wasser saß, kniete sich Mrs. Burnett vor die Wanne und seifte den nassen Waschlappen kräftig ein, bevor sie damit über den Rücken des Kindes rubbelte.

»Oh, das fühlt sich gut an«, war alles, was Margie sagte.

Mrs. Burnett sprach darüber, wie schnell Cotha und Margie gewachsen waren und was für hübsche junge Mädchen sie schon wären. Immer wieder seifte sie den Waschlappen ein und rubbelte Margies gräulich verfärbte Haut, bis sie rosig wurde.

Die ganze Zeit über musste Cotha denken: Wie schafft Mutter das bloß? Margie ist sooo schmutzig. Mrs. Burnett machte weiter und wusch anschließend Margies Haar gleich mehrmals. Margie stieg aus der Wanne und Mrs. Burnett trocknete ihr den Rücken ab und puderte ihre mageren Schultern mit duftendem Talkum. Da Margie kein Nachtzeug mitgebracht hatte, zog Mrs. Burnett Margie eines von Cothas Nachthemden über den nun sauberen Kopf.

Nachdem Mrs. Burnett beide Mädchen ins Bett gebracht hatte, beugte sie sich über die Kinder und gab ihnen einen Gutenachtkuss. Margie strahlte. Ms. Burnett flüsterte: »Schlaft gut, Mädels!«, und schaltete das Licht aus. Margie zog sich die sauberen Laken bis unter die Nase und atmete tief durch. Und schon war sie eingeschlafen.

Cotha war erstaunt, dass ihre neue Freundin so schnell schlief. Mit ihren anderen Freundinnen hatte sie immer noch ganz lange erzählt und gekichert. Während Margie gleichmäßig atmete, starrte Cotha auf die Schatten an der Wand und dachte über alles nach, was ihre Mutter getan hatte. Während sie Margie badete, hatte Mrs. Burnett keine einzige Bemerkung gemacht, die das Mädchen in Verlegenheit gebracht haben könnte, und sie hatte auch keine Bemerkung gemacht, wie verschmutzt die Wanne nach Margies Bad gewesen war. Sie hatte sie einfach sauber gemacht und dabei die ganze Zeit vor sich hingesummt. Irgendwie hatte Cotha das Gefühl, ihre Mutter hatte mehr als nur Margies schmutzige Haut gewaschen.

Viele, viele Jahre später stand die erwachsene Cotha hier in der Parfümerie mit der Lavendelseife in der Hand und fragte sich, wo Margie wohl jetzt war. Margie hatte nie mit ihr über Cothas Mutter gesprochen. Aber Cotha hatte seit dem Tag bei ihnen eine Veränderung bei Margie festgestellt. Von nun an kam Margie äußerlich sauber und fröhlich zur Schule. Aber sie strahlte auch von innen heraus, vielleicht, weil sie wusste: Es kümmert sich jemand um mich.

Cotha und Margie saßen in den Pausen zusammen und aßen gemeinsam zu Mittag. Gegen Ende des Schuljahrs zog Margies Familie fort. Cotha hörte nie mehr etwas von ihr, aber sie wusste, dass sie beide von dem Verhalten ihrer Mutter geprägt worden waren.

Cotha lächelte. Dann nahm sie ein zweites Stück Lavendelseife. Das wollte sie ihrer Mutter schicken und ihr schreiben, dass die Seife sie daran erinnert hatte, was sie in den vielen vergangenen Jahren getan hatte, und zwar nicht nur für Margie, sondern auch für Cotha.

SONNTAG

Vorschau

Wäre es nicht interessant, mit der inzwischen erwachsenen Margie über ihre Erinnerungen an die »Übernachtung« bei Cotha zu reden? Ich bin mir sicher, dass die Liebe und Fürsorge, die Cothas Mutter einem schmutzigen, verwahrlosten kleinen Mädchen gegeben hatte, einen lebenslangen Eindruck auf Margie gemacht hat. Und ganz bestimmt hat es Cotha beeinflusst, die alles genau registriert hatte.

Als Eltern bringen wir unseren Kindern bei, was sie fürs Leben brauchen. Viele von uns vergessen jedoch, dass wir unsere Kinder auch prägen, wenn uns das nicht bewusst ist. Die einfachen Dinge, die wir jeden Tag wie selbstverständlich tun – einem Nachbarn dabei helfen, einen platten Reifen auszuwechseln, eine ältere Dame an der Kasse im Supermarkt vorzulassen oder ein schmutziges Kind willkommen zu heißen und zu baden – das sind Dinge, die mehr sagen als Worte.

Kinder nehmen die Werte und das Verhalten ihrer Eltern in Alltagssituationen auf. Das meiste sagt sich dabei ohne viele Worte. Das gilt sowohl für kleine Dinge als auch für die wichtigsten Lebensgrundlagen, die es gibt – die Werte und Grundsätze, die wir in der Bibel finden. Ich hoffe, Sie behalten das im Hinterkopf, wenn wir in der nächsten Woche über »Vorbildliche Eltern« reden. Ihre Kinder beobachten Sie in jeder Minute. Vieles, was sie bemerken, werden sie ein Leben lang nicht mehr vergessen.

Ich liebe dich, Papa

Geh du selbst ihnen mit gutem Beispiel voran. Titus 2,7

Es ist eine bekannte Tatsache, dass Kinder ihre Eltern – und besonders ihre Väter – mit Gott identifizieren. Eines Tages, ich (JD) war auf einer Geschäftsreise, bat Shirley unseren Sohn Ryan, der damals zwei Jahre alt war, vor dem Essen zu beten. Ryan hatte seine Mutter und mich zwar immer beim Beten beobachtet, aber er hatte noch nie selbst für das Essen gedankt. Die Einladung dazu verwirrte ihn, aber er faltete seine kleinen Hände, beugte das Köpfchen und sagte ehrfürchtig: »Ich liebe dich, Papa. Amen.«

Später erzählte mir Shirley die Geschichte und sie hat mich sehr bewegt. Ich hatte gar nicht bemerkt, in welchem Maße Ryan mich mit seinem himmlischen Vater gleichsetzte. Ich war mir auch nicht sicher, ob ich das überhaupt wollte und ob mir dieser Schuh nicht zu groß war! Aber ich hatte keine Wahl, und die haben Sie auch nicht. Uns Eltern ist die riesige Verantwortung zugefallen, Gott vor unseren verletzlichen kleinen Kindern zu repräsentieren. Darum ist es ungeheuer wichtig für uns, unsere Kinder mit dem Wesen Gottes bekannt zu machen, besonders mit seiner unendlichen Liebe und seiner Gerechtigkeit. Ihr Beispiel kann ein festes Glaubensfundament für Ihre Kinder legen.

Jesus sagt: Der Sohn kann nichts von sich aus tun. Er handelt nur nach dem Vorbild seines Vaters (Johannes 5,19). Lasst uns das Vaterherz Gottes durch unser tägliches Tun sichtbar machen.

Gute-Nacht-Gedanken

- Identifizieren Ihre Kinder Sie mit Gott?
- Wird durch Ihr Handeln zu Hause die Art Gottes sichtbar?
- Was können Sie verändern, damit Sie Ihren Kindern ein besseres Vorbild sind?

Oh Herr, hilf uns, dass wir daran denken, dass andere uns bei allem beobachten, was wir tun – die Augen unserer Kinder und auch deine. Hilf uns, dass wir sorgfältig leben, das Leben als einen wertvollen Schatz behandeln und uns auf deine Kraft verlassen. Amen.

Das Vermächtnis eines guten Menschen

Ein guter Mensch kann seinen Besitz auf Kinder und Enkel vererben. Sprichwörter 13,22

Dr. Willis B. Dobson war ein guter Mann. Er war mein (JDs) Onkel. Onkel Willis unterrichtete über 40 Jahre lang an einem kleinen christlichen College. Was er verdiente, waren Peanuts im Vergleich zu dem, was er an einer staatlichen Universität hätte bekommen können. Doch er setzte andere Prioritäten, als Reichtümer zu erwerben. Nach dem Tod seiner geliebten Frau widmete Onkel Willis sein Leben anderen Menschen. Mit 70 begann er einen Fahrdienst für »alte Leute«, wie er sie nannte. Vor seinem Haus baute er einen Stand mit Erfrischungen für Müllmänner und Straßenreiniger auf. In einer frostigen Nacht im Dezember gingen Onkel Willis und sein Sohn Bill an einem Betrunkenen vorüber, der am Straßenrand saß. Plötzlich blieb mein Onkel stehen, kehrte um und legte dem Mann seinen Mantel um die Schultern. »Warum machst du das?«, fragte Bill. »Dein Mantel ist doch nagelneu!«

»Weil ich zwei Mäntel habe. Und dieser Mann hat keinen«, antwortete Onkel Willis schlicht.

Willis B. Dobson folgte einfach dem Gebot seines Gottes (siehe Lukas 3,11). Er hat keine große Anerkennung für sein selbstloses Verhalten bekommen. Aber seine Familie erinnert sich mit tiefer Zuneigung an ihn und für mich war er das Vorbild. Ich hoffe, ich kann meiner Familie ein ähnliches Vermächtnis weitergeben.

Gute-Nacht-Gedanken

- Geben Sie an Ihre Kinder die Bereitschaft zum Dienen weiter?
- Was haben Sie in der vergangenen Woche selbstlos getan? Was war Ihr selbstloses Handeln im vergangenen Jahr?
- Wie können Sie mehr für andere tun?

Lieber Vater, die Monate und Jahre eilen so schnell dahin. Hilf uns, sinnvoll zu leben und lass uns daran denken, dass unser Vermächtnis für unsere Kinder wenig mit Geld zu tun hat, sondern vielmehr damit, wie wir deinem Geist gehorchen und ihn beachten. Amen.

Achte darauf, wohin du gehst

Wer Gutes plant, erfährt Güte und Treue. Sprichwörter 14,22

Das Gründer-Ehepaar der Organisation FamilyLife, Pastor Dennis Rainey und seine Frau Barbara, beschloss am Anfang ihrer Ehe, für ein Wochenende zu verreisen. Sie wollten sich nicht nur ein paar Tage erholen. Vielmehr stellte jeder für sich eine Liste von Werten auf, die sie später einmal ihren Kindern vermitteln wollten. Aus diesen beiden Listen suchten Dennis und Barbara die 5 wichtigsten Werte für sich und ihre Familie heraus. Das war eine gute Sache für die Raineys, denn gleichzeitig legten sie damit einen klaren Kurs für ihre spätere Erziehungsaufgabe fest. Gab es Meinungsverschiedenheiten wegen der Kinder, hatten Dennis und Barbara eine schriftliche Grundlage, auf die sie sich berufen konnten. Dennis trägt bis heute dieses abgegriffene Stück Papier mit den Eselsohren mit sich herum.

Ob Sie nun Ihre Werteliste aufschreiben oder sie im Herzen tragen; wichtig ist, dass Sie wissen, wohin Sie Ihre Familie führen. Yogi Berra drückte es einmal so aus: »Falls Sie nicht wissen, wohin Sie gehen, müssen Sie befürchten, dass Sie nicht ankommen.«

Ihre Kinder werden die Werte, die Ihnen wichtig sind – wie gegenseitige Liebe, Freundlichkeit, Integrität, Hingabe an Gott –, nur entdecken und befolgen, wenn Sie die richtige Karte in der Hand haben, um sie dorthin zu führen. Wählen Sie Ihre Werte sehr weise aus (Beispiele dazu finden Sie in Matthäus 7,12; Römer 12,9; 1. Korinther 16,13–14; 2. Petrus 1,5–7) und dann halten Sie Kurs!

Gute-Nacht-Gedanken

- Haben Sie einen Plan, wie Sie Ihre Familie führen wollen?
- Wie lauten die 5 wichtigsten Werte für Ihre Familie?
- Geben Sie Ihre Werte an Ihre Kinder weiter?
- Wie können Sie einiges besser machen?

Jesus, ohne dich würden wir gar nicht wissen, wo wir anfangen sollen. Hilf uns, unsere Kinder zu leiten. Hilf uns, ihnen auf deinem Weg voranzugehen. Zeig uns, was dir am Wichtigsten ist, damit wir in unserem Haus und vor der Welt diese Werte ausleben. In deinem Namen. Amen.

DONNERSTAG

Kurskorrektur

Den Entrechteten verhilft er zu ihrem Recht und lehrt sie, seinen Willen zu erkennen. Psalm 25,9

Ein Schneesturm hielt unsere Familie und unsere Gäste drei Tage lang in einer Skihütte gefangen, sodass wir ein richtiges Hüttenfieber entwickelten. Endlich, am Sonntagmorgen, gab ein strahlend blauer Himmel über uns den Blick auf unberührte schneebedeckte Berghänge frei. Nur – was sollten wir tun? Für unsere Familie war schon immer klar, dass wir sonntags den Gottesdienst besuchen. An diesem Sonntag dachte ich (JD) darüber nach und beschloss, dass wir eine Ausnahme machen sollten. »Der Tag ist so wunderschön. Wir können heute Abend eine Andacht halten. Ich denke, es ist okay, wenn wir Ski laufen.« Jeder jubilierte – wenigstens hatte ich den Eindruck.

Ein paar Minuten später begegnete ich meinem 11-jährigen Sohn. Er wirkte richtig verstört. »Papa«, sagte Ryan, »Bisher hast du noch nie einen Kompromiss gemacht. Was in der Vergangenheit falsch war, kann doch heute nicht auf einmal richtig sein.« Die Worte meines Sohnes trafen mich wie ein Hammerschlag. Endlich gewann ich meine Fassung wieder und sagte die Worte, die Ryan hören musste: »Ryan, du hast Recht.« Wir liefen nicht Ski, sondern wir gingen in einer nahe gelegenen Stadt zur Kirche. Dafür verlängerten wir unseren Urlaub und hatten am nächsten Tag eine herrliche Zeit auf den Skihängen.

Ein konsequentes, an der Bibel ausgerichtetes Vorbild ist für Ihre Kinder lebenswichtig. Noch wichtiger ist möglicherweise Ihre Bereitschaft, Fehler zuzugeben und jede Kursabweichung zu korrigieren.

Gute-Nacht-Gedanken

- Sind Sie bereit, Fehler vor Ihren Kindern zuzugeben?
- Sind Sie in Ihrer Wertsetzung kompromissbereit, wenn es bequemer ist?

Herr, du weißt nur zu gut, dass wir zur Nachgiebigkeit neigen. Bitte gib uns die Kraft, dass wir auf dem Weg bleiben, den du uns vorgegeben hast. Gib uns die Gnade, zuzugeben, wenn wir vom Kurs abgewichen sind und schenk uns Beharrlichkeit, an deinen Wegen festzuhalten. Amen

FREITAG

Glaubhafte Vorbilder

So unglaublich es klingt, ich (JD) habe mich mit 3 Jahren für ein Leben mit Jesus entschieden. Ich erinnere mich noch genau an die Situation. Es war in einem Gottesdienst am Sonntagabend. Ich saß neben meiner Mutter in der Nähe des hinteren Ausgangs. Mein Vater war der Pastor und lud alle, die sich für Jesus entscheiden wollten, ein, nach vorn zu kommen. Und ich ging mit nach vorn. Ich erinnere mich, dass ich geweint habe und Jesus bat, mir meine Sünden zu vergeben. Es überwältigt mich bis heute, wenn ich mir vorstelle, dass der König des Universums sich um ein unmündiges Kind kümmerte, das kaum dem Krabbelalter entwachsen war.

Natürlich folgen nicht alle Kinder so früh dem Ruf Gottes – und das sollte auch von keinem Kind erwartet werden. Und trotzdem ist es wichtig, festzustellen, dass meine eigene Bekehrung in diesem frühen Alter möglich war, weil meine Eltern mir ein Vorbild gaben. Von Anfang an habe ich meine Eltern täglich beten sehen und gehört, wie sie mit dem Herrn redeten. Später haben Sie mir erzählt, dass ich zu beten versuchte, bevor ich sprechen konnte, indem ich die Töne imitierte, die ich von ihnen hörte.

Ihre Kinder werden nie vergessen, was sie gesehen und gehört haben, wenn Sie mit der Geburt Ihrer Tochter oder Ihres Sohnes beginnen, Ihnen ein Glaubensvorbild zu sein. Selbst wenn sie Gott später ablehnen – die Eindrücke ihrer ersten Erinnerungen bleiben

Ihren Kindern bis ans Ende ihres Lebens erhalten und werden sie irgendwann zurückbringen. Das ist unser Vorzug und unsere Verantwortung als Eltern. Wie heißt es doch in der Bibel: Ihr Eltern, erzieht eure Kinder mit Wort und Tat nach den Maßstäben, die Gott gesetzt hat (Epheser 6,5).

Gute-Nacht-Gedanken

- Ist Ihr Glaube ein Beispiel, das Ihre Kinder dazu inspiriert, mit Gott zu leben?
- Sollten Sie vielleicht um einen ernsthafteren, sichtbareren Glauben beten?

Unser Vater, wie sollen unsere Kinder dich kennen lernen, wenn sie nicht an uns sehen, dass wir dich über alles stellen? Bitte vermittle uns deine Kraft, damit unsere Taten mit unseren Worten übereinstimmen. Es wäre so schön, wenn unsere Kinder in dem Beispiel, das wir ihnen geben, Jesus sehen. Amen.

SAMSTAG

Helfende Hände

Ihr seid unserem Beispiel gefolgt und damit dem Beispiel unseres Herrn.
1. Tessalonicher 1,6

Ich wusste, dass Kinder gern ihre Eltern imitieren. Richtig deutlich wurde mir das allerdings erst nach der »Siggi-Rasur«.

Danae war 2 Jahre alt, als sie zuschaute, wie Jim sich rasierte. Sie war ganz fasziniert und beobachtete ganz genau, wie Jim sich das Gesicht einseifte und den Rasierer ansetzte. Wir hätten wissen müssen, dass Danae ausprobieren würde, was sie gesehen hatte. Am nächsten Morgen trat ich ins Badezimmer und erkannte unseren Dackel Siggi kaum wieder, der auf dem Toilettendeckel saß. Danae hatte ihm den Kopf eingeseift und rasierte ihm nun systematisch das Fell vom Schädel!

»Danae!« schrie ich entsetzt. Worauf Siggi und sein Barbier erschrocken versuchten, sich in Sicherheit zu bringen. Unser Hund sah urkomisch aus mit zwei behaarten Schlappohren an seinem ansonsten kahlen Kopf!

Die Neigung der Kinder, alles zu imitieren, gibt uns Eltern Gelegenheit, sie Dinge zu lehren. Laden Sie ein Kind in die Küche ein, wenn Sie das Frühstück richten. Erklären Sie, was sie tun, und erlauben sie ihm, das Rührei zu wenden. Zeigen Sie ihren Kindern, wie man Wäsche zusammenlegt. Zeigen Sie ihnen, wie man Fenster putzt. Und neigen Sie den Kopf und danken Sie Gott, dass er Ihrer Familie Essen schenkt, Kleider zum Anziehen und einen Ort zum Wohnen. Auf diese Weise lehren Sie Ihre Kinder. Ich sage also: Wenn ihr esst oder trinkt oder sonst etwas tut, so tut alles zur Ehre Gottes (1. Korinther 10,31).

Es stimmt, mit »Hilfe« der kleinen Hände kann man seine Arbeit nicht so schnell verrichten wie sonst. Aber indem Sie Ihren Kindern zeigen, wie sie selbst Aufgaben im Haus übernehmen können – besonders wenn es auf eine positive Weise geschieht, die Freude macht –, entwickeln sie ein Gespür für Mitverantwortung. Das wird ihnen zu einer guten Grundhaltung verhelfen und ein bereicherndes Klima für die ganze Familie schaffen. Sie geben damit ein Beispiel, das Ihren Kindern und auch Ihnen in den nächsten Jahren zugute kommen wird.

5. WOCHE

Vater sein

SONNTAG

Sanierungsarbeiten

Bob Welch

Ich war dabei, unser Badezimmer zu renovieren. Die Badewanne war voll mit Schutt, da stellte mir mein 13 Jahre alter Sohn die Frage: »Papa, kannst du mit mir irgendwann mal zum Golfen fahren?«

Ich musste das Badezimmer fertig bekommen. Es war Herbst und die Wettervorhersage für die nächste Woche lautete mit einer Wahrscheinlichkeit von hundert Prozent: »Flüssiger Sonnenschein für Oregon«. Am liebsten hätte ich Nein gesagt. »Ja, sicher«, antwortete ich stattdessen. »Und wie hattest du dir das gedacht?«

»Hm. Vielleicht könntest du Jared und mich nach der Schule am Freitag abholen und uns nach Oakway fahren.«

»Klingt gut.«

Der Freitag kam, die Regenschauer hielten an. Ich schaute aus dem Fenster und hielt die Badezimmersanierung für die vernünftigere Wahl. Doch als der verabredete Zeitpunkt näher rückte, wechselte ich mein Arbeitszeug gegen Regensachen und lud die Golfschläger für die Jungen und für mich in den Kofferraum. Vor der Schule stiegen Ryan und Jared zu. Unterwegs schaute Ryan mich ganz irritiert von der Seite an.

»Warum hast du deine Golfmütze auf, Papa?«, fragte er.

Das war, fand ich, eine dumme Frage. Man fragt ja auch keinen Taucher, warum er Schwimmflossen anhat.

»Nun, ich dachte, wir wollten Golf spielen.«

Es entstand eine peinliche Pause.

»Willst du etwa auch Golf spielen?«

Diese Frage versetzte mir einen Schlag in die Magengrube: So war das also gedacht! Ich war gar nicht eingeladen! Wie ein Film blitzten die 13 Lebensjahre meines Sohnes vor meinen inneren Augen auf: Geburt. Windeln. Schlaflose Nächte. Mahlzeiten in der Nacht. Hilfe bei den Hausaufgaben. Baumhäuser bauen. Fahrräder reparieren. Wettkämpfe. Zelten. Immer zu zweit – mein Sohn und ich.

Und nun war ich nicht eingeladen. Das war's dann wohl. Das Ende unserer Beziehung. Hatte ich doch schon immer befürchtet. Das war der Moment: »Adios, Alter! Danke für die Erinnerungen. Ich bin alt genug, meine Golfschläger allein zu schwingen. Geh nach Hause in deinen Schaukelstuhl und zu deinen Kreuzworträtseln, und – oh ja – hier hast du noch einen Gutschein für eine neue Flasche Klosterfrau Melissengeist.«

Diese Erinnerungen spulten in zwei Sekunden vor mir ab und ließen mir noch drei Sekunden für meine Antwort, bevor Ryan Verdacht schöpfte und glaubte, ich hätte wirklich vorgehabt, mit ihm und seinem Freund Golf zu spielen.

Ich musste etwas sagen. Am liebsten hätte ich gejammert: »Wie kannst du mir so etwas antun? Mich wie einen nutzlosen Krabbenköder einfach über Bord schmeißen?« Wir waren immer ein gutes Team gewesen. Das hier war Abschiebung. Missbrauch eines Erwachsenen.

Das war Lewis, der sich 1805 an Clark wandte und sagte: »Später, Bill. Ich schaffe den Rest des Weges nach Oregon ohne dich.« Das war John Glenn, der sich bei Mission Control über Funk bedankte, »aber er schaffe es von hier aus allein«. Das war Simon, der Garfunkel während der Aufnahmen zu »Bridge over Troubled Water« hinauswarf.

Warum musste sich alles verändern?

Genug der Gedankenspiele. Ich musste mich mit Ryan verständigen. Ich musste zum Ausdruck bringen, wie verletzt ich war. Ihm meine Gefühle mitteilen. Allen Mut, den ich aufbieten konnte, zusammennehmen, in den sauren Apfel beißen und mein Herz ausschütten.

Da hörte ich mich sagen: »Ich? Nein, nein. Du weißt doch, ich stecke bis zu den Ellenbogen in den Umbauarbeiten.«

Schweigend fuhren wir für einige Zeit weiter, bis mein verwundetes Ego nach dem Dolch griff und ich beiläufig fragte: »Wie hast du dir das mit der Bezahlung gedacht? »

»Ups! Kannst du mir sieben Dollar vorstrecken?«

Aha? Schon verstanden! Mich braucht er nicht mehr, aber mein Geld, das nimmt er gern.

»Kein Problem«, antwortete ich gelassen.

Ich ließ ihn und Jared aussteigen, wünschte den beiden viel Spaß und fuhr nach Hause. Mein Sohn war sich nun selbst überlassen. Niemand, der ihm sagen konnte, wie man ein Fünfereisen spielt, wie man den verflixten Abschlag am Loch 7 spielt, wie man aus der Sandkuhle schlägt. Und was, wenn ein Gewitter aufkam? Wenn ihn eine Horde angriffslustiger Maulwürfe anfiel? Er war doch noch so klein. Wer kümmerte sich um ihn?

Und hier saß ich allein im Auto und fuhr fort. Nicht nur für heute. Für immer. Ja, das war das eigentliche Problem. Das Band war zerrissen. Das Leben würde nie mehr wie früher sein.

Ich trat ins Haus. »Was willst du denn schon hier?«, fragte meine Frau.

Ich wusste, meine Antwort würde wie die eines beleidigten Teenagers klingen, der als Einziger nicht zu einer Party eingeladen worden war. Ich blieb trotzdem bei meinem unreifen Schmollen und sagte pampig: »Ich war nicht eingeladen.«

Und wieder entstand eine jener peinlichen Pausen. Meine Frau fing an zu lachen. Sie prustete haltlos. Zunächst war ich verletzt. Und dann? Dann lachte ich auch. Die Situation wurde plötzlich viel unbedeutender.

Ich machte mich wieder an die Sanierung unseres Badezimmers. Bei der Arbeit kam mir der Gedanke: Ja, genau das ist das Leben. Leben ist Veränderung. Und das ist es, was Vater und Sohn letztlich tun müssen: Sie müssen sich verändern. Darauf habe ich meinen Sohn von seinem ersten Schrei an vorbereitet: Nicht darauf, dass er ohne mich Golf spielt, sondern dass er ohne mich in die Welt hinausgeht. Mit seinen eigenen Schlägern. Mit seinem eigenen Spielplan. Mit seinem eigenen Glauben.

Gott saniert meinen Sohn. Hier fügt er etwas hinzu. Dort gibt er etwas mehr Raum. Kurz: Gott holt mehr aus ihm heraus, als er je werden kann, wenn ich weiterhin um ihn herumschleiche. Wie war das damals, als ich mir in Ryans Alter den Golfsack über die Schulter geworfen habe und mit dem Fahrrad zum Golfplatz gefahren bin? Ich weiß noch, wie erwachsen ich mich fühlte, als ich in das alte dunkle Klubhaus trat. Dicker Qualm stieg von der Pokerecke zur Linken auf und stolz legte ich meine 2 Dollar für neun Löcher auf den Tresen. Hätte ich gewollt, dass mein Vater damals an meiner Seite gestanden hätte? Nein! Ein Junge soll tun, was er tun muss: Erwachsen werden.

Einige Stunden später hörte ich, wie Ryan nach Hause kam. Ich hörte, wie er sich bei seiner Mutter beschwerte, dass seine Bälle nicht ins Loch gegangen seien, dass er keinen richtigen Schwung gehabt hätte und dass der Golfplatz ein einziger See gewesen wäre. Er sprach wie jemand, den ich gut kannte. Seine Schuhe quietschten vor Nässe, als er zu mir ins Badezimmer trat, wo ich immer noch arbeitete.

»Papa«, sagte er und tropfte den Fußboden voll, »mein Spielstil ist saumäßig. Kannst du mal mitkommen und mir Tipps geben? Ich brauche deine Hilfe.«

Ich hätte ihn am liebsten umarmt! Innerlich machte ich einen Luftsprung! Ich wollte schreien: »Hurra, ich werde noch gebraucht!« Ich jubelte: »Danke, Gott, dass du mich die Umgestaltung dieses Jungen miterleben lässt!«

Äußerlich war ich ganz der coole Vaters und sagte lässig: »Klar, Ryan, das machen wir demnächst mal.«

SONNTAG

Vorschau

Wie Bob Welch in seiner Geschichte feststellt, ist es Aufgabe des Vaters, sein Kind vom ersten Lebenstag an auf die Welt vorzubereiten. Der Augenblick wird kommen, da wollen Ihre Kinder die Gemütlichkeit des Elternhauses verlassen und als junge Erwachsene ihr eigenes, aufregendes Abenteuer unabhängig von den Eltern suchen. Ihre Kinder brauchen dringend Ihre Liebe, Führung und Leitung während sie heranwachsen, damit sie auf diesen Wandel vorbereitet sind. Der Vater spielt hierbei eine ganz andere, aber nicht weniger wichtige Rolle als die Mutter. Die Prägung durch den Vater und seine Verantwortung für seine heranwachsenden Kinder ist nicht zu unterschätzen. Väter spielen eine zentrale Rolle in Gottes Vorstellung von intakten Familien.

Liebe Väter, wir haben die Andachten der kommende Woche vor allem für Sie gedacht (und Mütter, wir möchten, dass Sie trotzdem daran Anteil nehmen!). Ich hoffe, die Überlegungen werden Ihnen Mut machen, Ihre Kinder auf das Erwachsensein vorzubereiten.

MONTAG

Vater aller Väter

Ich soll mitgehen, damit du beruhigt bist? 2. Mose 33,14

Man braucht keine Lizenz und kein Diplom, um Vater zu werden. Und doch ist es ein Job mit unvorstellbar hohen Anforderungen. Die Bibel sagt, ein Vater »ermutigt und tröstet« seine Kinder. Er »beschwört sie, so zu leben, dass sie Gott Ehre machen« (1. Thessalonicher 2,11–12). Er ist beauftragt, seinen Nachwuchs »zu instruieren« (Sprichwörter 1,8–9) und »zu disziplinieren« (Hebräer 12,10). Es wird von ihm verlangt, »seinen Kindern gute Gaben zu geben« (Matthäus 7,9–11). Außerdem darf er seine Kinder »nicht verärgern«. Vielmehr – und das ist das Wich-tigste überhaupt – »soll er sie mit Wort und Tat nach den Maßstäben erziehen, die Gott gesetzt hat.« (Epheser 6,4).

Dieser ungeheure Anspruch kann Ihnen leicht das Empfinden eines Hochschulabsolventen geben, der sich um die Stelle eines Atomphysikers bewirbt und weiß, dass seine Kenntnisse bei weitem nicht ausreichen! Aber lassen Sie sich nicht entmutigen! Die Bibel sagt, dass unser himmlischer Vater uns bei allen schwierigen Aufgaben im Leben beistehen will: Ich, Gott, werde euch immer und überall führen, auch im dürren Land werde ich euch satt machen und euch meine Kraft geben (Jesaja 58,11). Sie können sich auf den allmächtigen Gott, den Vater aller Väter verlassen. Er gibt Ihnen unabhängig von Ihrer Qualifikation die nötige Kraft bei jeder elterlichen Herausforderung.

Gute-Nacht-Gedanken

- Welche Stärken haben Sie als Vater?
- Auf welchen Gebieten müssen Sie als Vater am meisten an sich arbeiten?
- Verlassen Sie sich auf Gott, wenn es um die Verantwortung für Ihre Kinder geht?
- Wie können Sie Ihr Vertrauen auf Gott als Vater vertiefen?

Lieber Herr, ich fühle mich bei der großen Verantwortung als Vater manchmal überfordert. Hilf mir, dass ich dich täglich um deine Weisheit bitte, weil ich das Beste für meine Kinder möchte. Amen.

Der Einfluss des Vaters

Er wird das Herz der Eltern den Kindern zuwenden und das Herz der Kinder den Eltern. Maleachi 3,24

Bill Haughton, der Präsident einer großen Baufirma, hatte im Laufe der Jahre viele tausend Angestellte beschäftigt. Er wurde gefragt: »Was gibt für Sie den Ausschlag, wenn Sie jemanden einstellen? Worauf achten Sie besonders?« Seine Antwort wird Sie vielleicht überraschen: »Ich sehe mir zuerst die Beziehung des Bewerbers zu seinem Vater an. Wer sich von seinem Vater geliebt weiß und seinen Senior respektiert, wird ein guter Arbeitnehmer.«

Vielleicht hat Haughton die biblische Geschichte von Eli gekannt. Er war Priester in Israel und hatte zwei Söhne, Hofni und Pinhas. Eli hatte versäumt, seine Kinder rechtzeitig zu geistlichen Menschen zu erziehen. Die beiden Söhne hörten nicht auf ihren Vater. Sie lehnten sich gegen ihn und gegen Gott auf, nahmen den Israeliten ihr Opferfleisch weg und aßen es selbst auf. Wer sich ihnen in den Weg stellte, wurde bedroht (1. Samuel 2, 12–17). Als Eli erfuhr, was seine Söhne taten, redete er mit ihnen. Aber sie ignorierten seine Warnungen (Verse 23–25). Ihre Taten beleidigten Gott. Schließlich verfielen sie dem Gericht (3,11–13) und kamen beide gleichzeitig um (4,17).

Väter, unterschätzt nie den unglaublichen Einfluss, den Ihr auf Eure Kinder habt! Euer Einfluss kann zu einer Katastrophe beitragen oder zu einem Leben, das erfolgreich ist und Gott gefällt.

Gute-Nacht-Gedanken

- Wie stark hat Ihr Vater Sie beeinflusst?
- Was meinen Sie, welchen Einfluss Sie auf Ihre Kinder haben?
- Sind Sie der Vater, den Gott sich vorstellt?

(Gebet des Vaters)

Allmächtiger Gott, danke, dass ich Vater sein darf. Ich möchte so gern meine Kinder auf den richtigen Weg bringen. Lass meine Kinder den Plan, den du für sie hast, erkennen und ausleben, trotz all der Fehler, die ich leider oft mache. Amen.

Väter und Söhne

Ich will sein Vater sein und er soll mein Sohn sein. 2. Samuel 7,14

Es hat mal jemand gesagt: »Ein Junge an der Seite eines rechten Mannes geht selten verloren.« Ich (JD) bin fest davon überzeugt, dass das stimmt.

Vor einigen Jahren wurde mir die Bedeutung meines Vaters für mich sehr bewusst, als er nach einer Herzattacke im Krankenhaus lag. Ich stand neben seinem Bett und dachte an die glücklichsten Augenblicke meiner Kindheit zurück. Frühmorgens waren wir an einem Wintertag aufgestanden, hatten uns unsere warmen Sachen angezogen und waren 20 Meilen vor die Stadt zu unserem Lieblingsplatz im Wald gefahren. Dort warteten wir auf den Sonnenaufgang. Wir beobachteten die Eichhörnchen und Vögel und Rehe.

Solche Augenblicke mit meinem Vater waren unbezahlbar. Sie trugen dazu bei, dass ich wie mein Vater werden wollte, dass seine Werte meine Werte werden sollten, seine Träume meine Träume und sein Gott mein Gott.

Beackern Sie mit Ihrem Sohn gemeinsamen Boden? Wer heute mit seinem Sohn die gleichen Hobbys pflegt oder andere Interessen teilt, wird den Grundstein für eine gute Kommunikation auch in turbulenten Zeiten legen, die kommen werden. Hier wird die Saat für den gemeinsamen Glauben gelegt und für eine Freundschaft, die ein Leben lang anhalten kann.

Gute-Nacht-Gedanken

- Haben Sie als Kind mit Ihrem Vater ein Hobby geteilt?
- Welches sind Ihre schönsten Erinnerungen aus dieser Zeit?
- Welche Aktivitäten möchten Ihre Kinder mit Ihnen teilen? Was könnten Sie Neues ausprobieren?
- Wie können gemeinsame Aktivitäten einen gemeinsamen Glauben beeinflussen?

(Gebet des Vaters)

Herr, hilf mir sensibel auf die Interessen und Bedürfnisse meines Sohnes einzugehen. Lass uns Erinnerungen schaffen, die unsere Beziehungen stärken und uns enger miteinander verbinden und näher zu dir bringen. Amen.

DONNERSTAG

Väter und Töchter

Wir wollen einander lieben. 2. Johannes 1,5

Wenn Sie eine Tochter haben, werden Sie, lieber Vater, die Einstellung dieses Mädchens zu Männern prägen. Das ist eine sehr verantwortungsvolle Aufgabe. Wenn Sie warmherzig und fürsorglich sind, wird Ihre Tochter nach einem Mann mit ähnlichen Qualitäten Ausschau halten. Geben Sie ihr zu verstehen, dass sie hübsch und feminin ist, wird sie sich höchstwahrscheinlich hübsch und feminin fühlen. Wenn Sie Liebe und Disziplin so mischen, dass Sie dadurch Stärke vermitteln, wird Ihre Tochter sich in einer Ehe wohl fühlen, die von Geben und Nehmen und gegenseitiger Achtung bestimmt ist. Zeigen Sie dagegen Ihrer Tochter wenig Interesse, wird sie vermutlich ein Leben lang nach dem Mann suchen, der die Bedürfnisse befriedigt, die Sie als Vater nicht erfüllt haben.

Soll ich Ihnen eine schöne Möglichkeit verraten, wie Sie Ihrer Tochter Selbstbewusstsein vermitteln können? Verabreden Sie sich regelmäßig mit ihr – nur Sie beide! Damit können Sie schon im Vorschulalter beginnen. Beim Planen Ihrer »Rendezvous« lassen Sie sich am Besten von Ihrer Tochter helfen. Öffnen Sie ihr höflich die Tür, rücken Sie ihr den Stuhl zurecht und hören Sie genau zu, was sie Ihnen erzählt. Dies Vergnügen können Sie viele Jahre genießen! Behandeln Sie Ihre Tochter mit derselben Aufmerksamkeit und Achtung, wie sie von Ihnen in der Bibel im Hinblick auf Ihre Frau verlangt wird (1. Petrus 3,7). Damit geben Sie ihr ein gutes Selbstwertgefühl und, falls sie heiraten möchte, rechtzeitig Wertvorstellungen für ihren Ehemann. Sie können als Vater Ihrer geliebten Tochter kein besseres Geschenk machen!

Gute-Nacht-Gedanken

- Wie würden Sie die Beziehung zu Ihrer Tochter beschreiben?
- Welche Einstellung hat Ihre Tochter augenblicklich gegenüber Männern?
- Wie können Sie dazu beitragen, Ihre Tochter auf eine gelingende Ehe vorzubereiten?

(Gebet des Vaters)

Himmlischer Vater, ich möchte, dass meine Tochter weiß, wie sehr ich sie liebe und schätze. Lass jedes Wort und jede Tat sie heute ermutigen und hilf mir, dass ich dazu beitragen kann, dass sie die Frau wird, die sie nach deiner Vorstellung sein soll. Amen.

FREITAG

Haltet fest!

Von einem Verwalter verlangt man, dass er zuverlässig ist. 1. Korinther 4,2

Unter Tränen berichtete mir eine Mutter in einer Gemeinde, wo ich (JD) Gastredner war, dass ihr Mann sie kürzlich verlassen habe und dadurch ihre beiden Söhne zu Grunde richte. »Sie vermissen ihren Papa so sehr«, sagte sie. »Sie begreifen nicht, warum er nicht mehr kommt. Der Älteste leidet besonders. Er wünscht sich so sehr einen Vater, dass er sich jedem Mann anschließt, der ihm über den Weg läuft.«

Am nächsten Morgen sprach ich wieder in ihrer Gemeinde. Dieselbe Mutter und ihre Söhne begrüßten mich nach dem Gottesdienst und ich schüttelte dem Ältesten die Hand. Und dann geschah etwas, das ich in dem Augenblick nicht sofort begriff: Der Junge ließ meine Hand nicht mehr los! Er hielt sie so fest, dass ich keinen anderen mehr begrüßen konnte. Leider habe ich unbewusst seinen Arm mit meiner anderen Hand ergriffen und mich frei gemacht. Später erst erinnerte ich mich an das Gespräch mit seiner Mutter und mir wurde klar, wie verzweifelt dieser Junge einen Mann in seinem Leben brauchte.

Väter, eure Söhne und Töchter werden in den kommenden Jahren oft nach Ihrer Hand greifen. Ich flehe Sie an: Halten Sie die Hand fest!

Das ist doppelt wichtig, wenn Sie geschieden sind oder getrennt leben. Mehr denn je brauchen Ihre Kinder jetzt die Sicherheit einer Liebe, die » niemals jemand aufgibt, die in allem vertraut und für sie hofft, die alles erträgt mit großer Geduld« und »die niemals vergeht« (1. Korinther 13,7–8).

Gute-Nacht-Gedanken:

- In welcher Weise »greifen« die Kinder nach Ihnen?
- Was sind die größten Herausforderungen, wenn man ein Single-Vater ist?
- Was ist härter, ein verlassenes Kind zu sein oder ein Single-Vater?
- Was können Sie zusätzlich tun, um Ihren Kindern zu versichern, dass Sie immer für sie da sind?

Lieber Gott, wie immer unsere Familienverhältnisse sein mögen, lass uns nie von unserer Aufgabe als Eltern abweichen! Bitte vergib uns, dass wir so oft an unseren Kindern und dir schuldig werden. Hilf uns, dass wir dein Vertrauen wert sind, indem wir unsere Kinder lieben und leiten. Amen.

SAMSTAG

Väterliche Liebe

Mordechai hatte das Mädchen als Tochter angenommen. Ester 2,7

In dieser Woche haben wir die großen Vorrechte und Verantwortungen als Vater betrachtet. Heute möchte ich zu einer Gruppe von Vätern sprechen, die mir besonders nahe steht: die Stiefväter.

Mein leiblicher Vater war Alkoholiker. Ich habe mich als Kind oft versteckt, wenn er in den frühen Morgenstunden betrunken und fluchend ins Haus torkelte. Verzweifelt habe ich damals zu Gott gebetet: »Wenn Papa sich nicht ändert, dann hol uns bitte aus diesem Haus heraus und gib uns einen Vater, der uns lieb hat und für uns sorgt.«

Meine Eltern ließen sich nach vielen Leidensjahren scheiden, als ich in der 6. Klasse war. Meine Mutter, mein Bruder und ich zogen in ein winziges Haus, wo wir wenigstens ruhig schlafen konnten. Ein Jahr später heiratete meine Mutter einen überzeugten Junggesellen. Mein Stiefvater wurde ein treuer Ehemann und hat uns gut versorgt. Später übergaben er und meine Mutter ihr Leben Jesus.

Ich bin so dankbar, dass Gott mein Gebet erhört hat und dieser wunderbare Mann in unsere Familie kam. Joe Kubishta brachte hohe moralische Werte, Wärme und die dringend notwendige Stabilität in unsere Familie. Meine Mutter, mein Bruder und ich waren hingerissen von seinem sonnigen Wesen und hellen Lachen. Obwohl ich nicht seine leibliche Tochter war, schenkte er mir väterliche Achtung und Zuwendung, nach der ich so sehr verlangte.

Sollten Sie ein Stiefvater sein, bitte ich Sie: Bringen Sie den Mut auf und kümmern Sie sich genauso liebevoll um ihre Stiefkinder wie um Ihre eigenen. Vielleicht akzeptieren die Kinder Sie nicht so bereitwillig, wie ich Joe angenommen habe. Vielleicht wollen sie auch gar nichts mit Ihnen zu tun haben. Hinter äußerlicher Abweisung schreien verletzliche Jungen- und Mädchenseelen aber nach einem Mann, der echte väterliche Liebe für sie aufbringt.

Wie Ihre Familiensituation auch sein mag, ich bitte Sie inständig, seien Sie ein Vater, wie der himmlische Vater es von Ihnen erwartet. Die Übernahme väterlicher Verantwortung kann die Antwort auf die Gebete eines verzweifelten Kindes sein.

6. WOCHE

Mutter sein

SONNTAG

Zeit für Mami

Chrystal Kirgiss

Eine halbe Stunde Zeit ganz für mich allein, 30 Minuten Ruhe und Frieden waren alles, was ich mir an diesem Morgen wünschte. Nur ein halbes Stündchen kein »Mama-tu-dies«, »Mama-ich-brauche-das«, »Mama-er-hat-mich-gehauen!«

Nur ich und ein heißes Bad und Alleinsein.

War das zu viel verlangt?

Nachdem ich die beiden Ältesten zur Schule gebracht hatte, setzte ich den Jüngsten vor den Fernseher und sagte: »Schätzchen, nun hör mir mal genau zu. Deine Mami ist am Rande ihrer Nervenkräfte. Sie kann nicht mehr. Sie hat nicht mehr alle Tassen im Schrank, und das einfach, weil sie Kinder hat. Kannst du mir bis hierher folgen?«

Er nickte abwesend und freute sich auf seine »Feuerstein«-Sendung. »Barney Geröllheimer kommt ...« trällerte er fröhlich.

»Gut. Wenn du ein lieber, guter Junge sein willst, bleibst du brav hier sitzen und schaust dir Barney an und Mami nimmt in der Zeit ein schönes, heißes, ruhiges, friedliches Entspannungsbad. Ich möchte nicht, dass du mich störst. Ich möchte, dass du mich allein lässt. Dreißig Minuten lang möchte ich dich weder sehen noch hören. Hast du mich verstanden?«

Nicken.

»Guten Morgen ...«, hörte ich Barney in der Kindersendung sagen.

Ich ging ins Badezimmer und schaute zu, wie sich die Wanne mit Wasser füllte. Ich schaute zu, wie Spiegel und Fensterscheiben beschlugen. Ich schaute zu, wie sich das Wasser blau färbte. Ich stieg hinein.

Ich hörte ein Klopfen an der Tür.

»Mama? Mama? Bist du da drin, Mama?«

Ich hatte längst gelernt, dass meine Kinder nicht von der Stelle weichen, wenn ich sie überhörte.

»Ja. Ich bin hier. Was möchtest du?«

Eine lange Pause, in der das Kind nachdenken musste, was es wollte.

»Hm ..., kann ich was zu essen haben?«

»Du hast doch gerade gefrühstückt. Kannst du ein paar Minuten warten?«

»Nein. Ich sterbe vor Hunger. Ich brauche sofort was zu essen.«

»Du kannst dir ein paar Rosinen nehmen.«

Ich hörte, wie er in die Küche tappte, Stühle und Hocker herumschubste und versuchte, das Regal mit den Rosinen zu erreichen. Ich spürte, wie der Boden vibrierte, als er von der Anrichte heruntersprang, und hörte ihn ins Fernsehzimmer laufen.

Erleichtert tauchte ich wieder unter.

Klopf, klopf, klopf.

»Mama? Mama? Mama, bist du da?«

Seufzen. »Ja, ich bin noch da. Was willst du jetzt?«

Pause. »Ähm ..., ich muss auch baden.«

Klar.

»Schätzchen, kannst du warten, bis ich fertig bin?«

Die Tür öffnete sich einen kleinen Spalt. »Nein. Ich muss jetzt dringend baden. Ich bin schmutzig.«

»Du bist immer schmutzig. Das macht dir nie was aus.«

Die Tür öffnete sich weit. »Ich muss wirklich dringend baden, Mama.«

»Nein, das ist nicht wahr. Geh wieder hinaus.«

Er stand mitten im Badezimmer und zog sich seinen Schlafanzug aus. »Ich möchte mit dir baden, Mama.«

»Nein! Du badest nicht mit mir! Ich will allein baden! Ich will, dass du gehst und mich allein lässt!« Ich klang wie der dreijährige Trotzkopf, mit dem ich mich stritt.

Er kletterte auf den Rand der Badewanne, balancierte vorsichtig darauf herum und sagte besänftigend: »Ich will nur ein bisschen mit dir baden. Okay, Mami?«

Ich begann zu kreischen. »Nein! Das ist nicht okay! Ich will mein eigenes Bad, ganz für mich allein! Ich will es nicht teilen! Ich will allein sein!«

Er dachte eine Weile nach und entschied dann: »Gut. Ich bleibe hier sitzen und du liest mir ein Buch vor. Ich steige auch nicht ins Wasser,

Mama, bis du fertig bist.« Er warf mir ein bezwingend charmantes Lächeln zu.

Und so opferte ich meine Zeit und las einem drei Jahre alten Nackedei, der auf dem Rand meiner Badewanne hockte, sein Kinn auf die Knie stützte, seine Arme um die angewinkelten Beinchen schlang und still vor sich hin lächelte, aus dem »Regenbogenfisch« vor.

Was soll's? Es wird nicht mehr lange dauern, bis ich alle Zeit der Welt habe. Und dann werde ich wahrscheinlich bedauern, nicht mehr Zeit mit meinen Kindern verbracht zu haben.

Vorschau

Es ist nicht leicht, Mutter zu sein, oder? Eine Mutter muss Psychologin, Physiotherapeutin, Theologin, Pädagogin, Krankenschwester, Managerin, Feuerwehrfrau und gelegentlich Polizistin sein. Gelingen ihr all diese Aufgaben an einem Tag, steht sie am nächsten gleich wieder davor. Daher verwundert es nicht, dass eine Mutter sich, wie in unserer Geschichte, ab und zu nichts sehnlicher wünscht als ein paar Minuten für sich, die sie so selten findet.

Die meisten Mütter, die ich kenne, haben eine Medaille für die Geduld verdient, die sie für ihre Kinder aufbringen und für das, was sie in der Erziehung erdulden (Dazu gehört meine Mutter ganz bestimmt!). Diese Mütter würden buchstäblich ihr Leben für die ihnen anvertrauten Küken geben.

Wir widmen die Andachten in dieser Woche Ihnen, liebe Mütter. Freuen Sie sich über die Zeit mit Ihren Kindern und denken Sie immer daran: Sie nehmen eine Sonderstellung im Herzen Gottes ein!

MONTAG

Einmalig qualifiziert

Bringt eine Mutter es fertig, ihren Säugling zu vergessen?
Hat sie nicht Mitleid mit dem Kind, das sie geboren hat? Jesaja 49,15

Vom ersten Lebenstag an braucht ein Kind seine Mutter wie sonst nichts auf der Welt. Im Bauch der Mutter wird das Kind ernährt, damit es sich entwickeln kann. Nach seiner Geburt wirkt sich die Qualität der Bindung zwischen Mutter und Kind ein Leben lang aus. So stellt eine Studie der Harvard University fest, dass 91 Prozent der Männer, die in ihren ersten Lebensjahren keine enge Bindung an ihre Mütter hatten, in der Lebensmitte zu Herz-Kreislauf-Erkrankungen, Bluthochdruck, Magengeschwüren und Alkoholismus neigten. Bei Männern, die als Kleinkinder viel mütterliche Wärme und Nähe erfahren hatten, zeigten sich diese und ähnliche Erkrankungen viel seltener.

Das ist nur einer von zahllosen Gründen, warum wir Ihnen Mut zusprechen, sich selbst um Ihre Kinder zu kümmern und sie möglichst nicht in fremde Hände zu geben. Recherchen auf diesem Gebiet bestätigen immer wieder diese Empfehlung.

Falls Sie allein erziehende Mutter sind, haben Sie möglicherweise keine andere Wahl, als arbeiten zu gehen und die Kinder betreuen zu lassen. In diesem Fall tun Sie, was sie können und fühlen Sie sich nicht schuldig! Wenn Sie Geld verdienen müssen, fragen Sie sich immer wieder: Könnte ich meine Stunden reduzieren? Könnte ich von zu Hause aus arbeiten? Gibt es andere Möglichkeiten, wie ich mehr Zeit mit meinem Kind verbringen kann?

Jedes Neugeborene braucht fünf Voraussetzungen, damit es gedeihen kann: Berührung, Beziehung, Beständigkeit, Nahrung und Sicherheit. Niemand ist nach Gottes Plan besser dafür ausgestattet als eine Mutter.

Gute-Nacht-Gedanken

- Schenken Sie Ihrem Kind beständig liebevolle Aufmerksamkeit?
- Fragen Sie bei der Kindererziehung nach Gottes Willen?
- Wie können Sie mehr Zeit für Ihre Kinder aufbringen?

(Gebet der Mutter)

Herr, es ist so schwierig, die Bedürfnisse meiner Kinder mit den Anforderungen des täglichen Lebens auszubalancieren. Hilf mir, die beste Mutter zu sein, die ich sein kann. Gewähre mir Weisheit, damit ich weise Entscheidungen treffe, und gib mir Frieden, wenn ich tue, was ich kann. Amen.

Pass auf Mama auf

Schont doch das erschöpfte Volk, dass es sich erholen kann. Jesaja 28,12

Wie gut erinnere ich mich an den Tag, als ich meinen vier Monate alten Sohn Ryan auf den Wickeltisch legte, um seine Windeln zu wechseln. Kaum hatte ich die nassen Pampers zur Seite gelegt, hinterließ er im hohen Bogen seine Initialen an der Wand. Rasch machte ich alles sauber. Dann ging ich ans Telefon. In dem Moment wurde Ryan von einem heftigen Durchfall gepackt. Wie ein Maschinengewehr feuerte er los. Ich badete ihn, zog ihm von Kopf bis Fuß duftend frische Sachen an und schrubbte den Raum. Erschöpft, aber dankbar, dass der Gestank vorüber war, setzte ich mir Ryan fröhlich auf die Schulter, zuckte allerdings im nächsten Moment zusammen, weil mein Sohn mir mit einem lauten Rülpser sein lauwarmes Frühstück in den Nacken spuckte!

Die Erinnerung an solche und ähnlich schwierige Momente haben mir eine besondere Sympathie für Mütter verschafft. Auch sie brauchen Pflege und Nahrung. Gott weiß, dass selbst die Erde mehr Früchte hervorbringt, wenn das Land Ruhezeiten kennt (3. Mose 25,4–5). Darum ist es eine gute Idee, wenn Sie regelmäßig etwas für sich tun, das Ihnen Freude macht, wie Tennis spielen, einkaufen, Gymnastik oder einfach einen verbummelten Nachmittag. Gehen Sie mit dem Vater Ihrer Kinder aus, laden Sie eine Nachbarin zum Kaffee ein, nehmen Sie an einem Kurs teil oder besuchen Sie eine Mutter-Kind-Gruppe. Und was ganz wichtig ist: Nehmen Sie sich Zeit für die Gemeinschaft mit dem Herrn. Kleine Unterbrechungen des Alltags halten Sie frisch für den nächsten Windelwechsel Ihres kleinen Lieblings.

Gute-Nacht-Gedanken

- Setzen Sie sich selbst zu stark unter Druck? Brauchen Sie mehr Unterbrechungen?
- Können Sie als Mann Ihrer Frau ab und zu eine Erholungspause ermöglichen?

(Gebet der Mutter)

Lieber Gott, es passiert so leicht, dass ich in eintönige Routine verfalle und meine eigenen Bedürfnisse übersehe. Zeig mir die Aktivitäten und Freunde, die für mich wichtig sind, und öffne mir das Herz für deine Führung, damit ich einen langen Atem behalte. Amen.

MITTWOCH

Ist das Frühstück fertig?

Wer das Gute tut, … dem wird Gott ewige Herrlichkeit, Ehre und Frieden schenken. Römer 2,10

Obwohl ich (JD) Mütter bisher ohnehin schon sehr bewundert hatte, stieg meine Wertschätzung für sie ins Unermessliche, als mein Sohn Ryan drei Jahre alt war. Shirley hatte sich beim Skilaufen ein Bein gebrochen, was mir zu dem Glück verhalf, ihre Aufgaben für einige Wochen zu übernehmen. Das war ein schockierendes Erlebnis für mich. Am ersten Tag unterbrach Ryan meine tiefsten Träume mit einem lauten Schrei um sechs Uhr morgens. Er brüllte und ich stürzte über den Flur in sein Zimmer und öffnete die Tür. Sofort verstummte das Gebrüll und eine süße Stimme fragte: »Ist das Frühstück fertig?« Ich schlich in die Küche und starrte auf die Schränke in der Hoffnung, dass daraus etwas Einfaches und Schnelles hervorquellen würde. Ryan folgte mir und löcherte mich mit Fragen wie: »Haben wir Schinken?«, und »Warum ist keine Milch in meinem Becher?« Enttäuscht über seine unfähige »neue Mutter« seufzte Ryan und meinte: »Ich bin es so leid mit dir!«

Ist es nicht das, was Mütter oft erleben? Sie geben ihre eigenen Bedürfnisse auf, um für ihre lieben Sprösslinge zu sorgen – und die Kids nehmen gar keine Notiz davon und sehen keinen Wert darin. Doch seien Sie versichert, liebe Mütter, Gott sieht alles, was Sie tun! Jedes kleine oder größere Opfer zaubert ein Lächeln auf sein Gesicht und Freude kommt im Himmel auf! Es hilft, daran zu denken, wenn Ihr Kind das nächste Mal um sechs Uhr morgens losbrüllt.

Gute-Nacht-Gedanken

- Was enttäuscht Sie als Mutter besonders?
- Wie können Ihre Kinder und Ihr Mann Ihnen helfen?
- Wie bewertet Gott Mütter? (siehe 2. Mose 20,12; 3. Mose 20,9; Sprichwörter 23,22; Jesaja 66,13; Johannes 19,26–27)

(Gebet der Mutter)

Danke, dass ich Mutter sein darf. Bitte gib mir die Kraft und den Mut, den Herausforderungen gerecht zu werden, wenn ich versuche, deinen Plan für unsere Familie zu erfüllen und mich darüber zu freuen. Amen.

DONNERSTAG

Das glamouröse Leben

Meine lieben Brüder, täuscht euch nicht! Jakobus 1,16

Viele Frauen glauben, dass Muttersein langweilig und monoton sei – und da haben sie Recht! Aber jede andere Beschäftigung ist es auf Dauer auch! Ich (JD) bewohnte einmal ein Hotelzimmer direkt neben einem berühmten Cellisten. Ich konnte ihn durch die Wände hören, wie er Stunde um Stunde übte. Er spielte keine herrlichen Symphonien; er wiederholte immer und immer wieder stumpf Tonleitern! Ich bin mir sicher, dass viele Zuhörer im Publikum, die ihn am Abend spielen hörten, bewundernd seufzten: »Was für ein glamouröses Leben dieser Mann führt!« Doch für den Augenblick auf der Bühne übte er den ganzen Tag Tonleitern in seinem Hotelzimmer – wenig spektakulär, wenn Sie mich fragen.

Nur sehr wenige Menschen empfinden in ihrem Beruf eine ständige Begeisterung, die sie Schmetterlinge im Bauch verspüren lässt. Wie aufregend ist die Arbeit eines Biologen, der von morgens bis abends Bakterien-Kulturen überwacht? Oder eines Zahnarztes, der seine Tage mit Bohren, Spritzen und Plomben füllt? Die Arbeit eines Handwerkers kann genauso langweilig sein wie die der meisten anderen Berufssparten. Was die Bedeutung angeht, kann kein Beruf mit dem einer Mutter konkurrieren, denn wer sonst darf ein menschliches Wesen lieben, formen und fördern?

Natürlich will nicht jede Frau Mutter werden; das ist auch vollkommen in Ordnung so. Wer sich aber dazu entschließt, hat unsere Bewunderung und Achtung verdient. »Kinder«, so sagt die Bibel, »sind ein Segen« (Psalm 37,26). Wenn das stimmt, sind Eltern eine gute Gabe Gottes an die Kinder.

Gute-Nacht-Gedanken

- Haben Sie als Vollzeitmutter das Gefühl, dass Gott mit Ihrer Arbeit einverstanden ist?
- Falls nicht, was können Sie ändern?
- Wie kann Ihr Ehemann Ihnen helfen, Veränderungen zu schaffen?

(Gebet der Mutter)
Herr, ich bin Mutter. Zu dieser unglaublich wichtigen Aufgabe hast du mich berufen. Hilf mir, dass ich in deinem Sinne handle und zufrieden bin. Amen.

FREITAG

Kraft zum Durchhalten

Alles, was ich kann, kommt von Gott. 2 Korinther 3,5

Jede Mutter hat unsere Unterstützung und Bewunderung verdient. Allein erziehende Mütter (und Väter) verdienen unsere Anerkennung doppelt. Sie (oder er) muss für Wohnung und Kinderbetreuung sorgen, täglich 8 Stunden und mehr arbeiten, die Kinder zum Kindergarten oder zur Schule bringen und abholen, schnell noch zum Supermarkt hetzen. Zu Hause angekommen, muss sie (er) kochen, abwaschen, Windeln wechseln, bei den Hausaufgaben helfen, die Kleinen baden, eine Geschichte vorlesen, Tränen trocknen, ein Gebet sprechen und die Kinder ins Bett bringen. Endlich, nach vielleicht 12 Stunden Arbeit und Bemutterung der Kinder, muss sie (er) dann noch den Haushalt in Ordnung bringen.

Es ist eine Aufgabe, die auch den tüchtigsten und aufopferungsbereitesten Menschen überfordert. Darum wäre es schön, wenn sich Paare vornehmen, sich um mindestens eine allein erziehende Mutter (oder einen Vater) und deren Kinder kümmern.

Wie Ihre Lebensumstände auch sein mögen, liebe Mutter, das beste Erfolgsrezept ist die tägliche Hinwendung zu Gott. Ohne seine Hilfe und Unterstützung ist Ihre Aufgabe einfach zu groß. Wenn Sie das Gefühl haben, dass der nächste weinerliche Jammerton Sie umbringt, legen Sie Ihre Last zu Jesu Füßen. Der »Vater des Erbarmens und der Gott allen Trostes« (2. Korinther 1,3) wird Ihnen Kraft zum Durchhalten schenken.

Gute-Nacht-Gedanken

- Kennen Sie eine allein erziehende Mutter, die Ermutigung und Hilfe braucht?
- Wenden Sie sich trostsuchend an Gott, wenn Sie mutlos sind?
- Suchen Sie regelmäßig in Gottes Wort nach einem guten Weg?

Vater des Erbarmens und des Trostes, danke, dass du uns liebst und für uns sorgst! Wir wissen, dass du, wie schwierig sich der Weg auch gestalten mag, bei uns bist, uns aufrichtest und uns die richtige Richtung weist. Nimm uns jeden Tag in deine Arme, wie wir täglich unsere Kinder in den Arm nehmen. Amen.

SAMSTAG

Eine erfolgreiche Mutter

Eure Mutter war wie eine Rebe, ein Weinstock, dem es nicht an Wasser fehlte, der Ranken trieb und reiche Früchte trug. Hesekiel 19,10

In jungen Jahren war meine Mutter eine sehr starke Frau. Ich habe es nur Ihrer Klugheit und Hingabe zu verdanken, dass ich den emotionalen Druck in meiner frühen Kindheit ausgehalten habe.

Damit wir etwas zu essen hatten, arbeitete Mutter in einer Fischkonserven-Fabrik. Sie hatte keine festen Arbeitszeiten. Oft wurde sie morgens um 3:00 oder 4:00 Uhr zur Arbeit gerufen. Ich bewunderte,wie sie es schaffte, den Job zu halten, einzukaufen, zu kochen, den Haushalt zu führen und uns unter einem solchen Stress zu versorgen.

Trotz aller Schwierigkeiten setzte Mutter sich erstaunlicherweise erfolgreich auf zwei Gebieten in der Kindererziehung durch, die mir sehr wichtig erscheinen. Erstens: Sie überzeugte meinen Bruder und mich von ihrer Liebe zu uns. Zweitens: Obwohl sie selbst keinen bestimmten Glauben praktizierte, war ihr klar, dass es für ihre Kinder wichtig war, die Kirche am Ort zu besuchen. Mutter kam nicht mit uns (der Sonntag war ihr »Auffangtag«). Aber sie bestand darauf, dass mein Bruder und ich hingingen. Oft haben wir uns darüber beschwert und gemeckert, aber das half nichts. Heute bin ich sehr dankbar, dass sie so beharrlich war. In dieser kleinen Kirche in unserer Nachbarschaft habe ich Gott kennen gelernt und ihn schließlich in mein Leben eingeladen. Einige Jahre später lernte auch Mama Jesus kennen.

Vielleicht leben Sie heute als Mutter in schwierigen Verhältnissen. Vielleicht kann die Kindheit Ihrer Kids nicht so sein, wie Sie es sich vorgestellt hatten. Machen Sie sich keine Sorgen, wenn nicht alles perfekt gelingt. Werfen Sie Ihre Sorgen auf ihn, denn er sorgt für Sie (1. Petrus 5,7) und für Ihre Kinder. Zeigen Sie Ihren Kindern Ihre Liebe und bringen Sie ihnen Jesus nah. Eine Mutter, die das fertig bringt, macht alles richtig. *SD*

7. WOCHE

Geborgenheit

SONNTAG

Bleibt!

Jodi Detrick

Es tut so gut, sich nach einem langen, ermüdenden Tag in die Couchecke zu kuscheln. Ich hatte gerade den Teekessel aufgesetzt und entspannte mich bei einer Musiksendung. Jana, unsere 12-jährige Musikliebhaberin, saß neben mir im großen blauen Sessel und gegenüber streckte sich Don auf der Liege aus, wie üblich mit einem Buch in der Hand.

Anne Murray war die Gastsolistin des Orchesters und ich schwelgte in Erinnerungen, als sie Lieder aus meiner Jugend sang. Bei der einst besonders beliebten Ballade »Could I Have This Dance« trafen sich Dons und meine Augen und er lächelte mir zu. Dieses Lied war einmal »unser Lied« gewesen.

Spontan erhob ich mich von meiner Couch und sagte mit einem Knicks: »Darf ich bitten, mein Herr?« Augenzwinkernd kam Don mir in der Mitte des Wohnzimmers entgegen. Der Witz ist, dass Tanzen nie unsere Stärke war. Ich kicherte, als wir versuchten, die Haltung für einen Walzer einzunehmen und begannen, uns zur Musik zu drehen.

»Musst du nicht irgendetwas mit deinen Füßen machen?«, fragte Don. Er selbst machte die merkwürdigsten Schritte! Ich lachte immer mehr, während wir in einen Rhythmus verfielen, bei dem sich Fred Astaire im Grab herumgedreht hätte. Jana beobachtete uns ruhig von ihrem Sessel aus, während wir unseren linkischen Tanz fortführten und uns zwischendurch küssten.

In diesem Moment trug der Teekessel unaufgefordert seinen unverschämt schrillen Pfiff zur Musik bei und signalisierte damit ein abruptes

Ende unserer Ausgelassenheit. Atemlos löste ich mich aus Dons Armen, um den Teekessel zu beruhigen.

»Nein, ... bleibt!« Mit einem Sprung war Jana aus ihrem Sessel und flitzte in die Küche.

»Lass nur, Jana. Ich kann das doch machen«, versuchte ich sie aufzuhalten. Doch Jana nahm den Kessel von der Herdplatte und wiederholte ihre Worte: »Nein, ... bleibt!« Dieses Mal hob sie den Arm wie ein kleiner Verkehrspolizist. Also bewegten wir uns weiter zur Musik, die leider viel zu schnell endete.

Als sie sich später zum Zubettgehen fertig machte, wunderte ich mich über den ernsten Ausdruck auf Janas süßem, kleinen Gesicht. Wie immer sprachen wir ein paar Minuten miteinander über besondere Anliegen, für die wir gemeinsam beten konnten. Unsere Gebetsliste reichte von der Schule bis zum Krieg in Bosnien und galt vielen Themen, die dazwischen lagen. Dann sprach sie noch eine spezielle Sache an.

»Mami«, sagte sie leise, »die Eltern von meiner Freundin schlafen nicht mehr im selben Zimmer zusammen. Und nun sprechen sie nicht einmal mehr miteinander.«

Die kleine Schulkameradin hatte Jana erst kürzlich ihre Sorgen über die Streitigkeiten ihrer Eltern anvertraut. Jana trug ernsthaft die schwere Last ihrer Freundin mit. Gemeinsam baten wir Gott, diese Ehe bitte zu heilen und die tiefe Traurigkeit des Mädchens zu trösten.

»Fürchtet Jana, dass ihre Eltern sich scheiden lassen?«, fragte ich.

»Ich glaub schon. Sie will aber gar nicht viel darüber sprechen.«

»Ich verstehe«, sagte ich.

So viele von Janas Freundinnen kommen aus Elternhäusern, die durch Scheidung auseinander gerissen wurden. Sie hatte schon oft die schmerzhaften Auswirkungen einer Trennung gesehen. Und wieder waren das Glück und die Sicherheit – in dem Fall einer sehr engen Freundin – durch die Scheidung der Eltern bedroht.

Ich hatte verstanden. »Nein, ... bleibt!«, war ein Aufruf an uns gewesen: »Bitte bleibt zusammen, ... habt euch weiter lieb, ... bleibt beieinander und bei mir, ... lacht weiterhin miteinander, auch wenn ihr euch gegenseitig auf die Zehen tretet in diesem verrückten Tanz, der Ehe heißt. Seid nicht zu müde und zu beschäftigt, um die Musik eurer Jugendliebe zu hören, ... strahlt weiterhin, wenn sich eure Blicke im Wohnzimmer begegnen. Bitte, ... bleibt!«

Inzwischen war jeder in unserem Haus eingeschlafen – bis auf mich und den, der niemals schläft. Wir sprachen noch eine Weile leise miteinander, und bevor ich ins Bett neben meinen schlummernden Tanzpartner kroch, versprach ich ihm noch einmal, dass ich bleiben würde.

Vorschau

Unsere Welt verändert sich, und das nicht immer zum Besseren. Die Kids von heute müssen sich mit Gefahren auseinander setzen, die es während meiner Kindheit praktisch noch nicht gab: Schulüberfälle, Bandenkriege, sexuelle Entgleisungen, Kidnapping und Terrorismus. Und doch hat die größte Bedrohung für das Sicherheitsbedürfnis eines Kindes und sein Wohlbefinden nichts mit diesen äußeren Bedrohungen zu tun. Es ist vielmehr die Angst, dass Mama und Papa eines Tages keine Familie mehr sein könnten.

Kinder brauchen eine stabile, sichere Umgebung, in der sie gedeihen können. Und Gott möchte, dass auch Sie eine stabile Familie haben. In dieser Woche wollen wir einige Vorschläge machen, wie Sie eine Atmosphäre der Sicherheit und Stabilität für Ihre Kinder schaffen können. Alles beginnt mit dem Versprechen zwischen Ihnen und Ihrem Partner, dass Sie Ihre Beziehung – diesen wunderschönen und anstrengenden »Tanz der Ehe« – in Gang halten wollen.

Falls Sie dies als allein erziehende Mutter oder Vater lesen, möchte ich besonders Ihnen ein Mut machendes Wort mitgeben. Kinder, die den Verlust eines Elternteils durch Scheidung oder Tod durchlitten haben, lassen sich im Blick auf ihre Zukunft ganz besonders leicht durch Unsicherheiten und durch Angst vor dem Verlassenwerden verstören. Diese Kinder brauchen ganz besonders Ihre Zusicherung, dass Sie immer für sie da sein werden. Freundliche Worte und liebevolle Umarmungen sowie das feste Abstecken und Einhalten von Grenzen bringen Ihre Liebe und Zuverlässigkeit zum Ausdruck. Das gibt Ihrem Kind Stabilität und mehr Sicherheit.

Sie und Ihre Kinder können auch Trost in der Bibel finden, der speziell Ihnen gilt: »Vater der Waisen, Beistand der Witwen – das ist Gott in seiner heiligen Wohnung! Den Einsamen schafft er eine Familie ...« (Psalm 68,6+7). Die beste Nachricht für Sie ist vielleicht, einfach zu wissen, dass Sie nie allein sind: »Und das sollt ihr wissen: Ich bin immer bei euch, jeden Tag, bis zum Ende der Welt« (Matthäus 28,20). Jesus steht jeden Moment direkt an unserer Seite. *JD*

Das Beste aus der Ehe machen

Die Ehe soll von allen geachtet werden. Hebräer 13,4

Daniel und Debbie verliebten sich ineinander und heirateten vor 8 Jahren. Etwa nach 5 Jahren stellten sie fest, dass sie auseinander drifteten. Der hektische Tagesablauf und die wachsende Verantwortung für die Familie hatten ihnen die Freude an ihrer Beziehung genommen. Ihre beiden kleinen Kinder wurden immer ängstlicher und verstörter. Das belastete sie zusätzlich.

Die jungen Eltern erkannten: Hier muss sich etwas ändern. Sie beschlossen, ein Mal in der Woche zusammen auszugehen, und wenn es nur auf eine Tasse Kaffee zur Entspannung nach dem Einkaufen war. Nach und nach veränderte sich durch ihre wöchentlichen Verabredungen etwas in ihrer Ehe. Daniel und Debbie begannen wieder, miteinander zu reden, sich aneinander zu freuen und sie verbrachten mehr Zeit mit gemeinsamem Gebet und Bibellesen. Gleichzeitig verbesserte sich das Verhalten der Kinder auffallend.

Wie lässt sich zu Hause eine Atmosphäre der Sicherheit für die Kinder schaffen? Indem Eltern Ihnen ständig Liebe und Aufmerksamkeit schenken und ihnen vermitteln, dass sie als Paar eine Einheit bilden. Das ist ein langer Weg. Das, was kleinen Herzen und Köpfen Sicherheit schenkt, ist eine liebevolle Beziehung zwischen den Eltern. Kinder, deren Eltern fest zusammenhalten und einen unerschütterlichen Glauben an Jesus haben, vermitteln ein Gefühl der Sicherheit, das Bestand hat.

Gute-Nacht-Gedanken

- Steht Ihre Ehe auf festem Boden? Was können Sie verbessern?
- Lieben und achten Sie sich gegenseitig?
- Wissen Ihre Kinder, wie viel Ihnen Ihre Ehe bedeutet?

Vater, du weißt, wie wir beschaffen sind. Du verstehst, dass wir schwach und aus Staub gemacht sind. Wir bitten dich, Vater, um deines Namens willen und um unserer Kinder willen: Stärke das Band der Liebe zwischen uns als Mann und Frau. Amen.

Wir werden da sein

Wenn dann ein Wolkenbruch niedergeht, die Flüsse über die Ufer treten und der Sturm tobt und an dem Haus rüttelt, stürzt es nicht ein, weil es auf Fels gebaut ist. Matthäus 7,25

Als Sie Ihre Ehegelübde abgelegt und sich verpflichtet haben, einander zu lieben und zu ehren und füreinander zu sorgen, »bis dass der Tod euch scheidet«, haben Sie Ihrem Mann oder Ihrer Frau sowie Gott ein heiliges Versprechen gegeben. Sie haben dabei wahrscheinlich nicht realisiert, dass sie dieses Versprechen noch einigen Menschen gaben, die damals nicht mit in der Kirche waren – Ihren Kindern!

Wenn Ängste und Zweifel Ihre Kinder bedrohen, brauchen sie einen Fels, an dem sie sich festhalten können – das ist Ihre Ehe. Das Sicherheitsgefühl eines Kindes ist fast ausschließlich in seinen Eltern verankert. Wie wär es, wenn Sie für sich und Ihre Kinder das Lied von Bill und Gloria Geither »We'll be there« (Wir werden da sein) zu Ihrem Familienmotto machten? Da heißt es: »Wir werden da sein, ... wenn du uns brauchst, um dich festzuhalten, ... wenn du dich im Dunkeln fürchtest, ... wenn du böse Träume hast, ... wenn du stehst oder fällst, ... wenn du verabredet bist und zu spät nach Hause kommst und leise über die Stufen schleichst, ... Du kannst dich darauf verlassen. Wir sind da.«

»Der Sturm wird toben und an dem Haus (Ihrer Ehe) rütteln«, wie es in Matthäus 2,27 heißt. Dennoch wird Ihr Haus nicht einstürzen, sondern eine dauerhafte Anlaufstelle für Ihre Familie sein, solange Sie sich an Ihr heiliges Versprechen halten und sich auf die Wahrheit und Kraft des Wortes Gottes verlassen.

Gute-Nacht-Gedanken

- Beobachten Ihre Kinder zu Hause etwas, das sie unsicher macht?
- Was können Sie noch tun, damit sich jeder in Ihrer Familie geborgen fühlt?

Jesus, wir möchten sehr gern eine Ehe führen, auf die sich jeder in unserer Familie verlassen kann. Hilf uns, das wir unser Eheversprechen ganz ernst nehmen und uns immer von deinem Geist und deinem Wort bestimmen lassen, damit das Fundament unserer Ehe fest bleibt. Amen.

MITTWOCH

Lebt in Frieden

Lebt in Frieden miteinander! 1. Thessalonicher 5,13

Die sensible 6-jährige Kelly kam in die Küche und hörte, wie ihre Eltern sich stritten. »Du kümmerst dich überhaupt nicht um mich!«, schrie ihre Mutter mit rotem Kopf den Vater an. Der stand schweigend mit verschränkten Armen in der Ecke. »Immer, wenn ich dich bitte, etwas zu tun, hast du eine Entschuldigung. Es war ein Fehler, dich zu heiraten!«

»Fehler lassen sich beheben«, schoss der Vater zurück. »Ich habe nie eine solche Ehe führen wollen!«

Aufgebracht rannte Kelly in ihr Zimmer und vergrub den Kopf in ihre Kissen.

Wir alle wissen, dass Konflikte in einer Ehe unvermeidlich sind. Aber wie oft halten wir inne und betrachten, welche Auswirkungen unser Streit auf andere hat? Selbst wenn die Streitenden sich die Hand reichen – die bösen Worte, die gefallen sind, oder die Affekthandlungen bleiben nicht nur in den Köpfen von Vater und Mutter, sondern auch in den Herzen ihrer Kinder hängen.

Stellen Sie sich einmal vor, wie Sie sich fühlen würden, wenn Sie plötzlich einen Streit zwischen Gott, Jesus und dem Heiligen Geist miterleben würden. Das wäre ein verheerender Moment, ein Augenblick, der das Fundament Ihres Glaubens erschüttern würde. Genau das empfinden Kinder bei den immer wiederkehrenden Streitereien ihrer Eltern. Wir bitten Sie eindringlich: Leben Sie in Frieden miteinander, und machen Sie das Beste aus Ihrer Beziehung als Paar für sich selbst und für die Kinder, deren gesundes Aufwachsen von Ihnen abhängig ist.

Gute-Nacht-Gedanken

- Streiten Sie sich vor Ihren Kindern?
- Wie wirkt sich das auf Ihre Kinder aus?
- Was können Sie tun, um ein besseres Klima für Ihre Kids zu schaffen?

Ach Herr, wie schwer fällt es uns oft, in Frieden miteinander zu leben! Zeig uns die zerstörerische Auswirkung unserer ärgerlichen Worte und Taten und hilf uns, unsere Ehe und Familie zusammenzuhalten, indem wir dich besser kennen lernen und dir folgen. Amen.

DONNERSTAG

Ärger hinter sich lassen

Ich wünsche dir Glück und Frieden! Psalm 122,8

Die schrecklichen Bilder vom 11. September 2001, die über die Bildschirme flimmerten, stürzten unzählige Menschen in ein Gemisch von Schock, Wut, Leid und Angst. Dazu gehörte auch die Familie Dean, deren 9-jähriger Eric die Fernsehberichte gebannt mit weit aufgerissenen Augen verfolgte. Plötzlich brach es aus ihm heraus: »Mama, sterben die Menschen in den Gebäuden? Warum tun die so etwas? Kommen die auch zu uns?«

Die Gefahren unseres Zeitalters drohen mit Angst und Schrecken in jede Familie zu dringen. Darum sagt Jesus: »Macht euch keine Sorgen ...Wer von euch kann durch Sorgen sein Leben auch nur um einen Tag verlängern? Wenn ihr nicht einmal so eine Kleinigkeit zustande bringt, warum quält ihr euch dann mit Sorgen um die anderen Dinge?« (Lukas 12,22; 25–26). Sie bringen Halt in Ihre Familie, wenn Sie Ihre Sorgen auf den werfen, der alle unsere Lasten tragen kann (Psalm 68,20).

Und es gibt noch einen Grund, warum Sie Ihre Ängste auf ihn werfen sollten. Als Eltern bestimmen Sie das Verhalten und das Lebensgefühl Ihrer Kinder in Krisenzeiten. Wir möchten Ihnen raten, Ihre Kinder immer bis zu einem gewissen Grad zu informieren. Beantworten Sie ihre Fragen über die Weltereignisse, aber besprechen Sie Einzelheiten nur mit älteren Kindern. Bringen Sie Ihren Kindern grundlegende

Sicherheitsvorkehrungen bei. Sagen Sie ihnen, wie wichtig Ihnen ihr Leben und ihr Wohlbefinden ist, und erinnern Sie die Kinder daran, dass Gott alles unter seiner Kontrolle hat.

Gute-Nacht-Gedanken

- Wissen Ihre Kindern, dass Gott ihr Leben behütet und begleitet?
- Was können Sie für Ihre Kinder in Krisenzeiten zu ihrer Sicherheit tun?

Vater, zeig uns, wie wir auf eine gefallene und oft gewalttätige Welt reagieren können. Unsere Kinder sollen wissen, dass du die Quelle ihres Trostes und ihrer Stärke bist. Mach uns frei von Sorgen, indem wir unsere Last auf dich werfen. Amen.

FREITAG

Familientraditionen

Für alle Zukunft sollten diese Tage die Erinnerung an das Geschehene wachhalten, jede jüdische Familie sollte sie begehen. Ester 9,28

In der heutigen Wegwerfgesellschaft überrascht es nicht, dass sich gehetzte Männer und Frauen und ihre Kinder isoliert und einsam fühlen. Sie kommen sich teilweise vor wie eine emsige Zweckgemeinschaft, die zufällig unter einem Dach wohnt, und weniger wie eine Leben spendende Familie mit eigenem Charakter und einem gemeinsamen Erbe.

Ein Mittel gegen Unverbindlichkeit ist die Pflege von Traditionen. Dadurch lässt sich Nähe und Freundschaft zur engeren und weiteren Familie vermitteln. So hat die Familie Dobson zum Beispiel einige Traditionen entwickelt, bei denen Festessen an Feiertagen im Mittelpunkt stehen. Jedes Jahr zu Thanksgiving und Weihnachten bereiten die Meisterköchinnen der Familie ein ausgezeichnetes Essen mit allem Drum und Dran vor. Am Abend vorher helfen alle beim Schnippeln und Schälen für das große Fest. Wir freuen uns auf diese Ereignisse nicht nur wegen des Essens, sondern weil wir dabei viel lachen und wieder mal alle zusammen sind.

Noch segensreicher sind Traditionen, die Gottes Liebe für seine Kinder deutlich machen, wie eine Familienandacht, bei der wir gemeinsam singen und Gott loben. So etwas gibt Ehen und Familien ein Gespür der Identität und Zusammengehörigkeit und erinnert uns daran, dass wir alle zur Familie Gottes gehören.

Gute Nacht-Gedanken

- Welche Traditionen haben Ihnen als Kind am besten gefallen?
- Welche neuen Traditionen wollen Sie einführen, die Ihrer Familie gut tun?

Lieber Gott, wir preisen dich als die Zuflucht und Stärke unserer Ehe und Familie. Wir möchten, dass die Traditionen, die wir pflegen, deinem Namen Ehre machen, und dass sie uns einander näher bringen. Danke für deine Hilfe dabei. Amen.

SAMSTAG

Unsere Quelle der Sicherheit

Aber Gott ist treu. Er wird euch stark machen und vor dem Bösen beschützen.
2. Thessalonicher 3,3

Die junge Sängerin Rebecca St. James wurde einer harten Prüfung unterzogen, als sie mit ihrer Familie von Australien nach Nashville, Tennessee, zog. Zwei Monate, nachdem Sie in Amerika angekommen waren, verlor Rebeccas Vater seine Arbeitsstelle. Rebecca, ihre Eltern und ihre fünf Geschwister saßen auf einem fremden Erdteil ohne Familie, ohne Freunde, ohne Auto, ohne Möbel, ohne Einkommen – und ein neues Baby war unterwegs. Sie fühlten sich total verloren und fragten sich, was Gott sich dabei wohl gedacht haben könnte.

Doch die St. James gaben Gott nicht auf. Sie reagierten in der einzigen ihnen vertrauten Weise – sie setzten sich als Familie zusammen und beteten. Kurz darauf begann die »Versorgungsquelle« zu sprudeln. Lebensmittel und Möbel wurden Ihnen vor die Tür gestellt. Eine Familie schenkte Ihnen ein Auto. Ein anonymer Freund bezahlte sogar das

Krankenhaus für die Geburt von Rebeccas Schwesterchen Libby. Gott hatte auch in der Krise alles im Griff.

Sollten Ihre Kinder einmal mutlos werden oder ihr Leben scheinbar außer Kontrolle geraten, lesen Sie ihnen Jeremia 29,11 vor: Denn mein Plan mit euch steht fest: Ich will euer Glück und nicht euer Unglück. Ich habe im Sinn, euch eine Zukunft zu schenken, wie ihr sie erhofft.

Wenn Ihre Kinder sich fürchten, beten Sie mit ihnen, wie David gebetet hat: Bei dir finde ich Schutz; du hältst die Not von mir fern, sodass ich über meine Rettung jubeln kann (Psalm 32,7). Wenn Ihre Kinder Angst haben, lehren Sie sie, sich keine Sorgen zu machen, sondern sich in jeder Lage an Gott zu wenden und ihre Bitten vor ihn zu bringen (Philipper 4,6–7).

Unsere beste Empfehlung: Erinnern Sie sich selbst und Ihre Kinder immer daran, dass Gott die wahre Quelle der Sicherheit ist.

8. WOCHE

Zeit für Ihre Kinder

SONNTAG

Das Familienbild

Gary Rosberg

Ich saß in meinem Lieblingsstuhl und überarbeitete den letzten Teil meiner Doktorarbeit, als Sarah sich vor mich hinstellte und fragte: »Papa, willst du mein Familienbild sehen?«

»Sarah, ich habe gerade was ganz Dringendes zu erledigen. Komm bitte etwas später wieder, Liebes.«

Ich war wirklich sehr im Stress. Sie kennen das ja, wenn man die Arbeit einer Woche in ein Wochenende stopfen will.

Zehn Minuten später tanzte die Kleine wieder ins Wohnzimmer. »Papa, ich möchte dir so gern mein Bild zeigen.«

Mir platzte fast der Kragen. »Sarah, ich habe dir gesagt, dass du später wiederkommen sollst. Es ist wichtig!«

Drei Minuten später stürmte Sarah ins Wohnzimmer, blieb 30 Zentimeter vor meiner Nase stehen und keifte mit aller Power, die eine 5-jährige aufbringen kann: »Willst du es nun sehen oder nicht?!?!« Die sich behauptende christliche Frau in voller Fahrt.

»Nein«, sagte ich. »Ich will es nicht sehen.«

Damit verschwand sie aus meinem Zimmer und tauchte nicht wieder auf. Und obwohl ich nun meine Ruhe hatte, fühlte ich mich irgendwie nicht so wohl, wie ich es mir gedacht hatte. Ich fühlte mich genau genommen wie ein Mistkerl (Bitte stimmen Sie mir nicht zu laut zu!).

»Sarah«, rief ich, »kannst du in einer Minute wieder hereinkommen, bitte? Papa möchte gern dein Bild sehen.«

Sie kam sofort, ohne beleidigt zu sein, und kletterte auf meinen Schoß.

Es war ein großartiges Bild. Sie hatte ihm sogar eine Überschrift gegeben. Ganz oben hatte sie in ihren ordentlichsten Druckbuchstaben geschrieben: »UNSERE FAMILIE«.

»Erzähl mir mal was dazu«, bat ich.

»Das hier ist Mami (ein Strichmännchen mit langen gelben Locken), hier stehe ich neben Mami (mit einem lächelnden Gesicht), hier ist unser Hund Katie und hier ist Missy (ihre kleine Schwester liegt als Strichmännchen vor dem Haus auf der Straße und ist etwa dreimal so groß wie alle anderen.« Sie gab damit einen sehr guten Einblick, wie sie unsere Familie sah.

»Dein Bild ist wunderschön, Liebes«, lobte ich sie. »Ich hänge es im Esszimmer auf. Und jeden Abend, wenn ich von der Arbeit nach Hause komme, werde ich es mir anschauen.«

Sie nahm mich beim Wort, strahlte von einem Ohr zum anderen und ging hinaus, um zu spielen. Ich wandte mich wieder meinen Büchern zu. Aber aus irgendeinem Grund las ich denselben Absatz immer und immer wieder.

Irgendetwas ließ mich nicht los.

Irgendetwas stimmte nicht mit Sarahs Bild.

Irgendetwas fehlte.

Ich ging zur Tür. »Sarah?«, rief ich, »Kannst du noch einmal einen Augenblick herkommen, bitte? Ich möchte mir noch einmal dein Bild anschauen, Liebling.«

Sarah krabbelte wieder auf meinen Schoß. Wenn ich meine Augen schließe, sehe ich heute noch, wie sie damals aussah. Rosige Wangen vom Spielen. Rattenschwänzchen. Rosa Turnschuhe. Eine Stoffpuppe namens Nellie, die schlaff unter ihrem Arm hing.

Ich stellte meinem kleinen Mädchen eine Frage, aber ich war mir nicht sicher, ob ich ihre Antwort hören wollte.

»Liebling, ... da ist Mami und Sarah und Missy. Katie, der Hund, ist auf dem Bild und die Sonne und das Haus und die Eichhörnchen und viele Vögel. Aber Sarah, ... wo ist dein Papa?«

»Du bist bei der Arbeit«, sagte sie ohne Zögern.

Mit dieser sachlichen Feststellung meiner kleinen Prinzessin blieb die Zeit für mich stehen. Ich hob sie vorsichtig von meinen Knien herunter und schickte sie zum Spielen in die Frühlingssonne. Ich ließ mich in meinen Stuhl zurückfallen. Es war ein beängstigender Augenblick. Der Nebel lichtete sich für einen kurzen Moment vor meinem überbeschäftigten Hirn – und plötzlich konnte ich klar sehen. Und was ich sah, erschreckte mich zu Tode. Ich fühlte mich wie auf einem Schiff, das gerade noch rechtzeitig aus dem Nebel taucht, um direkt vor sich einen riesigen scharfen Felsen entdecken zu können.

Sarahs schlichte Erklärung: »Du bist bei der Arbeit«, hat bei mir die höchste Alarmstufe ausgelöst. Ich beschloss auf der Stelle, mich zu ändern – ich wollte ein Vater sein, der für seine Kinder vor Ort ist, der nicht jeden Augenblick mit seinem Studium füllt oder im Büro steckt, der aktiv am Leben seiner Kinder Anteil nimmt. Klar, das würde die Karriere etwas verzögern. Aber ich wollte um jeden Preis, dass meine Tochter erfuhr, dass sie der Stolz und die Freude meines Lebens ist – und dass sie mir jederzeit ihr neuestes Kunstwerk zeigen kann.

Es war für diesen Papa wichtig, dass er das wieder ins Bild rückte.

Vorschau

Wie gut kann ich den inneren Kampf von Dr. Rosberg verstehen, den er in seiner Geschichte für diesen Abend beschreibt. Kurz nach der Geburt meiner Tochter Danae machte ich meinen Doktor. Damit stand mir die Zukunft offen. Ich hatte Möglichkeiten beim Radio und Fernsehen und ein Vertrag für eine Buchveröffentlichung lag auf meinem Schreibtisch. Ich hetzte mit einer unglaublichen Geschwindigkeit durch meine Tage, übrigens genau wie jeder andere Mann in meinem Umfeld. Obwohl mein Ehrgeiz mir große berufliche Anerkennung brachte, war mein Vater ganz und gar nicht beeindruckt. Er schrieb mir einen langen, lieben Brief und brachte darin behutsam zum Ausdruck, was für einen großen Fehler ich machen würde, wenn ich alle meine Kräfte in die Karriere steckte und meine Verpflichtungen Frau und Tochter gegenüber vernachlässigte. Er sagte, mein beruflicher Erfolg wäre schal und unbefriedigend, wenn ich dadurch die Liebe derer riskieren würde, die mir am meisten bedeuten. Diese Worte haben mich tief erschüttert und ich habe meine Prioritäten noch einmal überprüft.

Satan hat versucht, sogar Jesus mit der ganzen »Größe und Schönheit« dieser Welt zu verführen (Lukas 4,6). Das wird er auch bei Ihnen probieren und keine Mühe scheuen, Sie mit Versuchungen und Vergnügungen von Ihrer Familie wegzulocken. Es ist ein Sieg des Teufels, wenn Ihr Tag so sehr mit »wichtigen« Aktivitäten ausgefüllt ist, dass sie keinen Augenblick Zeit für Ihre Frau oder die Kinder haben. Hören Sie nicht auf ihn!

Zeit ist ein wichtiges Kapital. Ist sie einmal verloren, kann sie nie mehr nachgeholt werden. Wollen wir sie nicht lieber so verbringen, dass später schöne Erinnerungen mit Ewigkeitswert bei unseren Familien geweckt werden?

MONTAG

Unter der Führungsspitze

Nun möchte ich, dass ihr immer vertrauter werdet mit dem Guten und euch von allem Bösen rein haltet. Römer 16,19

Josh war ganz aufgeregt. Endlich war der große Tag da. Nach dem Essen wollte sein Vater mit ihm in den Zirkus gehen! Da klingelte das Telefon. Josh sank das Herz. Was redete sein Vater da? Irgendetwas über ein dringendes Geschäft und er müsse sofort in die Stadt fahren. Mit Tränen in den Augen stand Josh vom Tisch auf und schlich in sein Zimmer. Da hörte er den Vater sagen: »Nein, ich komme nicht ins Büro. Die Sache muss warten.« War das möglich? Josh rannte zurück an den Tisch und sah, wie seine Mutter dem Vater zulächelte. »Der Zirkus kommt doch wieder!«, schmunzelte sie.

»Ich weiß«, antwortete der Vater. »Aber die Kindheit nicht!«

Wir haben tatsächlich Entscheidungsmöglichkeiten, wie wir unsere Tage verbringen wollen. Ja, es hat Konsequenzen, wenn wir eine Arbeit verschieben oder das Haus später aufräumen. Wenn es allerdings um die Alternative geht, Zeit für Sohn oder Tochter zu haben, was ist da die bessere Wahl?

Als Jesus zwei Fischer namens Petrus und Andreas bat: »Kommt, folgt mir nach!« (Markus 1,17), haben sie da geantwortet: »Jetzt nicht, Jesus, wir haben noch was zu erledigen?«

Wir wollen Ihnen Mut machen, Ihre Optionen sorgfältig abzuwägen, wenn Sie die Planung für Ihren Terminkalender machen. Manchmal ist ein Nachmittag unter der »göttlichen Führungsspitze« die beste Verabredung, die es gibt.

Gute-Nacht-Gedanken

- Kommt es Ihnen hin und wieder in den Sinn, Ihren Zeiteinsatz für die Kinder zu bewerten?
- Was sagt Gott zu dem Zeitmaß, das Sie Ihren Kindern widmen?
- Wie können Sie mehr Zeit mit Ihrer Familie verbringen?

Herr der Zeit und Ewigkeit, du weißt sehr gut, wie flüchtig die Gelegenheit ist, unsere Kinder zu ermutigen, zu bestätigen, fürs Leben auszurüsten. Öffne unsere Augen, damit wir solche Augenblicke richtig wahrnehmen und sie nicht verpassen. In Jesu Namen. Amen.

DIENSTAG

Sagen Sie einfach Nein

Dann können sie die jüngeren Frauen dazu anleiten, dass sie ihre Männer und Kinder lieben, besonnen und zuchtvoll leben, ihren Haushalt ordentlich führen ... Titus 2,4–5

Der französische Naturforscher Jean-Henri Fabre führte einmal ein Experiment mit Prozessions-Raupen durch. Man gab ihnen diesen Namen, weil sie immer hintereinander kriechen. Das ist bei ihnen genetisch so verankert. Er legte sie an den Rand eines Blumentopfes und beobachtete, wie eine der anderen im Kreis folgte. Anschließend legte er Tannennadeln, ihre Lieblingsnahrung, in die Mitte des Blumentopfes. Die Raupen krochen unaufhaltsam hintereinander her und keine Raupe unterbrach den Kreis. Schließlich rollten sie sich zusammen und starben. Sie waren verhungert, nur wenige Zentimeter von ihrer idealen Nahrung entfernt.

Heute verhalten sich viele Mütter wie diese kleinen pelzigen Kreaturen. Vom Morgen bis in die Nacht rotieren sie und wissen nicht, wie sie alles schaffen sollen. Viele gehen ganztags ihrem Beruf nach und versorgen gleichzeitig ihre Familie, chauffieren die Kinder herum, bereiten Mahlzeiten zu, putzen das Haus und versuchen ihre Ehe sowie ihren Freundeskreis am Laufen zu erhalten und ihren Verpflichtungen in einer Gemeinde nachzukommen. Es ist ein atemberaubender Lebensstil. Wir nennen das »Routine-Panik«.

Sollten wir gerade Ihr Leben beschrieben haben, nehmen Sie bitte zur Kenntnis: So muss es nicht bleiben. Die Tendenz junger Familien, zu viele Verpflichtungen zu übernehmen, breitet sich wie eine Seuche aus. Sie kann mit einem kleinen Wort gestoppt werden, und das heißt Nein. Wie Paulus schreibt: Wir haben uns doch losgesagt von jedem Ungehorsam gegen Gott und von unseren selbstsüchtigen Wünschen, damit wir nun mitten in dieser Welt ein Leben führen in Selbstbeherrschung, in Liebe zu den Menschen und in Ehrfurcht vor Gott (Titus 2,12). Selbstbehrrschung beginnt mit einem Nein zu einem hektischen Lebensstil und einem Ja zu einer geordneten Existenz.

Gute-Nacht-Gedanken

- Haben Sie zu viele Verpflichtungen? Was könnten Sie von Ihrem Terminkalender streichen?
- Bringen Sie laufende Verpflichtungen zu Ende, bevor Sie etwas Neues beginnen?

Bewahre uns davor, Vater, dass wir unseren laufenden Aufgaben und Verpflichtungen noch weitere hinzufügen. Schenk uns den Mut, unsere Prioritäten neu zu überdenken und Nein statt Ja zu sagen. Herr, hilf uns zur Selbstkontrolle, die Frieden und Ruhe in unsere Familie bringt. Amen.

MITTWOCH

Quantität und Qualität

Alles, was ein kluger Mensch tut, zeigt sein Wissen. Was ein Dummkopf tut, zeigt seine Unwissenheit. Sprichwörter 13,16

Die alte Debatte: Was ist besser für unsere Kinder »quantitativ viel Zeit« oder »qualitativ hochwertige Zeit«? Dabei dürfte das gar kein Thema sein. Ihre Kinder brauchen beides! Nehmen wir einmal an, Sie gehen jede Woche einmal in das beste und teuerste Restaurant am Ort. Wären Sie mit einem riesigen Steak zufrieden, das nicht gut schmeckt? Und wie wäre es mit einem winzigen Krümelchen vom besten Steak?

Nein, danke. Bei diesen Preisen können Sie Quantität und Qualität erwarten! Und genau das verdienen Ihre Kinder auch von Ihnen.

Natürlich betrügen einige von uns sich gern selbst. Wir meinen, wir hätten unseren Kinder die ungeteilte Aufmerksamkeit geschenkt, die sie brauchen. Doch Sie schießen glatt am Tor vorbei, wenn Sie im Fernseher ein Fußballspiel anschauen und gleichzeitig mit ihren Kindern Monopoly spielen! Wenn Sie die Zeitung lesen und gleichzeitig mit halbem Ohr den Erzählungen Ihrer Kleinen zuhören! Oder wenn Sie mit den Kindern ins Kino fahren und sie vor einen Kinderfilm setzen, während Sie sich selbst einen Actionknaller reinziehen! Selbstverständlich freuen sich Ihre Kinder an manchen solcher Aktionen. Aber sie kennen auch ganz genau den Unterschied zwischen einem beteiligten Elternteil und einem, der nur anwesend ist. Kinder verdienen »echte« Liebe (Römer 12,9).

Wie der Dummkopf im Buch der Sprichwörter geben wir unsere Unwissenheit preis, wenn wir versuchen, besonderes Interesse am Leben unserer Kinder vorzutäuschen. Lasst uns kluge Eltern sein und den Kindern unsere ganze Aufmerksamkeit zuwenden.

Gute-Nacht-Gedanken

- Haben Sie schon einmal versucht, ein paar »qualitative« Minuten durch richtig viel Zeit für Ihre Kinder zu ersetzen?
- Schenken Sie Ihren Kindern volle Beachtung, wenn Sie mit ihnen zusammen sind?

Gott, hab Dank, dass du, der die Sterne und Planeten lenkt, ein offenes Ohr für unsere Bitten hast und uns dein Gehör schenkst. Hilf uns, Gott, so wie du zu sein. Hilf uns, dass wir unseren Kindern zuhören, uns Zeit für sie nehmen und sie auf tausend Arten wissen lassen, wie sehr wir sie lieben. Amen.

DONNERSTAG

Zeit opfern

Nein, Fasten, wie ich es haben will, sieht anders aus! ... Und entzieh dich nicht deinem Fleisch und Blut! Jesaja 58,6–7

Vielen Eltern fällt es schwer, sich Zeit für die Kinder zu nehmen. Doppelt schwierig ist es, wenn Mutter und Vater geschieden sind. Doch von jedem Zeitopfer, das Sie bringen, profitieren Ihre Kinder beachtlich.

Wir kennen ein geschiedenes Elternpaar, das sich sein Berufsleben so eingerichtet hat, dass jeder einen wesentlichen Teil seiner Woche mit dem 4-jährigen Sohn verbringen kann. John, früher Golflehrer, gab seinen Job im Klubhaus auf, weil er dadurch am Wochenende keine Zeit hatte. Nun kümmert er sich samstags und sonntags um den Kleinen. In der Woche ist der Junge tagsüber bei seiner Mutter Stephanie. John arbeitet in dieser Zeit in seinem neuen Job. Stephanie, die als Krankenschwester seit der Scheidung Nachtschichten übernommen hat, lässt das Kind abends und nachts bei seinem Vater. Der Kleine fühlt sich geliebt und von beiden Eltern umsorgt.

Es wird nicht immer einfach sein, mit seinem Ex-Partner einen wechselseitigen Zeitplan aufzustellen, aber unmöglich ist es nicht. Sie müssen immer bedenken, dass Ihr Kind Sie beide nach dem ihm durch die Trennung zugefügten Schmerz und der Ungewissheit mehr denn je benötigt. Telefongespräche und Geschenke können das, was Ihr Kind sich am sehnlichsten von Ihnen wünscht, nicht ersetzen – eine Mami, einen Papi, der jeden Augenblick gegenwärtig ist.

Gute-Nacht-Gedanken

- Wie reagieren Ihre Kinder darauf, wenn Sie ihnen Ihre volle Zuwendung geben?
- Was glauben Sie, wie Ihre Kinder innerlich auf den Zerbruch Ihrer Familie reagieren? (Falls sie geschieden sind.) Wie können Sie ihnen helfen?

Gott, wir fragen uns, wie wir mit diesen Problemen fertig werden sollen. Ohne dich können wir nie die Eltern sein, die wir sein möchten und sein sollen. Bitte, erbarme dich unser und füll uns mit deiner Gnade und Weisheit – und mit wachsender Kraft! Amen.

FREITAG

Gemeinschaft pflegen

Wenn wir aber im Licht wandeln, wie er im Licht ist, so haben wir Gemeinschaft untereinander. 1. Johannes 1,7 L

Wann sind Sie das letzte Mal von Freunden zu Hause »überfallen« worden? Für viele von uns ist es bestimmt sehr lange her. Es gab einmal eine Zeit, da haben sich Freunde kurz entschlossen am Nachmittag zu einem guten Gespräch und einem Stückchen Kuchen getroffen. Das war eine der kleinen Lebensfreuden.

Diese Art spontaner Kameradschaft ist heute schwer durchzuhalten. Sehr selten, wenn überhaupt, klingeln wir unangemeldet bei Freunden an. Selbst wenn wir es wagen, müssen sie wahrscheinlich eine ganze Reihe von Verabredungen streichen, damit sie mit uns zusammen sein können. Und so »karrieren« wir durch unsere Tage, schauen ständig auf die Uhr und wundern uns, dass wir nur wenige vertraute Freunde haben.

Eine gute Beziehung braucht Zeit, sei es die Beziehung zu einer Freundin, einem Freund, dem Ehepartner oder zu Sohn oder Tochter. Und die Augenblicke, die uns wirklich gut tun, liegen oft nicht innerhalb der Aktivitäten, die unser Terminkalender vorgibt, sondern in der Freiheit nicht durchstrukturierter Zeit, die wir ohne Druck miteinander verbringen. Paulus schreibt: Lasst uns unsere Zusammenkünfte nicht versäumen, wie es bei einigen Sitte ist ... (Hebräer 10,25). Er dachte hierbei in erster Linie an die Gemeinschaft mit anderen Christen, aber das gilt auch für die Gemeinschaft mit Freunden und mit der Familie. Nehmen Sie sich Zeit, einfach mit den Menschen, die Sie schätzen, zusammen zu sein. Sie werden es nie bereuen.

Gute-Nacht-Gedanken

- Wünschen Sie sich mehr unverplante Zeit für Ihre Familie?
- Wie lange ist es her, dass Freunde in Ihrem Haus zu Besuch waren?
- Haben Sie ein erfülltes soziales Leben, oder denken Sie vorwiegend an Ihre Arbeit und Verpflichtungen?

Vater, wir brauchen Zeit als Ehepaar, als Familie und mit Freunden. Du hast liebenswerte Menschen in unser Leben gestellt. Vergib uns, wenn wir uns isoliert haben oder selbstzentriert geworden sind. Hilf uns, Zeit füreinander zu gewinnen. In Jesu Namen. Amen.

SAMSTAG

Schreibtest

Unsere Liebe darf nicht aus leeren Worten bestehen. Es muss wirkliche Liebe sein, die sich in Taten zeigt. Daran werden wir erkennen, dass Gottes Wahrheit unser Leben bestimmt. 1. Johannes 3,18

Die Schriftstellerin Jeannie Williams erzählt eine Geschichte von dem 5-jährigen Joey, der in seiner Vorschule ein Bild von dem malen sollte, was er liebt. Er zeichnete seine Familie. Dann nahm er einen Stift und malte einen roten Kreis um jede Person. Er wollte ein Wort über das Bild schreiben. Darum ging er zu seiner Lehrerin an den Schreibtisch. »Kannst du mir sagen, wie man ...« Bevor er seine Frage beenden konnte, sagte seine Lehrerin, er solle sich wieder hinsetzen und die Klasse nicht stören. Joey faltete das Blatt zusammen und steckte es in seine Tasche.

Zu Hause bereitete seine Mama gerade das Mittagessen vor. »Mami?«, fragte er. »Wie schreibt man ...«

Sie unterbrach ihn mit: »Joey, siehst du nicht, dass ich beschäftigt bin? Warum spielst du nicht draußen, bis ich dich rufe?«

Am Abend ging Joey zu seinem Vater. »Papa, wie schreibt man ...«

Sein Vater schnitt ihm das Wort ab, ohne von seiner Zeitung aufzublicken. »Joey, ich lese gerade. Warum gehst du nicht raus und spielst draußen?«

Über zwanzig Jahre waren vergangen als Joey, der nun Joe war, seine 5-jährige Tochter Annie auf dem Schoß hielt. Sie schauten sich ein Bild an, das Annie von ihrer Familie gemalt hatte, und sprachen darüber. Plötzlich sprang Annie von seinem Schoß und rannte in die Küche. Kurz darauf kam sie mit einem Bleistift zurück und setzte ihn am oberen Rand ihres Bildes an.

»Papa?«, fragte sie. »Wie schreibt man Liebe?«

Joe wurde nachdenklich. Dann nahm er Annie liebevoll in seine Arme und führte ihre Hand, mit der sie jeden Buchstaben formte. »Liebe«, sagte er, »schreibt sich Z.E.I.T.«

Stimmen Sie Joe zu? Wenn wir unseren Kindern sagen, dass wir sie lieben, bleiben diese Worte leer, es sei denn, wir füllen sie mit Zeit, Taten und Wahrheit. Gott liebt uns so sehr, dass er seinen Sohn für uns sterben ließ. Unser Gott ist immer bereit, Zeit mit seinen Kindern zu verbringen. Wir sollten willig und bereit sein, es genauso zu machen, wenn unsere eigenen Kinder nach uns fragen. *SD*

9. WOCHE

»Ich will euch Ruhe geben«

SONNTAG

Drei Tage voller Freude

Sandra Byrd

Mit zitternder Hand griff ich nach dem Telefonhörer und wählte die Nummer des Friseursalons. Es hatte keinen Zweck. Ich musste meinen Termin absagen. Das Telefon klingelte einmal, zweimal. Mühsam hielt ich die Tränen zurück.

Überraschend antwortete meine Freundin Joy (übersetzt: »Freude«) am anderen Ende des Telefons und nicht mein Friseursalon. Falsche Nummer! Auch das noch! Ich brach in Tränen aus, entschuldigte mich und legte auf.

Ich habe nie Verständnis für das Gejammer mancher Leute über die dunkle Jahreszeit gehabt. Der Beginn eines neuen Jahres war für mich immer ein Neustart in der Schule oder bei der Arbeit gewesen. Aber in diesem Jahr hing ich völlig daneben, war deprimiert und fürchtete mich vor jeder zusätzlichen Verantwortung. Nichts war von meinem sonst so fröhlichen Neujahrsslogan: »Es gibt viel zu tun – packen wir's an!« geblieben. Jahre der Betriebsamkeit hatten mich ausgebrannt und machten sich jetzt bemerkbar.

Bitte, lieber Gott, betete ich durch einen Nebel von Erschöpfung und Entmutigung, *hilf mir.*

Fünf Minuten nach diesem Stoßgebet klingelte es an der Haustür. Ich rieb mir die Augen. *Hau ab!*, dachte ich. Es klingelte wieder. Und wieder. Endlich öffnete ich die Tür. Vor mir stand Joy.

»Ich wollte dir helfen«, erklärte sie schlicht. Sie legte den Arm um meine Schultern und ignorierte meine fadenscheinige Weigerung. Kurz entschlossen packte sie meine Kinder warm ein und half mir in meinen Mantel, als wäre auch ich ein Kind. Wir kletterten in ihr Auto und fuhren zu ihrem Haus. Ich versuchte halbherzig einige Einwände. Aber wie die Atemwölkchen in der kalten Luft lösten sich meine Proteste gegen ihren Entschluss schnell in Nichts auf.

In ihrer Wohnung setzte Joy mich auf eine gemütliche Couch, brachte mir eine weiche Decke und schob dann ihre und meine Kinder zum Spielen hinaus. Ich kam mir so dämlich vor! Doch nachdem ich fünf Minuten in einer Zeitschrift geblättert hatte, fielen mir die Augen zu. Und während ich schlief, genossen meine Kinder einen unerwartet schönen Spieltag.

Mittags brachte mir Joy eine dampfende Schüssel Suppe. Wieder schossen mir Tränen in die Augen und ich lächelte. Vor langer Zeit hatte ich Joy einmal erzählt, dass meine Mutter mir immer Tomatensuppe mit einem Stück Käse unten in der Tasse gekocht hatte, wenn ich als Kind krank gewesen war. Sie hatte sich daran erinnert und mir genau so eine Suppe gemacht!

Am nächsten Tag ging es mir besser. Doch Joy bestand darauf, dass wir wieder zu ihr kommen sollten. Meine Kinder lachten, als Joy ihnen mit Theaterkreide Clownsgesichter aufmalte. Ich musste auch lachen – das erste Mal seit Wochen. Joy backte Plätzchen und verzierte sie mit Monstergesichtern. Wir aßen sie ofenwarm.

Am dritten Tag bestand ich darauf, dass es mir wieder gut ginge. Aber Joy sagte: »Wir haben so viel Spaß gehabt, warum wollt ihr nicht noch einen Tag kommen?« Also saß ich wieder auf ihrer Couch, während sie ihre Hausarbeit machte. Ich hatte völlig vergessen, wie dringend eine Mutter hin und wieder ein paar Stunden Erholung braucht – und wie wunderschön sich das anfühlt!

Später saßen wir in Joys Küche und schlürften heißen Kakao. Sie zog drei winzige Plastikbecher aus einer Schublade und füllte sie mit Blumenerde.

»Was machst du da?«, fragte ich neugierig.

»Du brauchst ein Hobby«, erklärte Joy. Sie schnitt von ihren drei Usambaraveilchen je das beste, gesündeste Blatt ab. »Pflanzen sind gut zur Entspannung.« Sie steckte ein Blatt pro Pflanzbecher in die dunkle Erde. »Gieß sie, wenn du nach Hause kommst, und dann lass sie einfach trocken werden. Gib ihnen kein Wasser mehr, bis die Erde rappeltrocken ist. In ein paar Wochen treiben die Blättchen Wurzeln, und in einigen Monaten werden blühende Pflanzen daraus. Die ersten Frühlingsboten.«

Ich hatte ganz und gar keinen »grünen Daumen« und war reichlich skeptisch, dass ich in meinem Haus irgendetwas zum Blühen bringen würde, vor allem weil es Blätter ohne Wurzeln waren. Aber es war kaum zu glauben: Nach einem Monat trieb jedes Pflänzchen winzige Blätter! Das war der Beweis für unsichtbare Wurzeln, die unter der guten Erde sprossten. Einige Monate später setzte ich die wachsenden Pflänzchen in größere Töpfe um und bereitete sie darauf vor, dass sie unseren Umzug in eine neue Wohnung am anderen Ende der Stadt überstanden.

Nachdem ich alles eingerichtet hatte, lud ich Joy und ihre Kinder zum Essen ein. »Schau dir meine Veilchen an!«, rief ich, als sie in die Küche trat. Ich lächelte stolz wie eine Mutter.

»Sie gedeihen ja prächtig!«, freute sich Joy und zählte an den drei Pflanzen fast hundert blaue und rosa Blüten.

Ich umarmte sie. »Und ich gedeihe auch wieder – dank dir!«

Vorschau

Wir brauchen Ruhe zum Gedeihen wie die ausgebrannte Mutter in unserer Geschichte. Es ist nicht nur zweckmäßig, dass wir gelegentlich unseren Terminkalender überprüfen! Auch Ruhepausen sind keine Verhätschelung oder Faulheit. Regelmäßige Zeiten der Ruhe und Stille sind ein geistliches und biologisches Bedürfnis jedes Menschen. Viele Tierarten und auch bestimmte Pflanzenarten verfallen in einen Winterschlaf, damit sie überleben können. Wir Menschen, die wir ja durchaus auch an die natürlichen Rhythmen des Lebens gebunden sind, tun uns da wesentlich schwerer.

Gott, der uns erschaffen hat, kennt unsere Tendenz, uns selbst zu überfordern. Darum hat er uns in den zehn Geboten sogar *befohlen*, an einem Tag in der Woche auszuruhen, uns ihm zu nähern und uns zu erholen. In unserer schnelllebigen Zeit wollen Familien oft alles auf einmal – Arbeit, Hobbys, Gemeinde, soziales Engagement. Sogar die Kinder geraten schon in Terminstress mit Schwimmen, Klavierstunden und, und, und. Das Leben wird zu einem haltlosen Güterzug.

Wollen Sie aussteigen, bevor es kracht? Wir wollen in dieser Woche über Möglichkeiten sprechen, wie ein Verringern der Drehzahl unseres Lebens gelingen kann. *JD*

Den Sonntag heiligen

»Macht Frieden!« ruft er. »Erkennt, dass ich Gott bin!« Psalm 46,11

Gott nimmt kein Blatt vor den Mund, wenn es um die Heiligung des Sabbats geht. Diese Anweisung gehört zu den Zehn Geboten, die er seinem Volk gibt: *Vergiss nicht den Tag der Ruhe; er ist ein besonderer Tag, der dem Herrn gehört. Sechs Tage in der Woche hast du Zeit, um deine Arbeit zu tun. Der siebte Tag aber soll ein Ruhetag sein. An diesem Tag sollst du nicht arbeiten, auch nicht deine Kinder, deine Sklaven, dein Vieh oder der Fremde, der bei dir lebt* (2. Mose 20,8–10).

Der Sabbat ist ein heiliger Tag, an dem nicht gearbeitet wird und der zur Anbetung, zum Beten und Danken bestimmt ist. Wenn wir als Familie Gott ehren, beginnen wir, die Tiefe seiner Liebe, seines Friedens und seiner Kraft zu begreifen.

Gott *gebietet* uns, den Sabbat zu heiligen. (Es sind bis heute Gottes Zehn *Gebote* und nicht seine zehn *wohl gemeinten Vorschläge*!) Aber wie, so fragen Sie, soll man den Sonntag feiern – oder welchen Tag Sie zu Ihrem Ruhetag bestimmt haben – einen heiligen Tag der Stille mitten im Trubel der unzähligen Zerstreuungen? Sie können damit beginnen, dass sie Telefon, Computer und Fernseher ausschalten, die Waschmaschine und den Trockner nicht laufen lassen. Zünden Sie eine Kerze an und erinnern Sie sich an den, der gesagt hat »Ich bin das Licht der Welt.« Wer den Sonntag respektiert, wird eine heilige, heilende Ruhe entdecken, die ihn und seine ganze Familie belebt.

Gute-Nacht-Gedanken

- Wie oft ehren Sie als Familie Gott am Sonntag?
- Was können Sie, außer dem Gesagten, noch tun, um den Sonntag zu heiligen?
- Wie kann eine Familie von einem Ruhetag in der Woche profitieren?

Vater, wir brauchen die Ruhe und Stille eines Tages, der völlig auf dich ausgerichtet ist. Unsere Ehe braucht ihn und die Kinder brauchen ihn auch. Zeig uns deinen Wunsch und deinen Willen, wie wir das zu Stande bringen. Der erste Schritt ist vielleicht der schwierigste! Leite uns an deiner starken Hand. Amen.

DIENSTAG

Unser grosses Vorbild

Am nächsten Morgen verließ Jesus lange vor Sonnenaufgang die Stadt und zog sich an eine abgelegene Stelle zurück. Dort betete er. Markus 1,35

Eine Menge von mehr als 200 Menschen wartete geduldig in der Sonne in der staubigen Umgebung von Kapernaum auf Jesus. Einer rief: »Ich habe gehört, dass er Blinde sehend macht!«

Ein anderer meinte: »Er hat mich vom Aussatz befreit!«

Einer wurde allerdings ungeduldig: Ein großer junger Mann schritt auf die kleine Gruppe der Jünger zu. »Wo bleibt denn euer Jesus?«, fragte er gereizt. »Wir haben keine Lust mehr zu warten.«

Ein Jünger wandte sich dem Mann ruhig zu und erwiderte leise: »Er wird schon rechtzeitig kommen. Er betet noch.«

Wir wissen nicht genau, was geredet wurde, wenn sich die Menschenmengen um Jesus versammelten. Aber wir wissen, dass Jesus häufig geistliche Erneuerung und Ruhe suchte. Uns wird zum Beispiel berichtet, dass Jesus, nachdem er die Leute nach Hause geschickt hatte, allein auf einen Berg stieg, um zu beten (Matthäus 14,23). In der Bibel steht auch: *Scharenweise kamen die Menschen, um ihn zu hören und sich von ihren Krankheiten heilen zu lassen. Aber Jesus zog sich zurück und hielt sich in einsamen Gegenden auf, um zu beten* (Lukas 5,15–16).

Wenn Jesus, dem alles möglich war, sich wiederholt aus seiner wichtigen Aufgabe löste und in die Stille zum Gebet zurückzog, wie viel mehr brauchen wir die Stille für uns? Sie werden tüchtigere Eltern sein und Ihren Kindern ein besseres Beispiel geben, wenn Sie sich regelmäßige Auszeiten gönnen, um sich wieder neu von Gott stärken zu lassen.

Gute-Nacht-Gedanken

- Wie oft gönnen Sie sich ein paar ruhige Minuten mit Gott?
- Können Sie sich in der nächsten Woche täglich ein paar Minuten Zeit nehmen?

Lieber Vater, wie dumm ist es von uns zu glauben, dass wir aus eigener Kraft kluge und fürsorgliche Eltern sein könnten! Wir brauchen dich mehr und mehr – deine Perspektive, deine Kraft und deinen Frieden. Zeige uns, wo und wie wir Zeit mit dir allein verbringen können. Amen.

MITTWOCH

Aufgewachsen in einer Familienkutsche

Letzten Endes kommt nichts dabei heraus. Prediger 4,4

Hetzen Ihre Kinder durch einen straffen Terminkalender mit vielen Aktivitäten? Lassen Sie es wie Martha zu (Lukas 10,40), dass Ihr Fleiß Sie und Ihre Familie von dem abbringt, was wirklich »not-wendig« ist? Das sind Fragen, die man sich stellen sollte. Viele Eltern möchten, dass ihre Kinder so viel wie möglich kennen lernen. Zum Teil motiviert sie der Ehrgeiz, dass ihre Kinder mit Altersgenossen mithalten können, wenn die Schulzeugnisse verteilt werden. Das ist keine schlechte Intention. Aber sind all die Sporttrainings-, Musik- und Ballettstunden ihren Preis wert?

Die letzten Untersuchungen haben ergeben, dass Kinder nur noch über sechs freie Stunden *pro Woche* verfügen! Mütter benutzen durchschnittlich mehr als fünf Mal täglich das Auto für Besorgungen und zur Beförderung ihrer Kinder. Typisch scheint die Aussage einer Mutter mit vier ausgebuchten Kindern. Sie gab zu, dass ihr Zweijähriger praktisch im Familienauto aufgewachsen sei. »Wenn der Kleine nicht im Auto sitzt, ist er ganz desorientiert und weiß nicht, was er machen soll«, bekannte sie.

Da muss doch etwas aus dem Ruder gelaufen sein, wenn Kinder nicht mehr wissen, ob die Wohnung oder die Familienkutsche ihr Zuhause ist. Geben Sie Ihren Kindern Zeit zum Spielen, zum Staunen, zum Vertrödeln – Zeit, um einfach Kind zu sein. Salomo beschreibt die endlose Folge von Wissen und Tun, das nicht von Gott inspiriert ist, als »ein Haschen nach Wind« (Prediger 1,16–18; 4,4). Wir stimmen ihm gern zu.

Gute-Nacht-Gedanken

- Haben Ihre Kinder jeden Tag genug freie Zeit zur Verfügung?
- Spielen Ihre Kinder gern draußen in der Natur?
- Welche Aktivitäten könnten Sie aus dem Terminplan der Kleinen streichen?

Halte uns an, lieber Gott. Wir sind wie Martha, geschäftig und gestresst, und nicht wie Maria, die einfach zu deinen Füßen saß, sich an dir freute und dich verehrte. Bitte verändere unsere Herzen durch deinen Heiligen Geist. Amen.

DONNERSTAG

Nachmittagsspaziergang

Du bringst mich auf saftige Weiden, lässt mich ruhen am frischen Wasser und gibst mir neue Kraft. Psalm 23,2–3

Ich (SD) kenne eine Großmutter, die mit ihrer fast zweijährigen Enkelin Kathy gern spazieren ging. Sie wollte mit der Kleinen zu einer Wiese laufen, die etwa eineinhalb Kilometer entfernt war, dort schön spielen und am Ende des Nachmittags mit der Kleinen zurückgehen.

Kathy allerdings war weniger zielgerichtet. Zuerst untersuchte sie zwei Stöcke auf dem Weg genauestens. Ein paar Minuten später pflückte sie Blümchen. Etwas weiter kletterte sie auf einen Stein. Und die Großmutter erinnerte sich, dass der Lebensrhythmus eines kleinen Kindes anders ist, als die straffe Zeitplanung, die Erwachsene festlegen.

Weil Kathy immer wieder anhielt, schafften Großmutter und Enkelin an jenem Nachmittag nicht mehr als die Hälfte des Weges zur Wiese hin und zurück. Aber am Ende war der Ausflug für Kathy sehr schön gewesen. Sie hatten Stöcke gesammelt, Blumen gepflückt, Kieselsteine gefunden und einen toten Schmetterling. Der Großmutter war außerdem eingefallen, dass es für ein Kind – und vielleicht auch für Erwachsene – nicht so wichtig ist anzukommen, sondern unterwegs zu sein. Wer die saftigen Weiden genießen kann und sich am frischen Wasser ausruht, wird Gott an seiner Seite haben und seine Kraft verspüren – wie er es versprochen hat.

Gute-Nacht-Gedanken

- Wann haben Sie zum letzten Mal einen Spaziergang mit Ihrer Familie gemacht?
- Wann haben Sie das letzte Mal mit Ihren Kindern Gottes Natur bewundert?
- Ist es an der Zeit, Ihren Schritt zu verlangsamen?

Bitte, Gott, bestimme du die Wege und das Marschtempo für unsere Familie. Hilf uns, wieder mit den Augen der Kinder zu sehen. Nimm Sorgen und Lasten von unseren Schultern, die uns Spaß und Freude rauben. Und bitte, erinnere uns daran, dass wir unsere Kinder Kinder sein lassen. Amen.

FREITAG

Ich kann nicht mehr

Kommt doch zu mir; ich will euch die Last abnehmen! Matthäus 11,28

Elia hatte gerade einen großen Sieg auf dem Berg Karmel errungen. Nun war er an Leib und Seele total erschöpft. Der Teufel, der sich immer freut, wenn wir am Ende sind und er uns angreifen kann, nutzte die Situation voll aus, in die Isebel Elia durch ihre Todesdrohung gebracht hatte. Ermattet und entmutigt setzte sich Elia unter einen Ginsterstrauch und wünschte sich den Tod herbei. »Herr, ich kann nicht mehr«, seufzte er. Lass mich sterben!« (1. Könige 19,4).

Gott hörte das Gebet des Elia und schickte ihm seine liebevolle Antwort durch einen Engel: »Steh auf und iss! Du hast einen weiten Weg vor dir!« Nachdem er geschlafen hatte, entdeckte Elia neben sich Brot und Wasser. Er aß und trank und spürte neue Hoffnung und Kraft. Er konnte weitergehen.

Wenn Ihre Energie völlig am Ende ist, wenn Sie krank waren und nichts mehr leisten können, wenn Hindernisse ihnen jede Bewegungsfreiheit nehmen – dann ist Satans Chance gekommen. Er mobilisiert alle Streitkräfte zum Angriff auf unseren Geist. Wer einen solchen Sturmangriff mit Gebet beantwortet, wird einen Weg aus der Hoffnungslosigkeit und Entmutigung entdecken (siehe Epheser 6,10–11: *Lasst euch stärken von seiner Kraft! Legt die Waffen an, die Gott euch gibt, dann können euch die Schliche des Teufels nichts anhaben*). Bringen Sie Ihre Lasten im Gebet vor den Herrn. Bleiben Sie in seiner Nähe. Sie können mit Gott rechnen. Er erleichtert Sie von Ihrer Last.

Gute-Nacht-Gedanken

- Sind Sie vom Leben enttäuscht, weil Sie total erschöpft sind?
- Wenden Sie sich in jeder Traurigkeit an den Herrn und bringen das auch Ihren Kindern bei?
- Wann hat Gott Ihnen schon einmal geantwortet, so wie bei Elia?

Wie gut, dass du allmächtig bist, Gott! Du bist es, der uns die Richtung weist, wo wir keinen Weg mehr sehen. Vergib uns, dass wir deine grenzenlose Macht und Liebe immer wieder übersehen. Wir stellen uns dir heute Abend neu zur Verfügung. Amen.

SAMSTAG

Das Geschenk der Langeweile

Dies ist der Tag, den Gott macht. Lasst uns freuen und fröhlich an ihm sein. Psalm 118,24 L

»Mama, mir ist so laaangweilig!«

Viele Mütter haben diesen jämmerlichen Satz schon oft gehört. Doch bevor Sie den Leerlauf Ihres Kindes eilfertig mit einer langen Liste von Vorschlägen füllen, sollten Sie sich fragen, ob Langeweile eigentlich so schlimm ist.

Kinder, die nicht in der Schule oder nicht mit Hausaufgaben, Sport, Jobs oder anderen Dingen beschäftigt sind, wenden sich viel zu oft passiven Zeitvertreiben wie Fernsehen und Videospielen zu, mit denen sie den Rest ihres Tages füllen. Es fällt ihnen einfach nichts anderes mit ihrer Zeit anzufangen ein.

Auch Kinder brauchen »unproduktive« Zeit, damit sie sich ausruhen und ihre Batterien wieder aufladen können. In solchen Zeiten entwickeln sie ihre Fantasie und Kreativität und entfalten einen Sinn für ihre Individualität. Es ist Zeit zum Spielen – nicht für strukturierten Sport, sondern für lustige Rollenspiele, gewagte Bauwerke oder auch Spiele, in denen Kinder selbst die Regeln aufstellen. Das ermöglicht ihnen, kreativ ein Problem zu lösen oder zu verhandeln. Nicht strukturierte Zeit schafft außerdem die Gelegenheit, Freude am Lesen in den Kindern zu wecken – ein Genuss, von dem sie bis ins hohe Alter profitieren werden.

Natürlich kann zu viel freie Zeit auch zu Schwierigkeiten führen. Der Null-Bock-Teenager, der jede Struktur ablehnt, ist besonders anfällig für die Versuchungen von Drogen, Alkohol und anderen Gefahren. Aus diesem Grund lasten Eltern ihre Kinder oft mit sinnvollen Aktivitäten aus, was ja auch grundsätzlich sicher richtig ist.

Trotzdem sollten Sie darauf achten, Ihren Kindern auch immer wieder einige unausgefüllte Freilauf-Momente zu lassen. Gott hat so vieles für uns geschaffen, an dem wir uns täglich erfreuen dürfen: Regenbögen, Sonnenuntergänge, Vögel, Musik und heiße Schokolade am Kaminfeuer. Sie und Ihre Kinder sollten Mußestunden als wertvolle Geschenke entdecken und Langeweile nicht mehr als Mangel sehen, sondern als bereichernde Gelegenheit. *SD*

10. WOCHE

Liebevoll erziehen

SONNTAG

Standhaft

Steve Farrar

Im zweiten Jahr der Oberstufe zogen wir in eine andere Stadt und ich kam auf eine andere Schule. Es war das typische Szenario: Als Neuer kannte ich niemanden. Ich brauchte Freunde. Und am schnellsten lernt man neue Freunde beim Sport kennen, zum Beispiel bei Mannschaftsspielen. Da lernt man in zwei Tagen mehr Leute kennen als in drei Monaten an einer neuen Schule.

Normalerweise hätte ich mich zum Basketball angemeldet. Leider hatte ich mir da aber selbst ein Bein gestellt. Ich hatte bei meinem letzten Zeugnis einen Vierer-Durchschnitt nach Hause gebracht. Der einzige Grund dafür war, dass ich gefaulenzt und ein unverantwortliches Benehmen an den Tag gelegt hatte. Bei meinem Vater galt für seine drei Söhne allerdings eine feste Regel: Wer von uns unter einer Drei als Durchschnitt lag, bekam gewisse Einschränkungen auferlegt. Er verlangte nicht, dass wir Asse waren und Ehrenurkunden heimbrachten. Aber mein Vater wusste, dass es nur einen Grund gab, wenn einer von uns auf eine Vier rutschte: Derjenige hatte gefaulenzt, anstatt verantwortungsbewusst zu arbeiten.

Die Konsequenz: Ich durfte kein Basketball spielen. Ich wusste, meinem Vater war es sehr wichtig, dass ich in einer Mannschaft spielte. Er hatte während seiner ganzen High-School-Zeit Football und Basketball gespielt. Im College war er in der Basketballmannschaft gewesen und später hatte er sogar ein Profi-Angebot als Football-Spieler bekommen. Er wollte gern, dass auch ich in einer Mannschaft spielte.

Aber es ging ihm vor allem darum, meinen Charakter zu formen und in zweiter Linie erst, mein Sporttalent zu fördern.

Eines Tages spielten wir im Sportunterricht Basketball. Was ich nicht wusste: Der Trainer, der die Auswahl für die Schulmannschaft traf, beobachtete unser Spiel. Im Umkleideraum kam er dann zu mir und fragte mich, wer ich sei und warum ich nicht in der Mannschaft sei. Ich antwortete »Wir sind gerade erst umgezogen, aber nächstes Jahr bewerbe ich mich um einen Platz in der Mannschaft.«

»Ich möchte, dass du in diesem Jahr schon beginnst«, war seine knappe Antwort.

Daraufhin erzählte ich ihm von der Regel meines Vaters. Der Trainer meinte: »Aber nach den Schulregeln bist du trotzdem wählbar.«

»Ja, das stimmt schon«, entgegnete ich. »Aber Sie müssen verstehen, dass mein Vater seine eigenen Kriterien hat.«

»Gib mir mal eure Telefonnummer«, sagte er. »Ich werde mit deinem Vater sprechen.«

»Die Nummer können sie gern haben, nur – Sie verschwenden Ihre Zeit«, wandte ich überzeugt ein.

Der Trainer war ein 1,90-m-Mann, zwei Zentner schwer und recht aggressiv. Damit war er immer noch 2,5 Zentimeter kleiner und rund zehn Kilo leichter als mein Vater. Der Trainer war es gewohnt, sich durchzusetzen. Aber er kannte meinen Vater nicht.

War mein Vater in der Lage, seine Meinung zu ändern? Natürlich. Würde er sie ändern, weil er einen Anruf von diesem Trainer erhielt? Natürlich nicht.

Nach dem Abendbrot berichtete mir mein Vater, dass der Trainer angerufen habe. Er bestätigte, dass er Nein gesagt habe. Er erinnerte mich an die Wichtigkeit, Verantwortung für mein Leben zu übernehmen, und bekräftigte, dass er durchaus wolle, dass ich Basketball spiele. Aber das hätte ich selbst in der Hand.

Ich war damals voll motiviert und wusste: In der nächsten Saison könnte ich auf jeden Fall wieder Basketball spielen.

Am nächsten Tag kam der Trainer zu mir in die Umkleidekabine. »Ich habe gestern Nachmittag mit deinem Vater gesprochen, aber der Mann war stur. Ich habe ihm die Auswahlregeln der Schule erklärt, aber er wollte seine Meinung nicht ändern. Ich halte ehrlich gesagt nicht viel von deinem Vater.«

Ich traute meinen Ohren nicht! Dieser Trainer hielt nicht viel von meinem Vater? Selbst ich hatte genug Verstand, um zu begreifen, dass mein Vater mit seiner Konsequenz richtig lag. Klar wollte ich spielen, aber mein Vater stand zu seinem Wort und er hatte Recht, wenn er mich nicht spielen ließ. Ich konnte nicht begreifen, wie ein Trainer sich in dieser Weise äußern konnte!

»Trainer«, sagte ich. »Ich halte sehr viel von meinem Vater. Und ich möchte Ihnen gleich sagen, dass ich für Sie niemals Basketball spielen werde.«

Das habe ich auch nicht getan. Ich hatte in diesem Halbjahr ein super Zeugnis, aber ich habe nie Basketball für diese Mannschaft gespielt. Ich weigerte mich, für einen Mann zu spielen, der nichts von meinem Vater hielt, und zwar weil mein Vater tat, was richtig war. Und weil dieser Trainer für die restlichen Jahre meiner High-School-Zeit an dieser Schule blieb, war das das Ende meiner Basketball-Karriere.

Wenn ich es mir recht überlege, ist der wahre Grund, warum ich seinem Team nicht beitrat, der, dass ich nichts von *ihm* hielt. Er machte faule Kompromisse und ich vermutete, dass er noch zu ganz anderen Dingen bereit gewesen wäre, um zu gewinnen. Mein Vater war ein integrer Mann, der sich an seine eigenen Regeln hielt, obwohl es ihm in der Seele wehtat, dass ich nicht Basketball spielte. Mein Vater konnte sehr wohl seine Meinung ändern, wenn es angebracht war – aber in diesem Fall tat er es nicht, weil er eine Langzeitperspektive für mein Leben hatte. Und die hatte der Trainer nicht.

Der Trainer wollte Spiele gewinnen. Mein Vater wollte einen Mann mit Charakter aus mir machen.

Vorschau

Ich hätte Steve Farrars Vater gern kennen gelernt. Er hatte einen klaren Blick für die Bedeutung von Regeln und Disziplin. Diese Sichtweise hatte er auch auf seinen Sohn übertragen. Kinder, die unter solchen Vorgaben erzogen werden, entwickeln Charakterstärken wie Selbstdisziplin, Selbstbeherrschung und ein verantwortungsbewusstes Benehmen. Manche Leute halten dagegen, ein so strenges Erziehungskonzept sei nicht mehr zeitgemäß. Gute Eltern ließen ihre Kinder den Weg des geringsten Widerstandes gehen und räumten ihnen die Steine aus dem Weg.

Das kann ich ganz und gar nicht so sehen! Meiner Meinung nach ist es fatal, jede Art von Schwierigkeiten von unseren Kindern fern zu halten und sie nicht die Konsequenzen ihres Handelns spüren zu lassen. Stattdessen biete ich eine Alternative an, die ich *liebevoll Grenzen setzen* nennen möchte. Wo diese Alternative bei unseren Kindern sorgfältig angewendet wird, regt sie zu gegenseitigem Verständnis, Liebe und Vertrauen an, ermutigt zur Achtung anders Denkender und umfasst die wahre Natur Gottes.

Grenzen zu setzen und auf ihrer Einhaltung zu bestehen, ohne das Kind zu knebeln, ist nicht einfach, und Ihre Kinder werden Ihre Bemühungen nicht immer so positiv bewerten wie Steve Farrar in unserer Geschichte. Aber Ihre Kinder werden in einem Klima aufwachsen, das echte Liebe mit vernünftiger, konsequenter Disziplin vereinbart. Und das wollen Sie bestimmt auch. *JD*

MONTAG

Rechtzeitig die Zügel ergreifen

Das sollst du allen gut einschärfen! 1. Timotheus 4,11

Eine Kinderärztin erhielt den ängstlichen Anruf der Mutter eines 6 Wochen alten Babys. »Ich glaube, er hat Fieber«, sagte sie nervös.

»Nun«, fragte die Ärztin, »haben Sie schon Temperatur gemessen?«

»Nein«, antwortete die Mutter. »Er lässt mich nicht das Thermometer einführen.«

Ist es nicht merkwürdig, dass ein hilfloses, abhängiges Kind von nur wenigen Wochen in der Lage ist, sich den großen Erwachsenen zu verweigern? Es stimmt, dass wir als menschliche Wesen mit einem rebellischen Charakter zur Welt kommen. Babys sind nicht von Natur aus »gut«, wie manche glauben. Die Leute, die diese Theorie vertreten, sagen, dass ausschließlich schlechte Erfahrungen für schlechtes Benehmen verantwortlich sind. Die Bibel sieht das anders. König David schreibt: *Verfehlungen und Schuld bestimmen mein Leben, seit meine Mutter mich in diese Welt hineingeboren hat* (Psalm 51,7). Paulus sagt uns, dass die Krankheit Sünde jeden, der lebt, infiziert hat: *Alle sind schuldig geworden, und haben die Herrlichkeit verscherzt, die Gott ihnen geschenkt hatte* (Römer 3,23). Von Geburt an sind wir, mit und ohne schlechte Erfahrungen, auf Rebellion, Selbstsucht, Unehrlichkeit und andere »Allzu-Menschlichkeiten« angelegt.

Aus diesem Grunde bitten wir Sie dringend, die Zügel bei Ihrem Kind rechtzeitig in die Hand zu nehmen. Sie müssen wertvolle Charaktereigenschaften mit ihrem Kind einüben, es formen, korrigieren, führen, ermutigen, anleiten, warnen, lehren und lieben. Sie sind dazu da, sein inneres Naturell zu formen und zu entwickeln. Das gilt besonders für Kinder mit einem starken Willen, damit der Rest der Welt zukünftig vor ihrer Tyrannei geschützt bleibt. Geben Sie Ihr Bestes und vertrauen Sie darauf, dass Ihre Kinder ihre Herzen Jesus zuwenden, der sie zu den Menschen macht, als die sie gedacht sind.

Gute-Nacht-Gedanken

- Beabsichtigen Sie, Ihren Kindern verantwortungsbewusstes Verhalten beizubringen?
- Wie können Sie einander als Paar helfen, elterliche Autorität zu wahren und anzuwenden?

Vater, hilf uns, dass wir und unsere Kinder dir ähnlicher werden. Zeig uns, wie wir uns im richtigen Moment in jeder Familiensituation verhalten sollen, damit wir letztlich unsere Kinder darauf vorbereiten, ein nach deinen Kriterien gutes Leben zu führen. Amen.

DIENSTAG

Der ehrenwerte Mr. Walker

Er muss ein guter Familienvater sein und Kinder haben, die ihn achten und ihm gehorchen. 1. Timotheus 3,4

Als Kind übernachtete ich (JD) einmal bei einem Freund, der eine erstaunliche Begabung besaß, seine Eltern zur Weißglut zu bringen. Earl fragte mich, als wir abends in den Betten lagen: »Willst du mal hören, wie mein Vater fluchen kann?«

Weil ich ein neugieriger Junge war, sagte ich natürlich Ja und tat, was Earl vorschlug. Wir lachten und redeten laut und tobten in den Betten, obwohl Mr. Walker uns immer wieder mit sich steigernder Lautstärke bat, endlich leise zu sein.

»Jetzt dauert's nicht mehr lang«, informierte mich Earl grinsend nach einer ganzen Weile. Endlich war Mr. Walkers Geduldsfaden gerissen. Er trampelte den Flur entlang, riss unsere Schlafzimmertür auf und stürzte sich auf Earls Bett, verfehlte jedoch seinen Sohn, der sich blitzschnell verkrochen hatte. Daraufhin ließ Mr. Walker eine Fluchkanonade los, wie sie noch nie an mein Ohr gedrungen war. Ich war schockiert. Doch Earl amüsierte sich köstlich über die verbale Entgleisung seines Vaters und fragte mich begeistert: »Hast du das gehört? Hab ich dir zu viel versprochen?«

Unsere Kinder können uns wirklich auf die Palme bringen. Der Grund ist bei einigen Kindern einfach die tierische Freude am Konflikt. Es verschafft ihnen Genugtuung, wenn sie uns auf 180 bringen. Wer so etwas erlebt, hat die Zügel seiner Familie nicht mehr in der Hand (1. Timotheus 3.4). Aber lassen Sie sich nicht entmutigen – so muss Erziehung nicht aussehen! Morgen werden wir Ihnen eine Alternative dazu anbieten.

Gute-Nacht-Gedanken

- Manipuliert Ihr Kind Sie? Wie?
- Wie könnten Sie das ändern?
- Wie können Sie sich als Eltern bei der Erziehung Ihrer Kinder besser ertragen?

Himmlischer Vater, sehr oft gelingt es uns nicht, unsere Familie gut zu führen. Wir nehmen uns heute vor, tiefer in deinem Wort nach Weisheit zur Erziehung unserer Kinder zu suchen. Wir danken dir für die ewig geltenden Wahrheiten, auf die wir uns verlassen können. Amen.

MITTWOCH

Liebe und Korrektur

Wer seinen Sohn lieb hat, fängt früh an, ihn mit Strenge zu erziehen.
Sprichwörter 13,24

Gestern Abend haben wir über eine Familie gesprochen, in der der Sohn den Vater beherrschte. Heute wollen wir uns eine andere Familie anschauen.

Der 6-jährige David wurde von seiner Mutter gebeten, die Orangenschalen aufzuheben, die er auf den Teppich fallen gelassen hatte. Er wollte sie nicht aufheben und darum gab die Mutter ihm einen Klaps auf den Po. Das führte zu einem Wutausbruch von Klein-David. Davids Vater deutete wortlos auf die Orangenschalen, die David aufheben musste, und schickte ihn anschließend zu Bett (er hatte seine Bettzeit bereits überschritten). Als David im Bett lag, kam sein Vater zu ihm und erklärte ihm, dass Gott alle Eltern, die ihre Kinder richtig lieben, angewiesen habe, sie ordentlich zu erziehen. »Und weil wir dich lieb haben, wollen wir dein ungezogenes Benehmen nicht erlauben«, schloss der Vater und deckte seinen Sohn zu.

Am nächsten Morgen reichte David seiner Mutter 10 Cent und einen Brief, in dem stand: »Liebe Mama, lieber Papa. Hier sind 10 Sennts, weil ihr mir einen Klabs gebt, wenn ich es wirglich nötig hap. Ich hab euch lieb, euer Sohn David.«

David hatte intuitiv die Wahrheit verstanden, die uns allen gilt: *Was Vater und Mutter dir beibringen, ist eine helle Lampe für deinen Weg. Wenn sie dich ermahnen und zurechtweisen, leiten sie dich an zu einem erfüllten Leben* (Sprichwörter 6,23). Eltern, die sorgfältig zwischen Liebe und Korrektur abwägen, werden zu Achtung und herzlicher Zuneigung in ihren Familien anregen.

Gute-Nacht-Gedanken

- Wie reagieren Sie im Allgemeinen auf eine Situation wie die kleine Szene mit David?
- Stehen bei Ihnen Liebe und Korrektur im rechten Verhältnis?
- Wie kann eine ausgewogene Erziehung Ihre Familie möglicherweise verändern?

Lieber Gott, wir möchten, dass in unserem Zuhause Freude, Zärtlichkeit und gegenseitige Achtung herrschen. Schenk uns die Gnade, dass wir das richtige Gleichgewicht von Liebe und Disziplin finden, das du dir für unsere Familie wünschst. Amen.

Augenblicke der Belohnung

Ich werde euren Lohn mitbringen. Jeder empfängt das, was seinen Taten entspricht. Offenbarung 22,12

Positive Verstärker helfen weitaus besser, wenn man den Kindern ein ordentliches Verhalten beibringen möchte, als nörgeln und schreien. Zum Beispiel zaubern echte Komplimente für verantwortungsbewusstes Handeln (»David, toll, dass du dein Fahrrad unaufgefordert zur Seite gestellt hast«) ein Lächeln auf das Gesicht Ihres Sohnes und inspirieren ihn, sich beim nächsten Mal daran zu erinnern. Genauso gut kann eine Liste mit Aufgaben und entsprechenden Belohnungen Wunder wirken. Vorschulkinder freuen sich über Aufkleber oder Süßes; ältere Kinder reagieren am besten auf Geld oder auf Privilegien.

Ist es denn biblisch, Belohnungen zur Motivation von Kindern zu benutzen? Ja, wir glauben schon. Beachten Sie Jesu Worte, mit denen er uns anweist: ... *lade lieber Arme, Verkrüppelte, Gelähmte und Blinde ein. Dann darfst du dich freuen, denn sie können es dir nicht vergelten. Gott selber wird es dir vergelten, wenn er die vom Tod erweckt, die getan haben, was ihm gefällt* (Lukas 14,12–14). Jesus nimmt tatsächlich Kenntnis von der geringsten Freundlichkeit: *Und wer einem der Geringsten von meinen Jüngern auch nur einen Schluck kaltes Wasser gibt – einfach weil er mein Jünger ist –, ich versichere euch, der wird seinen Lohn erhalten.* (Matthäus 10,42).

Jesus weiß genau, wie wir gebaut sind und was uns motiviert. Wenn er verspricht, gutes Verhalten seiner Nachfolger auf Erden im Himmel zu belohnen, sind auch Eltern gut beraten, es mit den jüngsten »Nachfolgern« ihrer Familien genauso zu machen.

Gute-Nacht-Gedanken

- Wie machen Sie zu gutem Benehmen in Ihrem Haus Mut?
- Wie denken Sie über Belohnungen für Ihre Kinder?
- Welche Art der Belohnung motiviert sie am stärksten?

Lieber Jesus, du hast versprochen, dass es sich lohnt, wenn wir uns nach deinen Wegen und Taten richten. Bitte vergib uns, dass wir so oft versagen! Führe uns, weil wir dir Freude machen möchten, indem wir unsere Kinder zum Guten motivieren. Amen.

FREITAG

Barmherzig sein

Gott hat alle ohne Ausnahme dem Ungehorsam ausgeliefert, weil er alle begnadigen will. Römer 11,32

Ich (JD) wurde vor vielen Jahren von einer Kirchengemeinde zu einem Gottesdienst eingeladen. Dabei machte ich zwei große Fehler. Erstens: Ich beschloss, über die Erziehung von Kindern zu reden. Zweitens: Ich hatte meine Kinder mitgebracht. Das hätte ich nicht tun dürfen.

Nachdem ich meine überzeugende, wichtige und informative Botschaft rübergebracht hatte, stellte ich mich noch den Fragen von etwa 25 Elternpaaren. Während ich weitere Weisheiten verbreitete, polterte es über uns auf der Empore. Erschrocken sah ich hoch und erblickte meine 9-jährige Danae, die ihren 5-jährigen Bruder Ryan durch die Stuhlreihen jagte. Beide lachten und stolperten und rannten ungeniert und sehr laut über unseren Köpfen herum! Das war mir ungeheuer peinlich. Wie konnte ich den Müttern und Vätern vor mir erzählen, wie man Kinder lenkt und zum Gehorsam anleitet, während meine beiden dabei waren, die Kirche einzureißen?

Bitte seien Sie barmherzig mit Ihren tobenden Kleinen in ähnlich frustrierenden Situationen! Ganz egal, wie sehr Sie sich auch bemühen, ein gutes Erziehungssystem in Ihrer Familie aufzubauen – irgendwann wird es scheitern. Kinder wollen Kinder sein. Der Gott der Schöpfung gewährt seinen ungehorsamen Kindern so viel Barmherzigkeit, dass wir auch mit unseren eigenen Kindern barmherzig sein dürfen (Römer 11,30–32).

Gute-Nacht-Gedanken

- Erwarten Sie mehr von Ihren Kindern, als sie leisten können?
- Sind Sie mit Ihren Kindern barmherzig, auch wenn Sie sie zur Rede stellen müssen?
- Machen Sie sich mehr Sorgen um Ihr Image vor anderen als um den Charakter Ihrer Kinder?

Vater, mach uns bei der Erziehung unserer Kinder immer wieder klar, dass letztlich du der Autor ihrer kindlichen Wege bist. Schenk uns Geduld, Verständnis und Barmherzigkeit. Wir danken dir für unsere Kinder! Amen.

SAMSTAG

Lass Taten sprechen

Denn im Zorn tut keiner, was vor Gott recht ist. Jakobus 1,20

Als ehemalige Lehrerin weiß ich, wie wichtig Disziplin im Klassenzimmer und zu Hause ist. Eine von Jims Lehrerkolleginnen hatte keine Ahnung von echter Klassenführung. Sie sprang auf ihren Schreibtisch und blies in eine Trillerpfeife, wenn ihr die Schüler der 5ten Klasse aus der Hand geraten waren. Was für eine Gaudi für die Schüler! Sie steckten jeden Tag die Köpfe zusammen und überlegten, wie sie ihre Lehrerin wieder auf den Tisch bringen konnten!

Ärgerliche Drohungen und Geschrei sind völlig unwirksame Erziehungsmittel. Sie schaffen bei Kindern alles andere als Respekt. Was würden Sie von einem Richter des obersten Gerichtshofs halten, der wild gestikulierend durch seinen Gerichtssaal tobt und dabei leere Drohungen und Warnungen ausstieße? So ist das auch zu Hause. Wenn wir unsere Familie mit Emotionen leiten wollen, manipulieren unsere Kinder uns genauso wie die Schüler ihre Lehrerin mit der Trillerpfeife.

Mit anderen Worten: Ärger und Wut sind unwirksame Mittel. Sie verleiten uns zu unbedachten Äußerungen, die wir später bereuen. Die Bibel lehrt uns immer und immer wieder, unangemessenen Zorn zu vermeiden. *Lass dich von Wut und Zorn nicht überwinden* (Psalm 37,8);

Weg also mit aller Verbitterung, mit Aufbrausen, Zorn und jeder Art von Beleidigung! Schreit einander nicht an! (Epheser 4,31); *Jeder soll sich Zeit lassen, bevor … er zornig wird. Denn im Zorn tut keiner, was vor Gott recht ist* (Jakobus 1,19).

Ich will damit nicht sagen, dass Sie Ihre Gefühle vor Ihren Kindern verstecken sollen. Manchmal sollten Ihre Kinder durchaus merken, dass Sie über sie aufgebracht sind. Doch wenn wir versuchen, das Benehmen unserer Kinder durch Zorn zu kontrollieren, endet das in der Regel damit, dass wir vielmehr uns selbst kontrollieren müssen.

Wie sollen Eltern auf den provozierenden Ungehorsam ihres Sohnes oder ihrer Tochter reagieren? Mit konsequenten Erziehungsmaßnahmen, die mit kühlem Kopf und fester Hand durchgeführt werden. So wie es in Sprichwörter 29,11 heißt: *Der Dummkopf gibt jedem Ärger freien Lauf; der Kluge kann sich beherrschen.* *SD*

11. WOCHE

Junge Rebellen

SONNTAG

Liebe siegt

Patsy G. Lovell

Mit ihren 13 Jahren war unsere Tochter Kathleen ein impulsiver Teenager. Eines Tages fragte sie begeistert, ob sie sich so einen Lederrock kaufen dürfe, wie ihn alle Mädchen in ihrer Klasse trugen.

Im Grunde hatte sie mit einer negativen Antwort gerechnet. Trotzdem tat sie ganz überrascht, als ich Nein sagte. Und nun holte sie weit aus: dass sie die Einzige in ihrer Klasse ohne einen Lederrock sei. Ich sagte wieder Nein und nannte meine Gründe dafür.

»Da liegst du völlig falsch!«, erwiderte sie scharf.

»Falsch oder richtig, ich bleibe dabei. Die Antwort ist Nein.«

Kathleen stampfte davon, drehte sich aber noch einmal auf dem Absatz um. »Ich möchte dir nur noch erklären, warum das so wichtig für mich ist. Wenn ich diesen Rock nicht habe, bin ich total out. Alle meine Freundinnen lassen mich links liegen.«

»Die Antwort bleibt Nein«, antwortete ich ruhig.

Sie pustete sich auf wie ein Luftballon und spielte ihre letzte Karte aus. »Und ich hatte gedacht, du würdest mich lieben!«

»Das tue ich auch. Aber die Antwort bleibt trotzdem Nein.«

Sie stieß einen frustrierten Schrei aus, rannte nach oben und schlug ihre Zimmertür krachend hinter sich zu. Obwohl ich die Schlacht gewonnen hatte, war ich völlig niedergeschlagen. Aber dann passierte etwas Merkwürdiges: Eine innere Stimme sagte mir: *Gib nicht nach!*

Der wütende Schrei war wieder zu hören und Kathleen erschien auf den Treppenstufen. Dieses Mal spuckte sie Feuer.

»Ich dachte, du hast uns beigebracht, dass auch wir Rechte haben!«, schrie sie.

»Du hast deine Rechte. Die Antwort bleibt immer noch Nein.« Sie drehte sich wieder um, aber ich hielt sie auf. »Kathleen, ich habe Nein gesagt und ich werde meine Meinung nicht ändern. Und wenn du noch ein Wort über die Sache verlierst, muss ich dich bestrafen. Nun ab ins Bett!«

Sie hatte noch einige Widerworte auf der Zunge, aber sie hielt sich zurück. Sichtlich kochend verschwand sie in ihrem Zimmer.

Ich war fix und fertig und setzte mich zitternd hin. Da mein Mann bis spät in den Abend arbeitete, war ich in die Pflicht genommen. Keines der Kinder hatte mich je so aufgebracht! Gerade als ich dachte, das Gefechtsfeuer sei verraucht, hörte ich ihn wieder, den Kampfschrei. Kathleen stampfte die Treppe herunter.

»Also«, kündigte sie an, »ich will dir nur noch einmal sagen ...«

Ich stellte mich mit den Händen in den Hüften an die unterste Treppenstufe und schaute ihr in die Augen. »Sage es nicht«, befahl ich. »Sag überhaupt nichts. Dreh dich um und geh zu Bett. Ohne einen einzigen Ton!«

Nachdem Kathleen gegangen war, starrte ich einige Minuten ins Leere und fragte mich, wie hoch mein Blutdruck wohl wäre. Dann hörte ich, wie ihre Tür sich öffnete. Kathleen, Nase und Augen rot vom Weinen, schlich die Treppen im Schlafanzug hinunter. Sie breitete ihre Arme aus.

»Oh Mami, entschuldige bitte.« Wir umarmten uns und sie sagte unter Tränen: »Ich hatte solche Angst!«

»Angst? Wovor?«, fragte ich.

»Ich hatte Angst, du würdest mich gewinnen lassen!«, schniefte sie.

Vorschau

Können Sie nachempfinden, wie sich die Mutter in der oben stehenden Geschichte gefühlt hat? Ich wette, dass Sie als Mutter mit: »Ja!« antworten. In jedem Elternhaus rebellieren Kinder – manches Kind häufiger als ein anderes. Persönlichkeiten mit einem starken Willen machen es Eltern besonders schwer. Konfrontationen mit den eigenen Kindern lassen selbst gelassene Väter und Mütter frustriert mit den Zähnen knirschen. Sie sind jedoch nicht machtlos in Konfliktsituationen. Es gibt Wege, Konflikte zu minimieren, respektvolle Reaktionen zu fördern und ein göttliches Harmoniebedürfnis in Ihren Kindern zu wecken.

Wir werden dem Konzept der liebevollen Grenzziehung eine zweite Woche widmen, besonders im Hinblick auf die Rebellen in unserer

Familie. Sie erfahren dabei, wie man eventuell einige Rebellionen unterbinden kann, bevor sie sich in ihrer ganzen Hässlichkeit erheben.

MONTAG

Zwischen zwei Extremen

Von den Lippen des Verständigen hört man Klugheit. Sprichwörter 10,13

Einige Mütter und Väter bevorzugen einen sehr autoritären Erziehungsstil, andere nehmen eine nachgiebige Haltung ein. Wir raten Ihnen, bei beiden Extremen vorsichtig zu sein.

In einem Haus, wo zu viel Druck gemacht wird, erleidet das Kind die Demütigung der absoluten Dominanz seiner Eltern. Das Klima ist kühl und streng. Das Kind lebt in ständiger Angst. Es lernt nicht, eigenständige Entscheidungen zu treffen. Seine Persönlichkeit wird unter den Stahlkappenschuhen elterlicher Autorität zermalmt. Eltern, die diese Methode zu Hause anwenden, sollten in Epheser 6,4 nachlesen: *Ihr Eltern, behandelt eure Kinder nicht so, dass sie widerspenstig werden!*

Im Kontrast dazu glaubt ein Kind, das keine klare Führung durch einen Erwachsenen hat, die Welt drehe sich nur um seine Person. Oft zeigt es Geringschätzung und Verachtung für seine Nächsten. Es rebelliert regelmäßig gegen seine Eltern. Hier herrschen Anarchie und Chaos. Seine Mutter ist oft frustrierter und erschöpfter als alle anderen Frauen mit gleichaltrigen Kindern. Eltern, die ein solches Kind haben, sollten sich die Worte der Bibel zu Herzen nehmen: *Erziehe deinen Sohn mit Strenge, dann wird er für dich zur Quelle der Zufriedenheit und Freude* (Sprichwörter 29,17).

Der beste Weg der Kindererziehung liegt in der Mitte zwischen den genannten Extremen. Ihre Söhne und Töchter gedeihen am besten in einer Umgebung, in der Vertrauen und Grenzen nahezu gleich verteilt sind. Ein harmonisches Heim wird von beständigen, ausgewogenen und Gott ergebenen Verhaltensweisen der Eltern gebaut. *Klugheit und Verstand sind ein sicheres Fundament, auf dem du dein Haus errichten kannst und Wissen füllt seine Räume mit wertvollen und schönen Dingen* (Sprichwörter 24,3).

Gute-Nacht-Gedanken

- Ist Ihr Erziehungsstil eher autoritär oder nachgiebig?
- Müssen Sie sich ändern und ausgewogener erziehen?

Himmlischer Vater, schenke uns Weisheit! Wir gestehen, dass wir Fehler bei der Erziehung unserer Kinder machen. Hilf uns, die richtige Balance von Liebe und Grenzen zu finden, die du dir täglich von unserer Familie wünschst. Amen.

DIENSTAG

Roberts Bluff

Ihr Kinder, gehorcht euren Eltern in allem! So ist es recht vor dem Herrn.
Kolosser 3,20

Vor seinem Zahnarzttermin weigerte sich der rebellische 10-jährige Robert, sich in den Patientenstuhl zu setzen und drohte damit, dass er sich nackt ausziehen wollte, wenn der Zahnarzt ihn in seinen Behandlungsstuhl zwingen würde. Die Antwort des Zahnarztes: »Junge, zieh die Klamotten aus!« Robert machte Ernst, legte sich splitternackt auf den Zahnarztstuhl und machte bis zum Ende der Behandlung gut mit. Die Löcher waren gefüllt. Robert war fertig.

»Geben Sie mir jetzt meine Sachen«, bat der Junge.

»Tut mir leid«, antwortete der pfiffige alte Zahnarzt. »Sag deiner Mutter, wir behalten deine Sachen bis morgen hier.«

Ein verstörter Robert war gezwungen, im Adamskostüm durchs volle Wartezimmer zu laufen.

Am nächsten Tag holte Roberts Mutter seine Sachen ab. Sie bedankte sich bei dem Zahnarzt und erzählte ihm: »Robert stellt seit Jahren unvernünftige Forderungen und erpresst mich immer wieder damit, sich splitternackt auszuziehen. Sie sind der Erste, der seinen Bluff herausgefordert hat, Herr Doktor. Das hat einen gewaltigen Eindruck auf Robert gemacht!«

Kinder wie Robert brauchen Grenzen. Stecken Sie Ihnen diese Grenzen nicht, werden sie drohen und drängen, bis jemand anderes es tut. Ihr Kind wird keine Achtung vor Autorität lernen, falls Sie bei Konfrontationen nachgiebig sind. Es wird sich später nicht nur Ihnen widersetzen, sondern auch Gott, die höchste Autorität, wahrscheinlich nicht anerkennen. Die elterliche und die himmlische Führung sind in den Köpfen von Kindern direkt miteinander verbunden.

Gute Nacht-Gedanken

- Haben Sie einen »Robert« in Ihrem Haus?
- Stecken Sie klare Grenzen für das Benehmen Ihrer Kinder?

Lieber Gott, genau wie du uns in deinem Wort klare Grenzen gibst, leite uns, dass wir sie auch bei unseren Kindern setzen. Und wenn sie diese Grenzen überschreiten, gib uns Mut und Weisheit, damit wir richtig reagieren. Amen.

MITTWOCH

Die »Zuchtrute«

Kinder neigen zu Dummheiten; strenge Erziehung wird sie davon heilen. Sprichwörter 22,15

Vielleicht wissen Sie nicht, was Sie von einem Klaps als Erziehungsmittel halten sollen. Sie kennen die Argumente der Gegner: »Schlagen macht aus einem Kind einen aggressiven Erwachsenen.«

Gelegentlich ist ein leichter Schmerz eine natürliche Erfahrung. Ein Kind, das eine heiße Herdplatte berührt, wird diesen Fehler nur ein Mal machen. Und ein gerechtfertigter, gezielter Klaps, der kontrolliert und bewusst erteilt wird, liegt im Rahmen des Wortes Gottes (siehe Sprichwörter 23,13+14: *Eine Tracht Prügel bringt deinen Sohn nicht um. Aber wenn du ihm seine Unarten austreibst, wirst du ihm das Leben retten*).

Es gibt viele Bedingungen, die es bei einem überlegten Klaps zu beachten gilt. Darum bewahren Sie sich diese Maßnahme für Augenblicke purer Boshaftigkeit ihres Kindes auf. Schlagen Sie niemals unbeherrscht und im Affekt! Und schlagen Sie nie ein Kind unter einem Jahr oder einen Teenager über 12 Jahre. Nach dem 5. Lebensjahr sollte sich dieses Erziehungsmittel ohnehin erübrigt haben. Klapsen Sie nur auf den Po, schlagen sie ein Kind nie ins Gesicht und verdrehen Sie ihm nicht den Arm. Ein Klaps muss die absolute Ausnahme bleiben und darf nicht regelmäßig angewendet werden. Vergessen Sie nicht: Körperliche Strafe ist ein Lehrmittel und niemals eine Gelegenheit, seinen Zorn oder Frust abzureagieren.

Ganz gewiss reden wir nicht unüberlegten Prügeln das Wort. Die Verachtung und Misshandlung von Kindern ist eine Tragödie! Und doch gibt es Momente, wo ein gezielter Klaps – mit Vorsicht und Weisheit und nach einsichtiger Erklärung angewendet – Ihrem Kind nützen kann.

Gute-Nacht-Gedanken

- Wie fühlen Sie sich bei dem Gedanken, Ihr Kind schlagen zu müssen?
- Wenden Sie Schläge als Erziehungsmaßnahme an oder könnten Sie sich vorstellen, sie anzuwenden?
- Welche Situation würde bei Ihnen einen Klaps rechtfertigen?

Herr, wir wollen liebevoll und wirkungsvoll erziehen. Wenn unsere Kinder trotzig und uneinsichtig sind, bring du uns innerlich zur Ruhe, heile unser eigenes Verletztsein, gib uns Weisheit und zeig uns, wie wir wann vorgehen sollen. Amen.

DONNERSTAG

»Danke, Großpapa!«

Begegnet älteren Menschen mit Achtung und helft ihnen, wo ihr könnt.
3. Mose 19,32

Wer wie wir schon viel herumgekommen ist, hat wahrscheinlich bemerkt, dass ungehobeltes und rüdes Benehmen in der heutigen Gesellschaft verbreiteter ist als früher.

Vielleicht sind wir altmodisch, aber wir halten es für gut, wenn Kinder dazu angehalten werden, »Bitte« und »Danke« zu sagen. Das ist eine Methode, die sie daran denken lässt, dass unsere Welt kein Selbstbedienungsladen ist. Wir empfehlen ebenso, dass Kinder ihre Eltern »Mama« und »Papa« nennen und nicht einfach salopp beim Vornamen. Die

Bibel sagt, dass Kinder Ihre Eltern achten sollen (1. Timotheus 3,4) und besonders älteren Menschen mit Achtung und Hilfsbereitschaft begegnen sollen (3. Mose 19,32). Die Achtung vor den älteren Leuten auf dieser Erde führt uns zur Achtung vor unserem Vater im Himmel.

Ein solches Verhalten lernt sich nicht von allein. Die Wurzeln liegen in der Erziehung Ihrer Kinder zur grundlegenden Höflichkeit – die sie sich in erster Linie bei Ihnen abschauen! Die Grundtendenz ist, dass Sie eine Atmosphäre gegenseitiger Achtung schaffen. Wenn Ihnen das gelingt und Sie gegenseitige Achtung bei Ihren kleinen Kinder rechtzeitig etablieren, werden Ihre größeren Kinder weniger rebellisch sein. Das ist eine gute Vorbereitung auf die Pubertät, die unvermeidlich kommen wird.

Gute-Nacht-Gedanken

- Pflegen Sie in Ihrer Familie einen höflichen Umgangston und achten Sie einander?
- Wie demonstriert Achtung vor anderen Menschen gleichzeitig Achtung vor Gott? (Siehe Matthäus 25,40.)

Lieber Vater, du bist so viel höher als unser Verstand! Hilf uns, jedes deiner Geschöpfe zu achten und unseren Kindern ein gutes Beispiel zu geben. Amen.

FREITAG

Sechs Schritte

Erziehe deine Kinder mit Strenge, dann kannst du Hoffnung für sie haben.
Sprichwörter 19,18

Wir haben in den letzten beiden Wochen über das Konzept *Liebevolle Grenzensetzung* gesprochen. Wir möchten Ihnen eine praktikable Zusammenfassung unserer Vorstellungen geben. Hier sind die sechs grundlegenden Schritte, mit denen sich Disziplin zu Hause einüben lässt.

Erstens: Erklären Sie Ihre Grenzen rechtzeitig und in aller Deutlichkeit. Versuchen Sie erst gar nicht, Grenzen zu erzwingen, über die nicht vorher klar und deutlich gesprochen wurde.

Zweitens: Sobald ein Kind verstanden hat, was von ihm erwartet wird, verlangen Sie, dass es sich daran hält. Das kann dazu führen, dass Ihr Kind seinen eigenen Willen durchsetzen will. Nehmen Sie sich fest vor: Sie sind der Gewinner, falls es zu einer solchen Konfrontation kommt!

Drittens: Unterscheiden Sie zwischen bewusster Boshaftigkeit und kindlicher Unverantwortlichkeit. Ein Kind, das etwas vergisst, verliert oder verschiebt, fordert damit die Autorität eines Erwachsenen nicht heraus.

Viertens: Sobald die Konfrontation vorbei ist, lassen Sie erst einmal Ruhe einkehren. Auf jeden Fall sollten Sie direkt danach Ihrem Kind liebevoll erklären, was passiert ist und dass sie es unter allen Umständen lieb haben.

Fünftens: Vermeiden Sie zu hohe Anforderungen. Versichern Sie sich zuerst, ob Ihr Kind das bringen kann, was von ihm verlangt wird.

Sechstens: Lassen Sie sich in jedem Fall von der Liebe leiten! Sie *werden* Fehler bei Ihrem Kind machen. Eine Beziehung, die von Herzlichkeit bestimmt wird und sich auf Gottes Liebe gründet, ist aber in jedem Fall intakt und führt zum Erfolg, auch wenn es zwischendurch mal »holpert«.

Diese sechs Grundvoraussetzungen werden in der Bibel gelehrt. In ihnen liegt die Weisheit des himmlischen Vaters.

Gute-Nacht-Gedanken

- Wenden Sie diese sechs Schritte bei Ihren Kindern an?
- Welcher Schritt fällt Ihnen am schwersten? Wie kann Ihr Ehepartner Ihnen an dieser Stelle helfen?
- Würden Sie den genannten Schritten noch etwas hinzufügen?

Vater, wir lieben unsere Kinder sehr. Stärke uns, wo wir schwach sind. Vergib uns unsere Fehler und führ uns als Eltern in eine gesunde Beziehung zu unseren Kindern. Amen.

SAMSTAG

Die wachsende Herausforderung

In dem Augenblick, in dem wir gestraft werden, sind wir unglücklich und unzufrieden. Aber später zeigt sich bei allen, die durch diese Strafe erzogen wurden, dass es gut war und dass sie zu Menschen geworden sind, die das Rechte tun und Frieden verbreiten. Hebräer 12,11

Die Rolle der Erziehung in der Beziehung zwischen Eltern und Kindern haben wir dem Wort Gottes direkt entnommen. Epheser 6,1 mahnt: *Ihr Kinder, gehorcht euren Eltern und bezeugt dadurch eure Unterordnung unter den Herrn. So ist es recht und billig.* In Vers 4 folgt für Eltern umittelbar die Aufforderung: *Ihr Eltern, behandelt eure Kinder nicht so, dass sie widerspenstig werden! Erzieht sie mit Wort und Tat nach den Maßstäben, die Gott gesetzt hat.*

Als Christin, die dem Herrn voll und ganz vertraut, verstehe ich die Wichtigkeit der Erziehung. Als Mutter jedoch weiß ich nur zu gut, dass es ein ständiger Kampf ist, den Kindern zu Hause liebevoll Disziplin abzuverlangen. Dadurch fühlen Eltern sich immer wieder als Versager. Falls Sie zu den entmutigten Vätern und Müttern gehören, bitte ich Sie: Fassen Sie sich ein Herz – Sie machen Ihre Sache wahrscheinlich viel besser, als Sie glauben! Ihre Kinder werden Sie lieben und achten, wenn Sie standhaft und beständig sind.

Ich erinnere mich noch genau, als meine Tochter mich zum ersten Mal so richtig genervt hat. Ich rieb in unserer Küche den Fußboden mit Wachs ein. Danae, damals 9 Monate alt, wollte auf das Linoleum krabbeln. Ich sagte: »Nein!« und gab ihr zu verstehen, dass sie nicht weiterkrabbeln sollte. Sie ignorierte mich und krabbelte direkt in das klebrige Wachs hinein. Ich hob sie hoch, setzte sie in den Flur und sagte wieder »Nein!« Dieses Mal schon etwas strenger. Wir wiederholten dieses Spiel sieben Mal, bevor Danae endlich begriff, dass ihre Mama nicht nachgab. Sie krabbelte fort und weinte. Glauben Sie mir, das war nicht das letzte Mal, dass Danae ihre Mutter testete! Jedoch hat sie durch diese erste Lektion sehr früh eine wichtige Sache begriffen: Ganz gleich, wie energisch Danae versuchen würde, sich durchzusetzen – die Spielregeln bestimmte ich und ich würde sie mit Festigkeit und Konsequenz durchsetzen.

Es ist nicht leicht, aber es lohnt sich. Tun Sie, was Sie können, achten Sie immer darauf, dass Sie Ihre Kinder im Sinne Gottes erziehen. Eines Tages werden Sie verstehen, was ich meine. *SD*

12. WOCHE

Ermutigung für jeden Tag

SONNTAG

Lauf, Tami, lauf!

John William Smith

Ich habe einen lieben Freund, der in Dallas wohnt. Und er hat eine Tochter, die eine sehr talentierte Läuferin ist. Eines Tages fand in meiner Stadt eine wichtige Meisterschaft statt. Mein Freund rief mich an und fragte, ob ich seine Frau vom Flughafen abholen und bei uns beherbergen könne, weil sie den Lauf ihrer Tochter miterleben wollte. Ich war darüber sehr erfreut und so stand ich Samstagmorgen im Park und schaute mir die *Texas Regional Cross-Country Races* an. Dort beobachtete ich etwas so wunderbar Bewegendes, dass ich es Ihnen einfach erzählen muss!

Es war ein strahlend klarer, kühler Morgen. Hunderte von Zuschauern hatten sich versammelt. Viele, meist Familienmitglieder, waren von weither angereist, um dieses eine Rennen ihres Kindes zu sehen. Ich hatte kein Kind, das mitlief, und darum konnte ich in aller Ruhe die Eltern beobachten, die jemanden im Rennen hatten. Ihre Gesichter waren angespannt, ihre Augen suchten immer nur den einen Läufer oder die eine Läuferin. Oft, wenn die Läufer weit entfernt waren und die Anfeuerungsrufe ihrer Angehörigen nicht hören konnten, bewegten sich deren Lippen immer noch und formten den einen vertrauten Namen:

»Lauf, Jimmy«, flüsterten sie eindringlich.

»Lauf, Tracy.«

»Lauf!«

Der Landes-Cross-Lauf geht für Mädchen über zwei, für Jungen über drei Meilen. Es ist ein aufreibender Lauf über unwegsames Gelände. An jenem Morgen gab es zehn Rennen. Sie begannen mit Klasse 1A und endeten mit Klasse 5A für Jungen und Mädchen. Zu jedem Lauf traten 80 bis 120 Konkurrenten an. Der Lauf endete, wo er begonnen hatte. Zeitweise waren die Läufer fast 800 Meter von den Zuschauern entfernt.

Als die Klasse 5A der Mädchen in Zielnähe kam, fiel mir eine Mutter besonders auf. Sie war deutlich über 40 Jahre, trug normale Damenschuhe und einen Rock und eine Tasche unter dem Arm. Damit lief sie die letzten 100 Meter neben ihrer Tochter her. Sie achtete nicht auf die anderen Läuferinnen. Während sie rannte, löste sich ihr langes dunkles Haar und flatterte hinter ihr her. Es kümmerte sie nicht, wie sie aussah. Sie lief und schrie: »*Lauf, Tami, lauf! –Lauf, Tami, lauf!*«

Hunderte von Menschen waren versammelt. Alle riefen und schrien. Aber diese Mutter wollte gehört werden: »*Lauf, Tami, lauf! – Lauf Tami, lauf!*«, flehte sie. Das Mädchen hatte überhaupt keine Chance, noch zu gewinnen. Die Stimme ihrer Mutter, deren Herz vor Aufregung und Anstrengung fast zerriss, wollte ihre Tochter auch nicht zum Sieg treiben.

Sie drängte sie nur durchzuhalten.

Das Mädchen war in Schwierigkeiten. Ihre Muskeln wollten nicht mehr. Sie keuchte. Sie hatte keinen Schwung mehr. Sie taumelte. Sie war am Ende ihrer Kräfte – kurz vor einem Zusammenbruch. Doch als sie die Stimme ihrer Mutter hörte, fand eine wunderbare Verwandlung statt. Sie richtete sich auf. Sie fand ihr Gleichgewicht wieder, ihren Schwung, ihren Rhythmus und – sie schaffte es. Sie lief durch das Zielband, drehte sich um und brach in den Armen ihrer Mutter zusammen.

Sie fielen beide ins Gras und weinten und lachten gemeinsam. Es gab nichts auf dieser Welt als sie beide. *Gott,* dachte ich, *das ist so wunderbar. Danke, dass ich das sehen durfte.*

Ich verließ den Park und konnte die Geschichte nicht vergessen. Ein ganzer Morgen ungeahnter Leistungen verschmolz in ein einziges Ereignis. Ich dachte an meine eigenen Kinder und an ein Rennen, das sie liefen – ein anderes und weit wichtigeres Rennen. Ein Rennen, das ein noch größeres Durchhaltevermögen verlangt, noch mehr Mut und Charakter. Auch in diesem Rennen bin ich Zuschauer.

Ich stellte fest, dass auch meine Stimme die der anderen übertönen sollte. Wie Tamis Mutter machte ich mir keine Gedanken darum, was andere von mir dachten. Ich sah keine anderen Läufer. Ob sie an erster oder letzter Stelle waren, ich feuerte meine Kinder an weiterzumachen. Und wenn sie taumelten und kurz vor einem Zusammenbruch schienen, rannte ich direkt neben ihnen, meine Worte, ein leises ermutigendes Flüstern, brachte sie ins Ziel:

»Lauft, Kinder! Lauft! Haltet durch!«

SONNTAG

Vorschau

Zeitweise werden wir alle mal müde. Oft erscheint uns schon der Gedanke an ein Projekt, das zu beenden ist, oder eine bevorstehende Herausforderung, die wir außerordentlich gut bestehen oder gewinnen wollen, wie eine unüberwindliche Hürde. Das gilt für Athleten, für Geschäftsleute, für Pastoren, Lehrer und ganz gewiss für Eltern und ihre Kinder.

Gott aber sieht jeden von uns in seiner Schwachheit und Mutlosigkeit und hat Mitleid mit uns: *Du nimmst die Bitten der Armen an, du achtest auf sie, Herr, du machst ihnen Mut* (Psalm 10,17). Auch wenn wir uns allein fühlen, er läuft neben uns her, gibt uns die Kraft und den Mut, den wir brauchen, wenn wir nur auf seine Stimme hören.

Wir wollen in dieser Woche davon sprechen, wie Gott uns ermutigt, und wie sehr er sich wünscht, dass wir einander aufrichten. Warum beginnen Sie nicht gleich heute Abend mit einem freundlichen Wort für Ihren Ehepartner?

MONTAG

Unsere Quelle der Hoffnung

Die deinen sehen mich und freuen sich, weil ich mich auf dein Wort verlassen habe. Psalm 119,74

Entmutigung kann viele Quellen haben, aber der ergiebigste Brunnen unserer Kraft und Hoffnung ist immer die Bibel. Seit Jahrhunderten haben sich Familien auf die Wahrheit der Bibel verlassen, die sie in

Glaubensfragen, in Problemen des täglichen Lebens und in Notzeiten geleitet hat. Die Bibel macht uns Mut, die Versuchungen unserer Tage zu ertragen, sie gibt uns Hoffnung für die Zukunft und neue Perspektiven für die Gegenwart.

Paulus, dem kaum eine Not fremd war, sagte zu den Christen in Rom: *Was in den heiligen Schriften steht, wurde geschrieben, damit wir daraus lernen. Es soll uns Mut zusprechen, damit wir standhaft bleiben und das Ziel erreichen, auf das wir hoffen* (Römer 15,4). David, einer der großen Helden des Alten Testaments, musste viele Nöte durchleiden (auch einige, die er selbst verursacht hatte). In Zeiten der Verzweiflung wandte er sich immer wieder an den Herrn, erinnerte sich an seine Gebote und bat um Erlösung. *Herr, du wirst mir dein Erbarmen nicht entziehen. Deine Güte und Treue werden mich stets bewahren* (Psalm 40,12). Die Psalmen sind tatsächlich wunderbare Beispiele für Lob und Inspiration in Augenblicken der Angst, der Ungewissheit oder des Zweifels.

In unseren Kämpfen als Eltern sind wir gut beraten, wenn wir Gottes Wort als unsere erste Wahl nehmen, damit sich unser Geist aufrichtet. Sein Wort enthält Hoffnung und Zuversicht, die Sinn in jeden Gedanken und jeden Augenblick bringen.

Gute-Nacht-Gedanken

- Welche Bibelverse ermutigen Sie besonders? (Siehe Psalm 46,1; 55,17; Lukas 12,32; Johannes 3,16.)
- Würde es Ihren Kindern Mut machen, wenn Sie mit ihnen Bibelstellen auswendig lernen?

Herr, wir wissen eigentlich, dass wir dein Wort ständig brauchen. Vergib uns, dass wir uns auf unsere eigene Stärke und Weisheit verlassen und Mut und Sinn in so vielen Seitenstraßen suchen. Führ uns zurück zu deinem Wort, das uns in jeder Herausforderung, der wir gegenübergestellt werden, stärken will. Amen.

Die Kraft des Wortes

Wörter haben Macht über Leben und Tod. Sprichwörter 18,21

Josh, in fast jeder Hinsicht ein typischer Teenager, unterscheidet sich von seinen Freunden zumindest in einem bemerkenswerten Punkt – er hat ein großes Muttermal, das eine beachtliche Fläche seines Gesichts bedeckt. Sein ungewöhnliches Aussehen scheint ihn jedoch nicht weiter zu stören. Josh versteht sich gut mit seinen Mitschülern und wirkt in keiner Weise verschüchtert.

Ein Freund der Familie fasste seine Verwunderung über Joshs unkompliziertes Verhalten in Worte. »Josh, du bist dir bestimmt deines Muttermals sehr bewusst«, sagte er. »Kannst du mir sagen, warum es dich offensichtlich nicht im Geringsten stört?«

Josh lächelte und sagte: »Als ich sehr klein war, erzählte mir mein Vater, dass ich dieses Muttermal aus zwei Gründen habe: Erstens: Es ist an der Stelle, wo mich ein Engel geküsst hat. Zweitens: Der Engel hat mich dort geküsst, damit mein Vater mich in einer Menschenmenge leicht wieder finden kann. Mein Vater hat mir das so oft erzählt, dass ich, als ich älter wurde, anfing, die Kinder zu bedauern, die nicht von einem Engel geküsst worden sind.«

Worte haben unvorstellbar viel Macht. Vor allen Dingen Worte, die von Menschen, die wir lieben, ausgesprochen werden. Wir wollen die Aufforderung der Bibel in die Tat umsetzen: *Ermutigt einander jeden Tag, solange jenes Heute gilt* (Hebräer 3,13). Nutzen Sie die Macht des Wortes. Durch Ihre Worte können Sie Ihre Kinder bei jeder Gelegenheit segnen.

Gute-Nacht-Gedanken

- Ermutigen Sie Ihre Kinder durch Ihre Worte und Taten?
- Wie können Sie noch mehr tun?
- Wie können Sie einander Mut machen, damit Ihre Kinder die Kraft des Wortes erleben?

Vater, lehre uns, die Kraft des Wortes zu nutzen, damit wir unseren Kindern Mut, Trost und Vertrauen zusprechen. Bewahre uns vor verletzenden Worten. Hüte unsere Zunge, damit sie Worte spricht, die Licht und bleibende Hoffnung in unsere Familie bringen. Amen.

MITTWOCH

Versuchstag

Macht euch also gegenseitig Mut! Einer soll dem anderen weiterhelfen, wie ihr es ja schon tut. 1. Thessalonicher 5,11

Ein Mut machendes Wort ist jedem Menschen jederzeit willkommen. Nach einer Enttäuschung oder einem Versagen ist es ganz besonders nötig. Darum fordert uns die Bibel auf: *Ermutigt die Ängstlichen. Helft den Schwachen und habt Geduld mit allen* (1. Thessalonicher 5,14).

Das erinnert mich (JD) an die Geschichte mit Joy. Mit ihren 12 Jahren wollte sie von ganzem Herzen Cheerleaderin werden. Wochenlang übte sie Tanzschritte und Sprünge. Doch bei ihrer Aufnahmeprüfung blieben alle Mühen umsonst. Sie fiel durch.

Joys Mutter war zu der Zeit auf Reisen. Als sie nach Hause kam, fragte sie: »Joy, wie war denn deine Aufnahmeprüfung?«

»Ich bin durchgefallen«, antwortete Joy niedergeschlagen.

»Wirklich? Schade!«, sagte die Mutter und legte den Arm um ihre Tochter. »Aber Joy, ich bin so stolz auf dich, dass du so hart trainiert hast und den Mut hattest, dich der Prüfung zu stellen!«

Sofort veränderte sich Joys Gesichtsausdruck. Wenn Joys Mutter die leiseste Enttäuschung oder Verwunderung gezeigt hätte, hätte Joy sich bestimmt schlecht gefühlt. Gefühle sind ansteckend. Wir tendieren dazu, die Reaktionen der Menschen um uns her aufzufangen und ihre Hochs und Tiefs in uns hineinzulassen.

Ihre Kinder fühlen sich am meisten verletzt, wenn sie zurückgesetzt wurden oder ihnen Unrecht geschehen ist. In solchen Situationen kann Ihre Zuwendung und Ihr Einfühlungsvermögen den Schmerz lindern und Sie Ihrem Kind näher bringen.

Gute-Nacht-Gedanken

- Versuchen Sie, Enttäuschungen in Ihrer Familie zu verwandeln?
- Welche Ermutigungs-Strategien können Sie entwickeln?

Lieber Vater, wir brauchen deine Augen – Augen die Gelegenheiten sehen, Trost im Schmerz, Licht in Dunkelheit und Hoffnung in Enttäuschung zu geben. Bitte öffne unsere Augen und Herzen, Herr, damit wir unsere Kinder gut begleiten können. Amen.

DONNERSTAG

Gegen die Wand

Also seid mutig, Männer! Ich vertraue Gott, dass alles so kommen wird, wie er es zu mir gesagt hat. Apostelgeschichte 27,25

Vor einigen Jahren besuchte eine Bekannte von uns den Lake Powell, einen See in den Canyons von Utah und Arizona, der eine Länge von etwa 298 Kilometern hat. Besonders beeindruckten sie seine Steilufer, die viele hundert Meter hoch ragen. Eines Abends kam sie dicht an einem dieser gigantischen Gebilde vorbei, eine Felswand, die mindestens 1.500 Meter hoch ragt. Sie legte Ihre Hand an das warme Gestein. Tausend winzige Stückchen dieser scheinbar soliden Wand krümelten durch ihre Hand. *Unglaublich!*, dachte sie. *Diese gigantischen, scheinbar unverrückbaren Canyon-Wände zerfallen bei einer Berührung zu Staub!*

Manchmal sind Barrieren und Hindernisse, die sich uns in den Weg stellen, wie diese porösen Felswände. Aus der Entfernung scheinen Sie unüberwindbar und massiv. Aber wenn wir es wagen, sie anzufassen, zerkrümeln sie in unseren Händen.

Menschen wie Helen Keller und Franklin Roosevelt haben scheinbar unbezwingbare körperliche Hindernisse überwunden. Der Astrologe Stephen Hawking, der durch die Loi-Gehrig-Krankheit gelähmt ist, tippt nur mit den Fingerspitzen die komplexesten mathematischen Formeln in den Computer.

Gott selbst sprach Paulus, dessen Leben in Gefahr war, Mut zu (Apostelgeschichte 23,11).Wir wollen unseren Kinder Mut machen, wenn sie gegen eine Wand laufen. Und sie werden feststellen, dass manche Wände ihnen entgegenrieseln.

Gute-Nacht-Gedanken

- Was sind in Ihrer Familie heute »unüberwindliche« Hindernisse?
- Haben Sie diese direkt angepackt?
- Verlassen Sie sich auf die Kraft des Herrn, wenn Sie herausgefordert werden?

Vater, sei bei unseren Kindern, wenn sie die täglichen Schwierigkeiten und Hindernisse in ihrem Leben angreifen. Umgib sie mit deiner beständigen Liebe und zeig Ihnen deine Kraft, die Hindernisse beseitigen kann, die in unseren Augen als Berge erscheinen. Amen.

FREITAG

Eine neue Haltung

Wer Gott gehorcht, dessen Worte erhalten viele am Leben.
Sprichwörter 10,21

Es ist nicht einfach, ein zuversichtliches Herz zu bewahren, wenn uns die Probleme eines Kindes förmlich erdrücken. Wir kennen eine Familie, die derart belastet ist. Die kleine Jenny war mit ihren 3 Jahren ein wirkliches *enfant terrible*. Fast jede Interaktion zwischen Eltern und Kind wurde zum Konflikt.

Und doch beschloss der Vater, dass es an der Zeit sei, mit seiner Tochter zum ersten Mal allein auszugehen. Er frühstückte mir ihr in einem Restaurant. Als die heißen Pfannkuchen seine Butter schmelzen ließen, schmolz seine eigene Enttäuschung über seine Tochter dahin. Er erzählte ihr: »Jenny, ich bin sehr stolz auf dich. Viele Jahre lang haben Mama und ich um ein kleines Mädchen wie dich gebetet. Wir haben dich sehr, sehr lieb.«

Der Vater hatte dabei aufgehört zu essen und seine Gabel auf dem Teller abgelegt. Als er sie wieder zur Hand nehmen wollte, bettelte Jenny: »Weiter, Papa, weiter.« Zum zweiten Mal erzählte der Vater, warum sie etwas ganz Besonderes für ihn sei. Das wiederholte sich ein drittes Mal – und ein viertes Mal. Denn sobald er essen wollte, hörte er das flehende Stimmchen: »Weiter, Papa, weiter.«

Jesus folgen heißt, unsere Gesinnung vom Geist Gottes immer wieder erneuern zu lassen (Epheser 4,23), *dass ihr für die anderen in jeder Lage das rechte Wort habt, das ihnen weiterhilft* (Vers 29). Das gilt auch für Kinder in jedem Alter. Manchmal kann Unbehagen oder Trotz einfach dadurch beigelegt werden, dass man sich Zeit nimmt und gemeinsam etwas Schönes macht und sehr liebevoll miteinander redet. Kinder müssen hören, dass sie geachtet und geschätzt sind. Und raten Sie mal! – das gilt für Mütter und Väter genauso.

Gute-Nacht-Gedanken

- Nehmen Sie eine liebevolle und wertschätzende Haltung gegenüber Ihren Kindern ein?
- Was können Sie in dieser Woche tun, damit diese Haltung gegenüber Ihren Kindern zum Ausdruck kommt?

Herr, du durchschaust den Hunger nach Anerkennung und Liebe in den Herzen unserer Kinder. Weck uns auf, damit wir diesen Hunger erkennen und stillen. Hilf uns, dass wir unseren Kindern immer wieder Mut machen, so wie du nicht aufhörst, uns Mut zu machen. Amen.

SAMSTAG

Gott vertrauen

… setze dein Vertrauen ungeteilt auf den Herrn! … er wird dir den richtigen Weg zeigen. Sprichwörter 3,5–6

Als vor Jahren die Entscheidung getroffen wurde, unsere Organisation *Focus on the Family* von Kalifornien nach Colorado Springs zu verlegen, war mir zwar bewusst, dass es eine gute Entscheidung für die Verwaltung war, aber ich konnte mich nicht darüber freuen. Ich spürte, ich brauchte den Halt durch den Freundeskreis, den wir uns in Kalifornien aufgebaut hatten.

Für unsere Freunde dort waren wir Jim und Shirley und nicht die Leiter des Werks. Wir hatten gemeinsam unsere Hochzeiten gefeiert und fast gleichzeitig unsere Babys bekommen. Jahrelang hatten wir zusammen Geburts- und Feiertage mit Grillen und Spielen in unserem Garten begangen. Ich war traurig, diesen sicheren, liebenswerten Freundeskreis zu verlassen und meinen Eltern und auch beiden inzwischen erwachsenen Kindern Adieu zu sagen.

In Colorado trauerte ich weiter meinem Haus, meiner Familie und meinen Freunden nach. Aber ich betete auch zum Herrn um seine Führung. Eines Tages stand ich im Badezimmer und machte mich für die Arbeit fertig. Da spürte ich Gottes Gegenwart. »Shirley«, schien Gott mir zu sagen, »es geht nicht nur um dein Glücklichsein. Es geht darum, dass du in meinem Willen lebst. Und mein Wille ist, dass du in Colorado lebst.«

Diese Sichtweise erfüllte mich mit Frieden. Die Unzufriedenheit ließ nach. Obwohl ich immer noch meine Heimat und Freunde vermisse, kann ich heute Gottes Hand in allem erkennen. Mein Blick hat sich geweitet und ich bin in einer Weise gewachsen, wie ich es mir nicht vorstellen konnte. Im Laufe der Jahre sind auch meine Freunde weggezogen. Nur wenige Ehepaare von damals leben noch in der alten Gegend in Kalifornien. Und unsere Familienmitglieder sehen wir fast so häufig wie früher.

Lassen Sie sich nicht abhalten, mit Gott über Ihre Kinder, Ihre Karriere, Ihre fehlenden Freunde oder was sie sonst bekümmert zu reden. Er wird Ihnen Mut machen, wenn Sie ihn suchen. *Doch ich verlasse mich auf deine Liebe, ich juble über deine Hilfe* (Psalm 13,6).

Vielleicht antwortet Gott Ihnen nicht so speziell, wir er mir nach meinem Umzug geantwortet hat. Vielleicht gibt er Ihnen auch nicht die Antwort, die Sie sich wünschen. Aber er liebt Sie und antwortet Ihnen immer mit bester Absicht. Das ist eine Ermutigung, auf die Sie sich verlassen können. *SD*

13. WOCHE

Geldangelegenheiten

SONNTAG

Finden und behalten

Faith Andrews Bedford

Es ist nun 40 Jahre her, dass ich zum ersten Mal erfahren habe, was es bedeuten muss, reich zu sein. Mutter brauchte Milch. Darum bot ich ihr an, mit dem Fahrrad in den Ort zu fahren und Milch zu holen.

Ich fuhr an der Schule vorbei. Das Gelände lag still und friedlich in der Sonne. In etwa einem Monat würde ich in die 6. Klasse kommen. Als die kleine Stadt in Sicht kam, trat ich fester in die Pedale. Ich wollte unbedingt in Mrs. Bridges Spielzeugladen nachschauen, ob die kleinen Modellpferde, für die ich sparte, noch im Schaufenster standen. Ich brauchte nur noch 4,25 Dollar zu sparen, bis sie endlich mir gehörten.

Vor mir im Schaufenster stand die kleine Pferdefamilie: ein Rapphengst, eine Schimmelstute mit nach unten gebeugtem Kopf, als ob sie grasen würde, und ihr kleines braunes Fohlen. Ich hatte mir lange vorgestellt, wie das Trio auf meinem Schreibtisch aussehen würde. Ich wollte jeden Tag frisches Gras rupfen und es der Stute unters Maul legen.

Während ich die Pferde betrachtete, stieß mein Fuß gegen ein Bündel Papier. Ich bückte mich und stellte fest, dass es zusammengerollte Geldscheine waren. Ich hob sie auf.

»Das muss richtig viel Geld sein!«, zuckte es mir durch den Kopf. Ich raste um die Ecke zum Lebensmittelgeschäft und fuhr fast unseren Nachbarn, Mr. Peabody, um.

»Schauen Sie mal, was ich gerade gefunden habe!«, rief ich aufgeregt und winkte mit den Scheinen wild durch die Luft.

»Na, na, na!« sagte Mr. Peabody. »Das ist ja ein richtiger Schatz. Aber du musst mit deinem Fahrrad vorsichtiger sein, meine junge Dame«, drohte er gespielt mit der Faust.

»Entschuldigung«, sagte ich atemlos und fuhr ein bisschen langsamer weiter. Ich lehnte mein Fahrrad gegen einen Baum und eilte in den Laden. Die kalte Milchflasche fühlte sich gut auf meiner Haut an, als ich mich in die Schlange an der Kasse einreihte. Ich schob mein Fahrrad zurück zum Spielzeugladen. Die Straße war noch leer.

Ich stürzte in den Laden. Die kleine Glocke an der Ladentür schrillte.

»Um Himmels willen, Faith!«, rief Mrs. Bridges erschrocken. »Was ist denn passiert?

»Nichts.« Ich grinste und winkte fröhlich mit den Geldscheinen. »Ich bin nur gekommen, weil ich die kleinen Pferde kaufen will. Das hier wird wohl reichen, oder?«, fragte ich stolz.

»Du liebe Zeit! Da bleibt bestimmt noch eine Menge übrig. Lass mal nachzählen.«

Mrs. Bridges zählte sorgfältig drei Zehner und eine endlose Zahl von Einern aus. »Du hast 47 Dollar hier, mein liebes Kind«, sagte sie überrascht. »Letzte Woche hattest du doch erst 8 Dollar gespart.«

»Ja«, erwiderte ich triumphierend. »Aber jetzt bin ich reich!«

Mrs. Bridges lächelte, holte die kleinen Pferde aus dem Fenster und legte sie in eine Papiertüte. Ich nahm sie und rannte mit einem Dankeschön zur Tür hinaus.

Die Milchflasche klapperte in meinem Fahrradkorb, während ich eilig nach Hause radelte. Ich hechtete gerade in dem Moment durch die Küchentür, als meine Mutter den Telefonhörer auflegte.

»Mama, ich habe ein ganzes Bündel Geldscheine gefunden!«, rief ich atemlos und umarmte sie stürmisch.

»Ich weiß«, sagte sie sanft.

»Das weißt du? Woher?«

»Mr. Peabody hat gerade angerufen. Er sagte mir, er sei mit dir zusammengestoßen. Wortwörtlich.« Ich merkte, wie mir das Blut in den Kopf stieg, als ich beichtete, dass ich ihn beinahe umgefahren hätte.

»Er hat mir auch gesagt, dass du Geld gefunden hast. Und dann hat er mir erzählt, dass er die Frau getroffen hat, die das Geld verloren hat.«

Mir lief ein Schauer eiskalt über den Rücken. »Nein«, flüsterte ich und Tränen stürzten mir in die Augen. »Es gehört mir.«

»Faith, Faith«, sagte Mutter beruhigend und zog mich an sich. »Mr. Peabody hat mir am Telefon ganz aufgeregt erzählt: ›Als ich aus der Bank trat, sah ich eine Mutter mit ihrem kleinen Jungen, die hektisch den Bürgersteig vor der Elektrizitätsgesellschaft absuchte. Ich fragte sie, ob sie etwas verloren hätte. Ja, sagte sie. Ich habe das Geld für die Stromrechung in diese Tasche gesteckt und das Geld für die Lebensmittel hier in die andere. Als ich die Rechnung bezahlen wollte, war das Geld nicht mehr da. Der Beamte hat gesagt, sie werden mir den Strom abstellen, wenn ich nicht bezahlen kann! Die Frau war ganz verzweifelt.‹ Wie gut, dass Mr. Peabody die Frau getroffen hat, findest du nicht?«, meinte Mutter.

»Nein, das finde ich überhaupt nicht!«, schluchzte ich und legte meinen Kopf gegen Mutters Schulter.

»Aber, aber, mein Kind«, tröstete sie mich. »Du musst dich jetzt beruhigen. Die Frau wird bald hier sein. Mr. Peabody hat ihr gesagt, wo wir wohnen.«

»Aber ich habe das Geld *gefunden*«, rief ich und löste mich aus Mutters Umarmung. »Finder dürfen das Geld behalten.«

Mutter schaute mich nur an.

»Und außerdem«, schluchzte ich trotzig auf und drückte die Papiertüte fest an mich, »habe ich mir die kleinen Pferde von dem Geld gekauft.«

»Nun«, sagte meine Mutter ruhig und streichelte mir übers Haar. »Ich fürchte, die wirst du zurückbringen müssen.«

Ich zog die Nase hoch und stellte erleichtert fest, dass sie Recht hatte. Das Geld hatte mir nie gehört. Nicht wirklich. Ich wusste, ich hatte es nicht verdient. Die Freude am Besitz der kleinen Pferde begann zu schwinden. Die Tüte lag schwer in meiner Hand.

Kurz darauf hörte ich ein Klopfen an der Haustür. Eine Frauenstimme fragte: »Sind Sie Mrs. Andrews? Ich glaube, Ihre Tochter hat mein Geld gefunden, das ich verloren habe.« Ich schielte um die Ecke.

»Hier sind Sie richtig«, antwortete Mutter. »Kommen Sie doch herein. Sie hatten einen weiten Weg. Darf ich Ihnen einen Schluck Limonade anbieten?« Die Frau nickte. Ihr dünnes Kleid klebte ihr auf der Haut. Es war sehr heiß. In einer Hand hielt Sie eine schwere Einkaufstasche und die andere ruhte auf der Schulter eines schmächtigen kleinen Jungen. Im Lebensmittelladen hatte ich hinter den beiden gestanden.

Mutter sah mich. »Das ist Faith«, stellte sie mich vor und schob mich nach vorn. »Sie hat Ihr Geld gefunden.«

»Siebenundvierzig Dollar?«

»Ja«, nickte ich und reichte ihr den Rest des Geldes plus die acht Dollar aus meinem Sparschwein. Unendliche Erleichterung breitete sich auf ihrem Gesicht aus.

»Oh, ich danke dir«, sagte sie. »Ich hatte solche Angst. Ich wusste einfach nicht, was werden sollte ohne dieses Geld, mit dem ich meine Rechnung bezahlen muss.«

»Aber, ... das Geld – es ist nicht mehr ganz vollständig da«, stotterte ich.

»Wie bitte?«, fragte sie zurück, weil sie mich nicht richtig verstanden hatte.

»Ich habe etwas davon ausgegeben«, flüsterte ich beschämt und ließ den Kopf hängen.

»Oh«, lachte sie. »Ich wollte dir ohnehin fünf Dollar als Finderlohn geben, weil du das Geld für mich aufgehoben hast. Hast du so viel ausgegeben?

Ich schüttelte den Kopf. »Nein. Es waren 4,25 Dollar.«

»Also dann«, sagte sie und ließ drei 25-Cent-Stücke in meine offene Hand gleiten. »Hier ist der Rest von deinem Finderlohn!«

Meine Mutter und die Dame saßen im Wohnzimmer und tranken Limonade und unterhielten sich, während ich mit dem Kleinen ein Murmelspiel machte. Da hörte ich, wie die Frau sagte: »William wird dieses Jahr zur Schule kommen.«

»Stimmt das?« fragte ich den Jungen.

Er legte eine von seinen Murmeln hin und nickte schüchtern. Er schien stolz darauf zu sein und sich gleichzeitig zu fürchten.

»Hier«, sagte ich und drückte ihm ein Geldstück von meinem Finderlohn in die Hand. »Du brauchst Stifte.« Mit einem Schlag fühlte ich mich weitsichtig und großzügig. Immerhin war ich einen Augenblick lang reich gewesen.

Inzwischen war es kühler geworden. William und seine Mutter verabschiedeten sich. Ich stand in unserem Vorgarten und schaute ihnen nach. Dann bückte ich mich und rupfte ein wenig frisches Gras für meine kleinen Pferde.

Bevor sie um die Straßenecke bogen, hörte ich, wie William noch einmal »Auf Wiedersehen!« und »Dankeschön!« rief. Ich richtete mich auf. Mit einer Hand hielt er die Hand seiner Mutter, aber mit der anderen Hand winkte er mir zum Abschied. Er umklammerte immer noch das Geldstück. Wie ich sehen konnte, verließ *er* sich nicht auf seine Taschen!

Vorschau

Viele von uns träumen hin und wieder von plötzlichem Reichtum, der ihr Leben in eine endlose Glückssträhne verwandelt – sei es, dass sie Geld auf der Straße finden oder im Lotto gewinnen! Bevor Sie sich in diese fantastischen Träume verlieren, möchten Sie vielleicht einen Blick in die Bibel werfen.

Zu Geld und Besitz sagt Jesus in der Bibel mehr als zu anderen Themen. Er macht klar, dass es eine direkte Verbindung zwischen geistlichem Weiterkommen und unserer Haltung zum Geld gibt. Obwohl viele von uns Glauben und Finanzen als wichtige Bestandteile ihres Lebens sehen, die nicht unbedingt etwas miteinander zu tun haben, sieht Gott das anders: Glauben und Geld sind untrennbar miteinander verbunden. Gott sagt, dass wir keine enge Gemeinschaft mit ihm genießen können, wenn wir leidenschaftlich Reichtümer und materielle Güter sammeln.

Wollen Sie, dass Ihre Kinder Reichtümer auf der Erde oder besser im Himmel sammeln? In den folgenden Tagen wollen wir einen näheren Blick auf Geldangelegenheiten werden. *JD*

MONTAG

Nur einem Herrn dienen

Denn Geldgier ist eine Wurzel alles Bösen. 1. Timotheus 6,10

Der starke Einfluss des Materialismus auf Familien macht uns Sorgen. Während und nach den beiden Kriegen war es sehr einfach für Eltern, ihren Kindern zu erklären, dass sie ihnen nicht alles nach ihren Wünschen kaufen konnten. Aber heute sehen die Kinder, dass Eltern ihnen ihre Herzenswünsche erfüllen *können*, und wenn nicht gleich bar, dann mit dieser zauberhaften Kreditkarte. Und dazu kommt die Werbung. Millionen werden investiert, um in ihren Kids Bedürfnisse nach Spielzeugmonstern, nach Puppen, die essen und laufen und sprechen können, nach Designer-Schuhen und was es sonst noch alles gibt zu wecken. Ihre Kinder entwickeln dadurch zunehmend eine »Ich-will-mehr-Ich-will-alles«-Mentalität, die sich sehr zerstörerisch auswirken kann. Das ist der Grund, warum heute viele Menschen hoffnungslos verschuldet sind. Vor einigen Jahren brachte genau das ein Autoaufkleber zum Ausdruck: »Wer mit den meisten Spielsachen stirbt, gewinnt«. Der Sticker würde ehrlicher lauten: »Auch wer die meisten Spielsachen hat, muss sterben«.

Als ein reicher junger Mann Jesus nach dem Weg zum ewigen Leben fragt, gibt er ihm eine ganz andere Auskunft. *Jesus sagt zu ihm: Wenn es dir ums Ganze geht, dann verkaufe deinen Besitz und gib das Geld den Armen, so wirst du bei Gott einen unverlierbaren Reichtum haben. Und dann geh mit mir!* (Matthäus 19,21). Der junge Mann ging traurig weg. Er wollte sich nicht von seinem Reichtum trennen.

Niemand kann zwei Herren zugleich dienen (Matthäus 6,24).

Gute-Nacht-Gedanken

- Wie viel Zeit investieren Sie in Dinge, die nicht langlebig sind?
- Was können Sie in Ihrer Familie tun, um den Einfluss des Materialismus zu reduzieren?

Vater, wir wissen, dass die Einstellung unserer Kinder zum Geld weitgehend durch uns selbst geprägt wird. Bitte, nimm uns bei der Hand und führ uns in diesem wichtigen Lebensbereich zu dem, was dir am Herzen liegt. Amen

DIENSTAG

Vorübergehende Entbehrung

Schnell erschwindelter Reichtum verliert sich; langsam erarbeiteter Reichtum vermehrt sich. Sprichwörter 13,11

In unserer »Instant-Gesellschaft« gehört der Spontan-Einkauf zur Lebensart. Wir sehen ein Paar neue Golfschläger, ein Kleid oder auch mal einen Kleinwagen, und ohne langes Nachdenken zücken wir unsere Kreditkarte und schlagen zu. Was lernen unsere Kinder aus diesem Verhalten?

Die Antwort lässt sich zum Beispiel auf dem Gesicht eines Geburtstagskindes ablesen, wenn es vor seinen Freunden die endlos lange Reihe von Geschenken öffnet. Ein teures Geschenk nach dem anderen wird aufgerissen und mit einem flüchtigen Blick zur Seite gestellt. Kein Gedanke an ein Dankeschön! Überrascht uns das?

Dagegen lernt ein Kind, das sich selbst – vielleicht durch Mithilfe im Haushalt – Geld für ein begehrtes Teil verdient, einige wichtige Dinge. Es sieht, wie ehrliche Arbeit über eine längere Zeit seinen kleinen Schatz wachsen lässt (Sprichwörter 13,11). Es beginnt zu begreifen, dass Ziele durch Geduld und Beständigkeit zu erreichen sind (Hebräer 12,1). Und wenn es das Verdiente in Händen hält, wird es besser darauf aufpassen und ihm viel mehr Beachtung schenken, als wenn man es ihm einfach so überreicht hätte (Psalm 128,2).

Wir machen Ihnen den Vorschlag, in Ihrer Familie einen Vertrag über »Vorübergehende Entbehrungen« mit den Kindern abzuschließen, wenn es um Geschenke und Belohnungen geht. Das ist letztlich zufrieden stellender ... und viel preiswerter.

Gute-Nacht-Gedanken

- Schenken Sie Ihrem Kind zu viel?
- Können sich Ihre Kinder bei Ihnen Geld verdienen?
- Wie und wie oft praktizieren Sie »vorübergehende Entbehrungen«?

Herr, bitte gib uns Weisheit, wie wir unsere Kinder beschenken und wie wir mit ihren Wünschen und Bedürfnissen umgehen sollen. Es ist so einfach, mit dem Strom zu schwimmen und das zu tun, was alle tun. Zeig uns, wie wir nach deinem Willen leben sollen. Amen.

MITTWOCH

Gesegnetes Geld

Wie glücklich ist das Volk, das dich mit Jubelrufen begrüßt! Es lebt in deiner segensreichen Nähe. Psalm 89,16

Corrie ten Boom erzählte eine Geschichte über Ihren Vater, den Uhrmacher. Die Familie ten Boom besaß einen Uhrenladen. Eines Tages betete der Vater um einen zahlungskräftigen Käufer, damit er die ausstehenden Rechnungen begleichen konnte. Tatsächlich kaufte ein Mann noch am gleichen Tag eine sehr teure Uhr. Beim Bezahlen beschwerte sich der Kunde über einen anderen Uhrmacher, der ihm eine kaputte Uhr verkauft habe.

Caspar ten Boom fragte, ob er sich die Uhr einmal anschauen dürfe. Es stellte sich heraus, dass nur eine Kleinigkeit defekt war, die Caspar sofort reparierte. Er versicherte dem Kunden, dass der andere Uhrmacher ihm ein gutes Stück verkauft habe. Der erstaunte Herr reichte Caspar die soeben gekaufte Uhr zurück, die er ja nun nicht mehr benötigte, und Caspar gab ihm sein Geld wieder aus der Kasse. Glücklich verließ der Mann den Laden. Die verwunderte Corrie bat ihren Vater um eine Erklärung.

»Es gibt segensreiches Geld und Geld, auf dem kein Segen ruht«, erklärte ihr Vater Caspar. »Gott kann durch den geschädigten Ruf eines anderen Menschen nicht geehrt werden.«

Ein paar Tage später kaufte ein anderer Kunde die teuerste Uhr im Geschäft der ten Booms. Mit dem Erlös konnten nicht nur alle Rechnungen bezahlt, sondern außerdem die Uhrmacherausbildung für Corrie in der Schweiz finanziert werden.

Kein Reichtum ist seinen Preis wert, wenn Gott nicht durch ihn geehrt werden kann. Die Bibel sagt: *Arm sein und Gott ernst nehmen ist besser als reich sein und in ständiger Sorge* (Sprichwörter 15,16). Lassen Sie uns immer wieder prüfen, ob unsere finanziellen Erträge »segensreiche« Gelder sind.

Gute-Nacht-Gedanken

- Wie können Sie Ihren Kindern den Gedanken von Geld, »auf dem Segen ruht«, nahe bringen?
- Gelangt im Moment Geld in Ihre Familie, auf dem kein Segen ruht?
- Was hätten Sie an Stelle von Caspar ten Boom getan?

Herr, du allein kennst unsere Herzen und Motive. Unser Leben liegt offen vor deinen Augen. Hilf uns, dich und unsere Mitmenschen nicht nur mit unserem Geld zu ehren, sondern auch mit der Art und Weise, wie wir es verdienen. Amen.

Geschenk oder Fluch?

Wenn wir also Nahrung und Kleidung haben, so soll uns das genügen.
1. Timotheus 6,8

Viele Eltern, die finanziell gesegnet wurden, haben vor, ihren Kindern ein reiches Erbe zu hinterlassen. Sie haben hart gearbeitet, um Besitz zu erwerben, und nun hegen sie verständlicherweise den Wunsch, dass ihre Kinder von ihrem Erfolg profitieren sollten. Sollten Sie zu diesen großzügigen Müttern und Vätern gehören, bitten wir Sie dringend um Vorsicht! Hinter Ihren guten Absichten verbergen sich große Gefahren.

Wir glauben, dass es äußerst destruktiv sein kann, wenn Kinder große Geldsummen erhalten, die sie nicht selbst verdient haben. Sie können dadurch unglücklich werden, gierig und zynisch. Das kann sie von ihre Motivation, Gott in allem zu vertrauen, abbringen und Gelegenheiten für neue Versuchungen öffnen. (Eine soziologische Studie über Kinder reicher Eltern bestätigte vor Jahren diese Bedenken.) Außerdem haben wir beobachtet, dass nichts Geschwister schneller gegeneinander aufbringt als Geld. Viele intakte Familien sind durch Erbschaftsstreitigkeiten zerstört worden.

Natürlich gehen einige Menschen mit Reichtum auch sehr weise um. Sollten Sie mit materiellen Gütern gesegnet sein, müssen Sie entscheiden, ob es das Risiko wert ist, ein großes Erbe zu hinterlassen. Wollen Sie die Herausforderungen, die Ihnen zum Erfolg verholfen haben – wie die Notwendigkeit, hart zu arbeiten, ökonomisch zu leben, zu sparen, zu bauen, zu träumen und sich auf den Herrn zu verlassen – von Ihren Kindern fern halten? Der beste Rat steht in Sprichwörter 30,8: *Lass mich weder arm noch reich sein! Gib mir nur, was ich zum Leben brauche!*

Gute-Nacht-Gedanken

- Bringen Sie Ihren Kindern bei, dem Herrn für Ihre täglichen Bedürfnisse zu vertrauen?
- Welches Erbe wollen Sie Ihren Kindern hinterlassen?

Danke, Vater, für den Weg, den du in all den Jahren mit uns gegangen bist. Hilf uns, dir mehr und mehr zu vertrauen, wenn die Tage weniger werden. Damit wir in unserem Glauben wachsen und unseren Kindern ein Vorbild sind. Amen.

FREITAG

Ihm gehört alles

Gehört nicht alles unterm Himmel mir? Hiob 41,3 GN

Als ich (JD) vier Jahre alt war, schenkte mir meine Großmutter einen Ein-Dollar-Schein. Ich fühlte mich sagenhaft reich. Zwei Tage danach fragte mich meine Mutter, ob ich Gott den Zehnten von meinem Geld geben wolle. Das war etwas Neues für mich. Pflichtgetreu legte ich am Sonntag einen Zehner auf den Opferteller und hatte etwas Wichtiges gelernt. Das war der Anfang einer lebenslangen Abmachung, Gott einen Teil von jedem Dollar abzugeben, den ich verdient habe.

Kennen Sie eine solche Abmachung auch? Haben Sie Ihren Kindern das Prinzip des »Zehnten« erklärt? Sehen Sie selbst zu, dass Sie regelmäßig den Zehnten geben? Es geht nicht darum, dass wir Gott 10 Prozent von unserem Einkommen schulden und die restlichen 90 Prozent gehören uns. Ihm gehören alle 100 Prozent! Was wir mit unserem Geld machen, ist eine geistliche Entscheidung. In Maleachi 3,8–9 steht, dass der Mensch, der seinen Zehnten nicht gibt, Gott im Grunde beraubt!

Es stärkt und erweitert unsere Großzügigkeit, wenn wir regelmäßig den Zehnten geben. Der Zehnte ist keine Spendengrenze, vielmehr ein Startpunkt für unser geistliches Wachstum. Paulus sagt: *Ihr habt alles im Überfluss: Glauben, kraftvolles Wort, Erkenntnis, guten Willen und gegenseitige Liebe ... Ich möchte, dass euer Beitrag zu diesem Liebesdienst ebenso reich wird* (2. Korinther 8,7). Wir sollten mit Gottes Ressourcen so umgehen, wie er es gerne möchte, so, dass er sich daran erfreut.

Gute-Nacht-Gedanken

- Haben Ihre Kinder tatsächlich begriffen, dass Gott alles gehört?
- Geben Sie den Zehnten? Könnten Sie mehr geben? Wie halten es Ihre Kinder?
- Wie können Sie Kindern beibringen, dass sie Gott etwas zurückgeben?

Vergib uns, Jesus, dass wir zeitweilig so leben, als gehöre unser Geld uns allein, und nicht sehen, dass es dein Geschenk an uns ist. Wir müssen in diesen Dingen wachsen, genauso wie auf allen anderen Gebieten unseres Lebens. Danke für deine Geduld mit uns und dass du uns täglich zur Seite stehst. Amen.

SAMSTAG

Zusatzleistungen

Geben macht mehr Freude als nehmen. Apostelgeschichte 20,35

Wir kennen den obersten Chef einer städtischen Dienstleistungsgesellschaft. Er und seine Frau geben jedes Jahr die Hälfte ihres Einkommens für Gottes Dinge. Dieser Mann sagt: »Meine Spendenfreudigkeit kommt daher, weil ich Gott in einer Weise diene, zu der er mich berufen hat, und ich feststellen darf, dass durch das, was ich gebe, Menschen zu ihm finden. Das ist wunderschön und füllt mich ganz aus.«

Je mehr wir Gott geben, umso fröhlicher werden wir und umso mehr Freude schenkt Gott uns. Die Christen in Mazedonien kannten diese Freude, die durch Schenken entsteht: *Sie hatten viel zu leiden und wurden ernsthaft auf die Probe gestellt. Aber ihre Freude war so groß, dass sie trotz ihrer großen Armut eine erstaunliche Hilfsbereitschaft zeigten* (2. Korinther 8,2). Obwohl sie arm waren, ... *wollten sie unbedingt an der Sammlung für die Gemeinde in Jerusalem teilnehmen und hielten das für eine besondere Auszeichnung* (Vers 4). Sie kannten die »überfließende Freude«.

Der beste Grund, Gott etwas zu geben, ist jedoch nicht nur die Freude in unserem Leben heute, sondern Vorfreude auf Morgen. Wir dürfen für die Ewigkeit anlegen. Jesus rät uns: *Sammelt lieber Reichtümer bei Gott* (Matthäus 6,20). Er rät uns, denen zu geben, die weniger haben als wir und sagt: *Dann darfst du dich freuen, denn sie können es dir nicht vergelten. Gott selbst wird es dir vergelten, wenn er die vom Tod erweckt, die getan haben, was ihm gefällt* (Lukas 14,14). Wir wissen, dass der Himmel ein Ort der Freude für jeden Gläubigen sein wird. Den fröhlichen Gebern, die für Gott geben, wird allerdings noch zusätzlich eine Belohnung versprochen.

Mit anderen Worten: Alles, was wir Gott geben, ist eine gute Investition für Ihre Familie auf der Himmelsbank. »Zusatzleistungen« erbringen Dividenden für die Ewigkeit. *SD*

14. WOCHE

Keine Zeit zu verlieren

SONNTAG

Vaters Segen

Morgan Cryar

Als Kind bin ich in den frühen Morgenstunden oft durch die Dunkelheit zu unserer Familienkutsche gestolpert, schlief dort sofort wieder ein und wurde durch das Geratter des Diesels wach, wenn er in den Wäldern von Louisiana anhielt. Ich kann mich erinnern, dass ich neben meinem Vater aus dem Auto kletterte, und mit ihm in das frühe Morgenlicht lief, um Eichhörnchen zu jagen.

Vor 10 Jahren bin ich noch einmal mit meinem Vater frühmorgens in die Wälder zum Jagen gefahren. Dieses Mal war ich erwachsen und hatte bereits eine eigene Familie. Obwohl ich es noch nicht ahnte, war das kein gewöhnlicher Morgen. Es war der Morgen, an dem ich erkennen sollte, dass mein Vater auf meiner Seite war. An diesem Morgen gab er mir seinen Segen.

Wir stiegen in Dads alten Wagen und ich drehte den Startschlüssel um. Da ertönte Musik aus dem Kassettendeck. Die Melodie kannte ich nur zu gut und war ganz erstaunt, sie in Vaters Auto zu hören. Es war meine eigene neueste Aufnahme, die durch die Stille des Morgens klang! Ich konnte es mir nicht verkneifen und sagte: »Ich wusste gar nicht, dass du eine Kassette von mir hast. Hörst du sie gern?«

Seine Antwort verwunderte mich. »Es ist die Einzige, die ich höre.« Ich schaute mich um und, tatsächlich, es war die einzige Kassette in seinem Wagen. Ich war platt! »Und das hier ist mein Lieblingsstück«, sagte er und meinte damit den Song, der gerade ablief. Diese Worte meines Vaters saugte ich wie ein Schwamm in mich auf, während er die Musik leiser stellte, wie es dem frühen Morgen angemessen war.

Wir fuhren schweigend die Straße zu unserem Hochstand entlang, und ich fragte mich, was da gerade geschehen war. Es war doch nur eine Kleinigkeit gewesen – nur wenige Worte. Doch plötzlich lag eine andere Stimmung in der Luft. Ich saß aufrechter in meinem Sitz. Ich schaute meinen Vater von der Seite an und dachte an zwei Wendepunkte in unserer Beziehung zurück.

Der eine war in meiner College-Zeit gewesen. Ich erinnere mich, wie mir langsam bewusst wurde, dass mein Vater nie zu mir gesagt hatte: »Morgan, ich liebe dich.« Ich wusste zwar, dass er mich liebte, aber nicht, dass er es je ausgesprochen hatte. Das war etwas, was mein Vater einfach nicht tat. Aus irgendwelchen Gründen wurde es jedoch wichtig für mich, dass ich diese Worte aus seinem Mund hörte. Ich wusste allerdings auch, dass er das nicht von sich aus tun würde. Darum nahm ich mir damals vor, als ich in den Sommerferien vom College nach Hause fuhr, den ersten Schritt zu tun und zunächst ihm zu sagen, dass ich ihn liebe. Darauf musste er antworten. Das war das Einfachste. Nur drei kleine Worte.

Ich nahm mir in einer großartigen neuen Unbefangenheit vor, »Ich liebe dich, Dad« zu sagen, wenn ich nach Hause kam, und dann würde er darauf antworten.

Aber so einfach, wie man sich das denkt, ist es nicht immer. Der erste Tag kam und ging und ich dachte: »Morgen muss ich es tun!« Der nächste Tag kam und ging. Dann der übernächste und überübernächste. So vergingen zwölf Wochen. Der letzte Tag meiner Sommerferien brach an. Ich war völlig frustriert, dass ich die drei kleinen Worte nicht zu meinem Vater gesagt hatte.

Mein kleines verbeultes Auto war gepackt und wartete auf dem Kiesweg. Ich versprach mir, den Motor nicht eher anzulassen, bis die Tat vollbracht war. Jemandem, der eine normale, offene Beziehung zu seinem eigenen Vater hat, muss das ein bisschen lächerlich vorkommen. Für mich war es eine ernste Angelegenheit. Ich hatte feuchte Hände und einen trockenen Hals. Die Knie wurden mir immer weicher, je näher die Abfahrtszeit rückte.

Die Sommerferien zu Hause waren schön gewesen. Es herrschte allgemein eine traurige Stimmung im Haus, weil ich ins College zurückmusste. Schließlich konnte ich nicht länger warten. Ich umarmte meine Mutter, meinen Bruder und meine Schwester und ging dann los, um meinen Vater zu suchen.

Ich ging auf ihn zu, schaute ihm in die Augen und sagte: »Ich liebe dich, Dad.«

Er setzte ein halbes Lächeln auf, legte seinen Arm um mich und sagte das, was ich so dringend hören musste: »Ich liebe dich auch, mein Sohn.«

Es war, als ob eine Spannung von 1.000 Volt in der Luft läge, als wir einander umarmten (auch so eine Geste, die seit meiner Kindheit nie mehr gepflegt wurde). Es war nur eine Kleinigkeit, aber sie veränderte alles!

Seit diesem Zeitpunkt endete jede Unterhaltung zwischen uns mit: »Ich liebe dich, Dad.« »Ich liebe dich auch, mein Sohn.«

Von nun an gehörte es dazu, dass wir uns umarmten, wenn wir uns begrüßten und verabschiedeten. So unspektakulär, wie das Ganze klingt: es entstand dadurch eine neue Herzlichkeit zwischen meinem Vater und mir.

Der zweite Wendepunkt war nach meiner College-Zeit. In einem Seminar hatte ich gelernt, mein Gewissen zu bereinigen und alle Menschen um Verzeihung zu bitten, denen ich Unrecht getan hatte. Das war etwas Neues für mich – Schuld eingestehen und Vergebung von Menschen empfangen, die ich verletzt hatte.

Ich hatte Gott gebeten, mir alles und jeden zu zeigen, mit dem ich etwas zu bereinigen hatte. Glasklar: Oben an erster Stelle meiner Liste stand mein Vater.

Also setzte ich mich mit meinem Vater zusammen hin und begann zuerst mit den schlimmsten Dingen, die ich getan hatte. Von da aus ging ich zu den weniger schlimmen Fehltritten über. Ich gestand ihm alles, was mir einfiel und von dem ich annahm, dass es ihn verletzt hatte. Auch Dinge aus meiner Kindheit. Zum Schluss fragte ich schlicht: »Dad, willst du mir vergeben?«

Wie erwartet, war Vater sehr bewegt und versuchte, die Sache nicht so ernst zu nehmen. »Ja, ja, ist schon gut, Junge.«

»Es bedeutet mir sehr viel, wenn du mir richtig vergibst«, antwortete ich.

Er schaute mir ins Gesicht und sagte: »Es ist schon vergeben.«

Das war seine Art zu sagen, dass er keinen Ärger zurückbehalten hatte. Und wieder veränderte sich alles. Von diesem Augenblick an behandelte mich mein Vater mit neuer Achtung. Ich hatte nicht damit gerechnet. Aber von diesem Moment an behandelte er mich wie einen Erwachsenen – wie einen Freund.

In der Stille des Morgens gingen mir diese Ereignisse durch den Kopf. Und ich genoss die Anerkennung meines Vaters, die Zustimmung zu meiner Berufung, meiner Arbeit, meiner Musik.

Ich wusste nicht, wie wertvoll dieser Segen mir noch werden sollte. Eine knappe Woche, nachdem meine Familie und ich nach Nashville zurückgekehrt waren, erhielt ich den Anruf meines Bruders Tommy. Er berichtete, dass Vater einen tödlichen Herzanfall erlitten habe. Er war jung und gesund gewesen – erst 49 Jahre alt. Es war mein schwärzester Tag.

Trotz großer Trauer, die mich und meine Familie befiel, hatte ich vieles, für das ich dankbar war. Ich hatte 30 Jahre lang meinen Vater erleben dürfen – davon einige Jahre als Freund. Er hatte mir einen guten Start ins Leben und zuletzt noch seinen Segen gegeben, der stark genug war, dass ich wusste, ich konnte die Erziehung meiner eigenen Kinder meistern.

Vorschau

Niemand weiß den Augenblick, wann unser Vater uns zu sich in den Himmel ruft. Wir leben, als ob unsere Zeit hier auf Erden unendlich ist. Vielleicht haben wir jemand schlecht behandelt oder ein Versprechen nicht eingehalten und sagen uns: *Das hat noch Zeit. Ich werde mich ein anderes Mal darum kümmern.*

Aber was ist, wenn wir kein anderes Mal mehr haben? Was – wenn unsere letzten 24 Stunden angebrochen sind oder wir nur noch 24 *Minuten* auf dieser Erde zu leben haben? Werden wir mit dem Frieden eines erfüllten Lebens in den Himmel gehen oder werden wir ein unförmiges Paket Bedauern mitschleppen, weil Worte nicht ausgesprochen und Taten nicht getan wurden?

In der Geschichte von heute durfte ein erwachsener Sohn die Liebe und Freundschaft sowie die Anerkennung seines Vaters eine Woche vor dessen Tod noch einmal ganz neu erfahren. Dieser Austausch wurde zu einem wertvollen Abschiedsgeschenk. Ich bete darum, dass Sie nicht damit warten, heute noch ein solches Geschenk ihren eigenen Kindern, die Sie lieben, mit auf ihren Weg zu geben.

Glaubensgespräch

Wahrhaftig, solch ein Vertrauen habe ich in Israel nirgends gefunden!
Matthäus 8,10

Sie umarmen Ihr Kind zum Abschied und entlassen es auf die Uni oder zu seiner ersten Arbeitsstelle oder sogar in seine eigene neue Familie. Das ist die Sache eines Augenblicks. Jedes Kind nimmt ein paar Erinnerungen von zu Hause mit – vielleicht ein Lieblingsbuch oder einen Teddybär. Wird Ihr Kinder sich auch daran erinnern, dass der Glaube das Leben seiner Eltern verändert hat?

Christlichen Eltern, deren Kinder zum Gottesdienst gehen, an Jugendaktivitäten teilnehmen und gelegentlich in der Bibel lesen, fällt es nicht schwer anzunehmen, dass sie den Kindern erfolgreich einen Zugang zum Glauben vermittelt haben. »Es ist wahrscheinlich die größte Illusion«, schrieb mir (JD) mein Vater einmal in einem Brief, »zu glauben, dass unsere Kinder dem Herrn treu ergeben sind, nur weil ihre Eltern an Jesus glauben.«

Haben Sie in letzter Zeit einmal Ihre Kinder gefragt, was ihnen der Glaube an Gott konkret bedeutet? Haben Sie ihnen mitgeteilt, wie Jesus Ihnen durch Zeiten von Kampf und Zweifel geholfen hat? Wir empfehlen Ihnen dringend, sich mit Ihren Kindern über Gott zu unterhalten, mit ihnen und für sie zu beten und diese besonderen Augenblicke zu einer Priorität in ihrer Familie zu machen. Was halten Sie von unserem Vorschlag, gleich heute damit zu beginnen?

Gute-Nacht-Gedanken

- Was wissen Sie genau über den persönlichen Glauben Ihres Kindes?
- Wie viel Zeit verbringt es wöchentlich so ungefähr mit Bibellesen?
- Teilen Sie Ihren Kindern Ihre Glaubenserfahrungen mit?

Herr, die Zeit vergeht so schnell. Es wird wohl immer so sein, dass wir den Eindruck haben, es gebe mehr zu tun, als wir erledigen können. Aber bitte, Herr, bewahre uns davor, dass wir die Beziehung unserer Kinder zu dir für gegeben halten! Ermuntere uns dazu, uns Zeit zu nehmen, um mit ihnen über das zu reden, was für die Ewigkeit zählt. In Jesu Namen. Amen.

DIENSTAG

Der Segen

Ich will meinen Geist auf deine Kinder gießen und meinen Segen auf deine Nachkommen. Jesaja 44,3 L

Der Schriftsteller Bruce Wilkinson saß mit seinem Sohn David gemütlich im Wohnzimmer. Plötzlich sagte David: »Vater, würdest du mich bitte segnen?«

Überrascht antwortete Bruce: »David, du hast meinen Segen, das weißt du doch.«

»Nein, Vater«, sagte David. »Ich möchte, dass du mich *richtig* segnest.« David stand auf, ging zu dem Sessel, in dem sein Vater saß, und kniete sich vor ihm hin.

Bruce war sprachlos. Doch gleichzeitig verspürte er ein unbändiges Verlangen, seinem Sohn diesen Wunsch zu erfüllen. Er legte seine Hände auf Davids Schultern und begann zu beten. Er betete für seine Beziehung zu Gott, seine Gesundheit, seine Interessen und Fähigkeiten, für seine Freundschaften und seine Karriere, für seine sozialen Aufgaben, für seine Zukunftsträume, für jeden Bereich seines Lebens. Er hörte erst auf zu beten, als er sich sicher war, dass sein Sohn nicht nur gesegnet war, sondern dass er sich auch gesegnet *fühlte*! Heute sagen Vater und Sohn, dass dieser Augenblick ihre Beziehung vertieft und David ein neues Gespür für geistliches Vertrauen gegeben hat.

Viele Kinder ringen ihr ganzes Leben lang um Liebe, Akzeptanz und den Segen ihrer Eltern. Sie vermuten zwar, dass ihre Eltern sie lieben und für sie beten, haben aber noch nie ein richtig greifbares Beispiel für diese herzliche Zuneigung und Unterstützung bekommen.

Lassen Sie Ihre Kinder nicht ohne Ihren Segen durchs Leben gehen! Knien Sie sich heute mit ihnen nieder und bitten Sie den Herrn um den ganzen Reichtum seiner Gnade für Ihre Kinder.

Gute-Nacht-Gedanken

- Fühlen sich Ihre Kinder durch Sie gesegnet?
- Auf welchem Gebiet braucht Ihr Kind besonders Gottes (und Ihren) Segen?
- Sollten Sie sich angewöhnen, Ihre Kinder regelmäßig zu segnen?

Herr, du bist der Brunnen und die Quelle allen Segens. Möge dein Segen durch uns hindurch auf unsere Kinder fließen, die du uns gegeben hast. Hilf uns, sie so zu segnen, dass Vertrauen, Frieden und Freude ihre Herzen erfüllen. Amen.

MITTWOCH

Versprechungen über Versprechungen

Du bist Gott, und deine Worte sind Wahrheit. 2. Samuel 7,28 L

Wir Eltern geben unseren Kindern viele Versprechen. Wir versprechen, mit Ihnen etwas zu unternehmen, ihnen bei den Hausaufgaben zu helfen oder ihnen ihr Lieblingsmüsli zu kaufen. Wer seine Versprechen hält, baut eine vertrauensvolle Beziehung zu seinen Kindern auf. Halten wir jedoch unser Wort nicht, verletzen wir die Fähigkeit unserer Kinder, uns, anderen und Gott zu vertrauen.

Ted war so ein Vater, der ein Versprechen nach dem anderen machte, sie aber nur selten hielt. Zum Beispiel versprach er seiner Tochter: »Samantha, du bekommst bald ein Pferd!« Oder er sagte zu seinem Sohn: »Bobby, lass mich einen Moment schlafen, dann spiele ich mit dir Fußball.«

Ted hielt weder das eine noch das andere Versprechen. Erst als seine Kinder sich allmählich von ihm abwendeten, stellte Ted endlich fest, dass er sich ändern musste. Doch inzwischen hatten die Kinder gelernt, ohne ihren Vater auszukommen. Seine Worte hatten kein Gewicht mehr für sie. Ted war wild entschlossen, die verlorene Grundlage bei seiner Familie wiederzugewinnen. Nachdem er sich zwei Jahre lang ganz bewusst an alle seine Versprechen gehalten hatte, gewann er langsam das Vertrauen seiner Familie zurück.

Ihre Kinder müssen Ihnen vertrauen können, damit sie als Erwachsene gesunde Beziehungen aufbauen und einen gefestigten Glauben zu Gott entwickeln. Sollten Sie zu Hause eine leere Versprechung gemacht haben, lassen Sie Ihre Lüge keine Minute länger stehen! Hören Sie auf die Worte Jesu: *Sagt ganz einfach Ja oder Nein; jedes weitere Wort ist vom Teufel* (Matthäus 5,37).

Gute-Nacht-Gedanken

- Halten Sie die Versprechen, die Sie Ihren Kindern gegeben haben?
- Sehen Ihre Kinder, dass Sie Ihre Versprechen gegenüber anderen halten?
- Welche Versprechen müssen Sie ab heute halten?

Himmlischer Vater, wir wissen, wie wichtig es ist, sein Wort zu halten. Lass uns nachdenken, bevor wir reden und handeln, damit wir unseren Familien ein Beispiel für Integrität und Vertrauenswürdigkeit geben. Hilf uns, dir Ehre zu machen. Amen.

DONNERSTAG

Ein reines Leben

Sie haben sich rein gehalten. Offenbarung 14,4

Es ist keine Frage, dass Gott von Eltern erwartet, dass sie ihre Kinder zur Selbstbeherrschung und Reinheit anleiten (Titus 2,5). In einer Zeit, in der das Evangelium des »Safer Sex« mit geradezu missionarischem Eifer von den Medien und selbst von der Regierung gepredigt wird, müssen wir alles tun, was in unseren Kräften steht, um diesen negativen Einflüssen zu widerstehen. Es steht zu viel auf dem Spiel, wenn wir nichts tun.

Wir haben dazu eine Idee. Vor Jahren, als unsere Tochter Danae noch kein Teenager war, schenkten wir ihr einen kleinen goldenen Schlüssel. Er hing an einer Kette, die sie um den Hals trug, und sollte den Schlüssel zu ihrem Herzen darstellen. Sie schwor, dass sie diesen Schlüssel nur einem einzigen Mann geben wollte – dem Mann, der ihre Liebe bis ans Lebensende teilen würde. Genauso können Sie Ihrem Sohn einen besonderen Ring schenken. So eine greifbare Erinnerung hilft vielleicht im entscheidenden Moment, stark zu bleiben.

Vielleicht fallen Ihnen noch andere Möglichkeiten ein, wie Sie Ihren Kindern Mut machen können, ein reines Leben zu führen. Was auch immer Sie sich ausdenken, wir empfehlen Ihnen, heute zu handeln. In unserer unmoralischen Gesellschaft ist ein Heranwachsender, der aktive

Unterstützung durch seine Familie erfährt, sehr viel eher erfolgreich in seinen Bemühungen um eine moralisch saubere Lebensführung.

Gute-Nacht-Gedanken

- Wie helfen Sie Ihren Kindern, gegen den Strom zu schwimmen?
- Welche neuen Ideen können Sie in dieser Woche einführen, um der Informationsflut etwas entgegenzusetzen?

Herr, öffne unsere Augen, dass wir die Kämpfe unserer Kinder wahrnehmen und neue und kreative Wegen finden, ihnen zu helfen, damit sie rein bleiben. Wir bitten dich, dass du ihnen reine Herzen und Gedanken schenkst, die sie vor jedem unmoralischen Einfluss schützen. Amen.

FREITAG

Unbezahlbar

Kräftige Söhne sind für den Vater wie Pfeile in der Hand eines Kriegers. Wer viele solche Pfeile in seinem Köcher hat, der hat das Glück auf seiner Seite. Psalm 127,5

Aus finanzieller Sicht sind Kinder teuer. Ein Kind, das im Jahr 2000 geboren worden ist, wird schätzungsweise bei einem mittleren Einkommen 165.000 Euro kosten, wobei ein Studium nicht eingeschlossen ist, das allein schon eine sechsstellige Zahl ausmachen kann. (Bitte entschuldigen Sie jede Herzbeschleunigung, die wir eventuell hiermit bei Ihnen ausgelöst haben!)

Aber unsere Kinder sind mehr als ein Kostenfaktor, finden Sie nicht? Obwohl sie uns eine unglaubliche Investition an Geld, Zeit, Energie und Geduld abverlangen, geben Sie uns trotzdem mehr zurück, als wir aufwenden. Können wir die Freude bezahlen, die wir empfinden, wenn wir ein hübsches selbst gemachtes Geschenk von unserem Kind bekommen, oder den Stolz, der uns erfüllt, wenn unser Kind beim Sport Erfolg hat? Oder die Befriedigung, die wir nach einem extra dicken Gutenachtkuss empfinden? Kann irgendetwas auf dieser Welt uns die Liebe unseres himmlischen Vaters deutlicher machen als unsere eigene bedingungslose Liebe zu unseren Kindern?

Es gibt Tage, da scheinen die Kosten und Mühen für uns Eltern zu einer unerträglichen Bürde anzuwachsen. In einem solchen Fall bitten wir Sie dringend, sich die Heilige Schrift zur Hand zu nehmen. Die Psalmen erinnern uns, dass Kinder ein »Geschenk« sind und ein »sehr großer Lohn« (Psalm 127,3 L); sie sind Pfeile in der Hand eines Kriegers (Vers 4). Beim Lesen von Gottes Wort und beim Danken für Ihre Kinder spüren Sie, wie Sie den Wert Ihrer Kinder neu schätzen lernen. Natürlich sind Kinder teuer – aber sie sind jeden Pfennig wert.

Gute-Nacht-Gedanken

- Empfinden Sie Ihre Kinder zeitweise eher als Last statt als Segen?
- Wie können Sie sich als Eltern gegenseitig die Freude an Ihren Kindern erhalten, außer durch Bibellesen und Beten?

Herr, wir lieben unsere Kinder wirklich von Herzen. Bitte, hilf uns auf unsere zeitweilige Frustration so zu reagieren, dass du am Ende geehrt wirst. Danke, dass du uns diese wertvollen Geschöpfe anvertraut hast. Amen.

SAMSTAG

Besondere Gelegenheiten

Niemand weiß Zeit noch Stunde. Prediger 9,12

Lindas Mutter war gestorben. Die Schriftstellerin Faith Andrews Bedford half ihrer Freundin nach der Beerdigung, die Sachen der Mutter durchzusehen. Linda zog eine Schublade auf und holte Tischsets mit passenden Servietten original verpackt hervor.

»Diese Sets und Servietten hat Mutter vor 15 Jahren gekauft, als sie mit Vater in Irland war«, erklärte Linda und ließ ihre Finger über die hübsche Stickerei gleiten. »Sie hat sie nie benutzt. *Die sind für eine besondere Gelegenheit*, hat Mutter immer gesagt.«

Linda öffnete den Eckschrank und nahm einen kompletten Satz Kristallgläser heraus. »Diese Gläser hat Mutter auch nie benutzt«, erklärte Linda. »Sie hat sie in Chicago gekauft und uns erklärt: *Damit werden wir zu unserer Goldenen Hochzeit anstoßen.* Leider ist Vater nach dem 48. Hochzeitstag gestorben. Wie gut hätten Sie in all den Jahren die schönen Gläser benutzen können, anstatt auf den Tag zu warten, den sie nicht gemeinsam erleben konnten.«

Oben im Schlafzimmer der Mutter zog Linda ein blaues Seidenkleid, das mit echten Perlen verziert war, aus dem Schrank. Das Preisschild war noch am Kleid befestigt.

»Darf ich raten?«, meinte Faith. »Auch für eine besondere Gelegenheit, oder?« Linda nickte traurig.

Ertappen Sie sich manchmal dabei, dass Sie genau wie Lindas Mutter denken? All die schönen Pläne, die Sie noch mit Ihrer Familie haben, und die guten Worte, die Sie – bei passender Gelegenheit – noch sagen wollen ... Haben Sie schon einmal an die Möglichkeit gedacht, dass eine solche Gelegenheit vielleicht nie kommt?

Das Leben ist ein wertvolles Geschenk unseres liebenden Vaters. Aber es ist sehr vergänglich. Jakobus, der Bruder von Jesus, gibt uns folgendes Bild: *Was ist euer Leben? Es gleicht einem leichten Nebel, der vom Boden aufsteigt und sich sogleich wieder auflöst* (Jakobus 4,14).

Salomo rät uns, in Gott den Geber des Lebens zu erkennen und sein Geschenk nicht zu vergeuden: *Darum iss dein Brot und trink deinen Wein und sei fröhlich dabei! So hat es Gott für die Menschen vorgesehen, und so gefällt es ihm. Nimm das Leben als ein Fest: Trag immer frisch gewaschene Kleider und sprenge duftendes Öl auf dein Haar! Genieße jeden Tag mit der Frau, die du liebst ...* (Prediger 9,7–9).

Bei unserem voll gestopften Terminkalender passiert es sehr leicht, dass wir es aufschieben, uns mit unseren Familien und Freunden zu freuen. Ich hoffe, dass Sie und Ihre Familie beginnen, das Leben als ein Fest zu nehmen und Sie nicht länger auf die »besonderen Gelegenheiten« warten.

SD

15. WOCHE

Der Angriff auf die Unschuld

SONNTAG

An der Unschuld festhalten

Dale Hanson Bourke

Die Sonne war gerade über der Chesapeake-Bay aufgegangen.

»Mama, steh auf! Unser Abenteuer!«, flüsterte mein kleiner Sohn und rüttelte mich wach. Ich knurrte, blinzelte zur Uhr und überlegte, wie ich Chase überzeugen konnte, mich noch ein bisschen länger schlafen zu lassen.

»Es ist noch zu früh, mein Schatz. Die Krebse schlafen noch«, antwortete ich krächzend.

»Aber Mami!«, bettelte er.

Mein Pflichtbewusstsein trieb mich schließlich aus dem Bett. Ich hatte Chase ein Abenteuer für diese frühen Morgenstunden versprochen, für ihn ganz allein, so lange, bis er mich wieder mit seinem kleinen Bruder teilen musste. Ich sah die Begeisterung auf seinem Gesicht, auch wenn meine Augen erst halb geöffnet waren. Ich richtete mich auf und zeigte mit dem Finger auf seinen schlafenden Vater, damit Chase leise war.

Während ich mir meine Kleider überzog, ging ich die Checkliste für unsere Ausrüstung durch: Krebsnetz, Eimer, Handtuch, Schnur, Köder. Beim Gedanken an die rohen Hähnchenhälse im Kühlschrank drehte sich mir der Magen um. *Warum lassen sich Krebse mit so unappetitlichen Sachen fangen?*, fragte ich mich. Ich musste über mich selber lachen. Ein Teil der Attraktion dieses »Sports« für meinen Sohn war, zu beobachten, wie es mich schüttelte, wenn ich rohes Hähnchenfleisch an der Angelschnur baumeln sah.

Auf dem Weg zum Wasser schwätzte Chase begeistert unentwegt: »Mami, glaubst du, dass wir ganz viele Krebse fangen?«, »Sagst du mir, wenn wir ein Krebsbaby gefangen haben, das ich wieder ins Wasser werfen muss?«, »Können Krebse aus dem Eimer springen und mich beißen?«

Ich hörte diesem kleinen Mann amüsiert zu. Erst prahlte er mit seiner Geschicklichkeit, Krebse zu fangen, obwohl er noch nie vorher Krebse gefangen hatte. Im nächsten Moment hatte er wieder Angst davor. Gestern Abend hatte er in seinem Bett gebetet: »Und bitte, hilf mir, sehr brav zu sein, wenn ich Krebse fangen gehe.«

Er hielt meine Hand sehr fest, während wir nebeneinander ausschritten. Ich merkte, er war ein bisschen nervös. Alles war so neu und aufregend! Aber er vertraute mir und ich versprach, dass ich keinem Krebs erlauben würde, ihn zu beißen.

Ich breitete sorgfältig unser Handtuch auf dem Dock aus und machte eine kleine Zeremonie daraus, weil unser gemeinsames Abenteuer etwas Besonderes werden sollte. Aus der Tasche holten wir Angelschnüre und Hähnchenstücke hervor, womit wir unsere Beute anlocken wollten. Wir setzten uns auf das Strandtuch, warfen unsere Schnüre ins Wasser und warteten.

Es waren noch keine dreißig Sekunden vergangen, da fragte Chase schon: »Sollen wir unsere Schnüre hochziehen, Mami?«

»Nein, Chase. Du spürst, wenn ein Krebs an der Schnur zieht.«

Und wieder vergingen dreißig Sekunden. »Sollen wir uns vielleicht eine bessere Stelle suchen?«

»Nein, Chase«, antwortete ich. »Wir müssen einfach ein bisschen Geduld haben.«

Chase rutschte auf dem Handtuch hin und her und schaute ins Wasser. »Ich seh gar keine Krebse hier.«

Plötzlich bewegte sich seine Schnur. »Mama, hilf mir!«, schrie Chase und ließ fast seine Schnur fallen. Er klammerte sich an mich, als ich nach dem Netz griff. »Wir haben einen!«, verkündete er jubelnd der Welt. Und dann: »Pass auf! Lass ihn bloß nicht abhauen!«

Das Netz legte sich um den Krebs. Ich hob ihn aus dem Wasser. Er zappelte mit den Beinen. In seinem Maul hielt er das Hähnchenfleisch. Er plumpste mit einem Platsch in den Eimer und öffnete und schloss drohend seine Scheren.

Chase stand hinter mir und beäugte seinen Krebs argwöhnisch. »Bist du sicher, dass er nicht raus kann?«, fragte er. Ich versicherte meinem

Sohn, dass er in Sicherheit sei. »Vielleicht sollten wir ihn jetzt zurück ins Wasser tun. Dann kann er richtig atmen«, schlug Chase vor.

Atmen?, fragte ich mich. Was sollte das für einen Sinn haben? – Und dann begriff ich. Mein Sohn wusste nicht, dass die meisten Menschen Krebse fangen, um sie zu essen.

Uns gingen noch zwei weitere Krebse ins Netz, bevor wir beschlossen, sie den anderen zu zeigen und dann wieder in die Bucht zu werfen. Wir machten uns mit unserem Eimer auf den Rückweg zu unserer Ferienhütte.

Unterwegs begann Chase sein geliebtes Frage- und Antwort-Spiel. »Mami, warum hat Gott Bäume gemacht?«, fragte er.

»Damit wir Schatten, Sauerstoff und Holz haben«, antwortete ich.

»Warum hat Gott Hähnchen gemacht?«

»Damit wir Fleisch und Eier haben«, sagte ich. »Und Köder für die Krebse.«

»Warum hat Gott Krebse gemacht?«, fragte er und ich merkte, dass er Schlimmes erwartete.

Ich wog meine Antwort ab, als ich den besorgten Blick in seinen Augen sah. Da inspirierte mich der Himmel: »Damit wir ein Abenteuer haben«, antwortete ich.

Mein Sohn lächelte mich an und nahm meine Hand. Er behielt seine Unschuld noch ein klein wenig länger.

Vorschau

Kinder werden als unschätzbar wertvolle Geschöpfe Gottes in diese Welt hineingeboren. Sie sind so unschuldig, dass wir Eltern ihnen ihre Unschuld so lange wie möglich bewahren sollten. Das soll nicht heißen, dass unsere Babys von Natur aus »gut« sind, wie einige uns glauben machen. Die Bibel erinnert uns: *Alle sind schuldig geworden und haben die Herrlichkeit verscherzt, die Gott ihnen geschenkt hatte* (Römer 3,23) – Babys eingeschlossen. Das ist der Grund, warum sogar die kleinsten Kinder von Anfang an eine reichlich selbstsüchtige Haltung einnehmen. Und doch sind diese Kleinen unschuldige Lämmer, die in eine Welt voll hungriger Wölfe fallen. Sie sind völlig von dem Schutz und der Führung ihrer Eltern abhängig.

Adam und Eva waren in ihrer Nacktheit und in ihrem Verständnis von der Welt unschuldig, als Gott sie schuf und in den Garten Eden setzte. Durch die Schlange, auf die Eva hörte und dann Adam verführte, mit ihr vom Baum der Erkenntnis des Guten und Bösen zu essen, wurden ihnen die Augen geöffnet und sie schämten sich (1. Mose 3,6–7). Damit war ihre Unschuld endgültig verloren.

Unsere Gesellschaft wimmelt von Schlangen, die die Gedanken unserer Kinder zum Bösen verführen wollen. Zu diesen gefährlichen Verführern gehören Drogenhändler, schlechte Filmemacher und Fernsehproduzenten, sexueller Missbrauch, Abtreiber, Heavy-Metal-Freaks und die vielen, vielen Gefahrenquellen, die das Internet bevölkern. Sobald unsere Kinder diesen Einflüssen Raum geben, ist ihre Unschuld – wie bei Adam und Eva – für immer dahin.

Wir werden in dieser Woche einiges über den Angriff auf die Unschuld in unserer Kultur hören – und darüber, wie wir die Gemüter unserer Kinder schützen können. Dabei wollen wir die Worte des Apostels Paulus zu Grunde legen: *Nun möchte ich, dass ihr immer vertrauter werdet mit dem Guten und euch von allem Bösen rein haltet* (Römer 16,19).

MONTAG

Nicht von dieser Welt

... in der Welt wird man euch hart zusetzen. Verliert nicht den Mut: Ich habe die Welt besiegt! Johannes 16,33

Haben Sie den Eindruck, dass es für Sie heute schwieriger ist, Kinder zu erziehen, als es zur Zeit Ihrer Eltern oder gar Großeltern gewesen ist? Es gibt Gründe genug für diese Annahme, und wahrscheinlich ist es heute tatsächlich schwerer geworden.

In dieser Generation »ist es nicht unbedingt das Problem, dass Eltern nicht Nein sagen können«, schreibt eine Journalistin. »Das Problem ist, es gibt so viel mehr, zu dem man Nein sagen muss«. Sie schreibt weiter: »Früher erzogen Eltern ihre Kinder in Übereinstimmung mit kulturellen Werten, die von Pfarrern, Lehrern, Nachbarn und Jugendleitern vertreten wurden. 1990 waren die großen Vorbilder unserer Jugendlichen die Ninja Turtles, Madonna, Hardcore-Rapper und andere fragwürdige Gestalten.« Und heute ist das noch schlimmer geworden. Das Ergebnis sind besorgte Eltern, die einer entmutigenden Aufgabe gegenüberstehen.

Und doch ist das alles nicht ganz neu. Zur Zeit der Bibel rät der Apostel Paulus bereits: *Was die Menschen für Tiefgang halten, ist in den Augen Gottes Unsinn* (1. Korinther 3,19). Kluge Männer und Frauen – einschließlich Vätern und Müttern – haben nie ihre Hoffnung auf die vergänglichen Werte zeitgenössischer Kulturen gesetzt. Stattdessen haben sie sich auf die ewigen Werte der himmlischen Welt verlassen, weil sie wussten: *Wer sein Leben liebt, der wird es verlieren. Wer aber sein Leben in dieser Welt gering achtet, wird es für das ewige Leben bewahren* (Johannes 12,25).

Sie *können* die Schlacht für Ihre Kinder gewinnen. Wer sich die Ewigkeit zum Ziel setzt und die Kraft Gottes durch beständiges Gebet in die Erziehung mit einbezieht, hat einen guten Start in die richtige Richtung gemacht.

Gute-Nacht-Gedanken

- Wo sehen Sie Schwierigkeiten in der Kindererziehung, die Ihre Eltern nicht hatten?
- Wie können Sie als Paar einander helfen, Ihre Familie vor den unbrauchbaren Vorbildern unserer Zeit zu schützen?

Himmlischer Vater, wir müssen bei unseren Kindern so oft Nein sagen. Das macht uns mutlos. Bitte schenke uns neue Kraft, dass wir nicht nachlassen, das Beste für unsere Kinder zu unterstützen, und hilf uns, immer dein ewiges Ziel im Blick zu behalten. Amen.

DIENSTAG

Keine bösen Sachen

Richtet eure Gedanken auf das, was gut … rein und schön ist. Philipper 4,8

Ein Vater sah mit seiner 13 Jahre alten Tochter fern. Um ihr einen Gefallen zu tun, schaute er sich mit ihr eine bekannte Teenager-Serie an. Der Vater war geschockt, was er da zu sehen und zu hören bekam. Lange zögerte er, ihre seltene gemeinsame Zeit mit einer elterlichen Lektion zu beenden. Doch schließlich konnte er es nicht länger ertragen.

»Liebling«, sagte er, »ich kann es einfach nicht zulassen, dass dieser Schmutz in unser Haus dringt. Das ist ja schrecklich. Wir werden uns etwas anderes anschauen.«

Zu seiner Überraschung antwortete die Tochter: »Ich habe mich schon gewundert, warum du nicht schon früher abgeschaltet hast, Papa. Die Serie ist unmöglich.«

Unsere Kinder widersetzen sich vielleicht unseren Bemühungen, den Schmutz abzublocken, der ihre Welt durchdringen will. Aber sie wissen ganz genau, dass es richtig ist, was wir tun. Sie respektieren, wenn wir sagen: »Gott hat uns dieses gemeinsame Heim gegeben. Und wir werden ihn nicht beleidigen, indem wir es mit unanständigen Programmen besudeln lassen.« Um ein solches Urteil fällen zu können, müssen Sie allerdings zusammen *mit* Ihren Kindern fernsehen. Darum gehören Fernseher und Computer nicht in Kinderzimmer, wo die Kids sich selbst überlassen sind.

Es ist keine schlechte Idee, auf Fernseher und Computer zu verzichten, so lange die Kinder klein sind. Sind diese Geräte aber nun einmal in Ihrer Wohnung, machen wir Ihnen den Vorschlag, dass Sie sich die Worte des Psalmisten für Ihr Fernsehverhalten zur Devise machen: *Ich nehme mir keine böse Sache vor; ich hasse den Übertreter und lasse ihn nicht bei mir bleiben* (Psalm 101,3 L).

Gute-Nacht-Gedanken

- Wissen Sie genau, was Ihre Kinder sich anschauen, und sind Sie damit einverstanden?
- Sind Sie konsequent darin, Ihr Heim vor »bösen Sachen« zu schützen?

Heiliger Geist, bitte mach uns wachsam! Vergib uns, dass wir Einflüsse in unser Heim gelassen haben, die den Kindern die Unschuld rauben. Hilf uns, dass wir alles unternehmen, um unsere Kleinen zu schützen. Amen.

Musikalische Verrücktheiten

Sie sollen ... voll Freude verkünden, was er getan hat! Psalm 107,22

Es ist nun über ein Jahr her, seit Carl, der heute 21 Jahre alt ist, sich von den Drogen abgewendet und Jesus sein Leben neu zur Verfügung gestellt hat.

Die Erinnerungen an die Konzerte, wo junge Männer schamlos Mädchen befummelten, wo jede Art von Drogen inhaliert oder gespritzt wurde, wo Kids skandierten »Satan regiert!«, lassen ihn bis heute nicht los. Zeitweise muss er klassische Musik auflegen, in der Bibel lesen oder einfach beten, damit er die unanständigen Sprichwörter aus seinem Gedächtnis verliert.

Die Musikindustrie bezahlt viel Geld für die Produktion von gräulichem und gefährlichem Material und promotet damit eine Kultur der Sünde. Die meisten Eltern kennen nicht das Ausmaß des Bösen und der Gewalttätigkeit, das ihren Kindern auf diese Weise untergejubelt wird. Eine CD, die von dem Rap-Star *Eminem* auf dem Markt ist, enthält zum Beispiel Liedtexte, die Sex, Drogenmissbrauch und den Mord an einer schwangeren Frau schildern. Schimpfworte werden schon beinahe wie ein Mantra wiederholt. Diese CD war die Nummer 1 in den Charts und wurde im ersten Monat nach ihrem Erscheinen fast drei Millionen Mal verkauft.

Was für ein Kontrast zu dem Lobpreis, den König David vor mehr als 2.000 Jahren gesungen hat und der bis heute in vielen Kirchen ertönt: *Herr, unser Herrscher, wie herrlich ist dein Name in allen Landen!* (Psalm 8,1 L). Musik hat einen unglaublichen Einfluss auf unser Gemüt und kann die Gedanken und den Geist unserer Kinder heilen oder beschädigen. Wir beten, dass Sie als Eltern *Ihren* Einfluss geltend machen, Unrat aus ihrem Haus fern halten und Ihren Kindern Musik anbieten, die unseren Schöpfer ehrt und ihn verherrlicht.

Gute-Nacht-Gedanken

- Wie vertraut ist Ihnen die Musik, die Ihre Kinder hören?
- Hat sie einen guten Einfluss auf das Leben und Verhalten Ihrer Kinder?

Herr, du hast uns das Geschenk der Musik gemacht. Lass uns dieses Geschenk nicht als selbstverständlich ansehen und bewahre uns davor, dass wir zulassen, dass schädliche Bilder und Worte in unsere Häuser kommen. Wir möchten mit unseren Kindern Lieder singen, die dich preisen und deinen heiligen Namen ehren. Amen.

DONNERSTAG

Wenn Kinder Kinder töten

Gott sieht die Treuen, die ihm gehorchen und auch die andern, die ihn missachten. Und wer Gewalt liebt, den hasst er von Herzen.
Psalm 11,5

Eine der zerstörerischsten Trends der heutigen Gesellschaft ist die wachsende Gefahr, dass Kinder Kinder töten. Es ist beängstigend zu sehen, dass Schießereien in Schulen immer häufiger werden, wie die in der *Columbine High School* in Littleton, Colorado, bei der zwei Klassenkameraden einen Lehrer und 12 ihrer Schulkameraden töteten. Durch Fernsehen, Filme, Internet und Videospiele wird unseren Kindern beigebracht, wie man tötet, was einem im Weg steht.

Die Nazis haben dieselbe Methode vor und während des 2. Weltkriegs angewandt. Die Rekruten wurden gezwungen, systematisch Zerstörungen und Morde vorzunehmen, bis es sie nicht mehr schockierte oder sie sich dagegen auflehnten. Sie waren gegen Gewalt abgestumpft worden. Und das geschieht heute mit Kindern genauso, die in den Medien immer wieder brutale Filme anschauen. Aus diesem Grund haben die *American Medical Association* und andere Kinderhilfswerke bestätigt, was viele bereits seit langem begriffen haben: »Die Wirkungen von Gewalt in den Medien sind messbar und langlebig. Außerdem kann langes Betrachten von Gewalt in den Medien zu emotionaler Abstumpfung gegen Gewalt im realen Leben führen.«

In der Bibel werden die Gefühle unseres himmlischen Vaters zu diesem Thema wie folgt beschrieben: *Und wer Gewalt liebt, den hasst er (Gott) von Herzen* (Psalm 11,5). Warten Sie keinen Tag länger und schirmen Sie Ihre Familie vor gewalttätigen Bildern ab. Es geht dabei nicht nur um das emotionale Wohlbefinden Ihrer Kinder, sondern vor allem um ihre Beziehung zu Gott selbst.

Gute-Nacht-Gedanken

- Sind Ihre Kinder gegen Gewalt durch die Medien abgestumpft?
- Was können Sie tun, um Ihre Kinder vor negativen Einflüssen durch die Medien zu schützen?

Herr, wir müssen unsere Kinder in einer gewalttätigen Welt großziehen. Sensibilisiere unsere Herzen und alarmiere uns vor der Dunkelheit, die jeden Tag zunimmt. Zeig uns, was wir tun sollen. Amen.

FREITAG

Für nichts und wieder nichts?

Der Weg redlicher Menschen führt am Unglück vorbei. Sprichwörter 16,17

Ein 12 Jahre alter Junge in Connecticut stahl seinen Eltern 20 Dollar. Sie erwischten ihn dabei und vermuteten, ihr Sohn habe ein Drogenproblem. Doch dann stellten sie fest, dass ihr Jüngster stahl, um eine ganz andere Sucht zu befriedigen: Er wettete auf Basketball-Spiele.

Die Spielsucht unter Erwachsenen, Teenagern und noch jüngeren Kindern hat derart zugenommen, seitdem unsere Regierung Anfang 1990 Lotterien unter dem Motto »Something for Nothing« (etwa: »Viel für Wenig«) proklamierte und sich damit eine neue Quelle für Staatseinkünfte erschloss. Der Kauf einer Lotteriekarte ist so etwas wie eine patriotische Tat geworden.

Paulus warnt uns, was passiert, wenn wir achtlos mit unseren gottgegebenen Resourcen umgehen: *Wer unbedingt reich werden möchte, gerät in Versuchung. Er verfängt sich in unsinnigen und schändlichen Wünschen, die ihn zugrunde richten und ins ewige Verderben stürzen* (1. Timotheus 6,9). In der Tat hat Spielsucht bereits bei Millionen von Menschen zu finanziellem Ruin und Selbstmord geführt und ganze Familien zerstört.

Der einfachste Weg, unsere Familie vor Spielsucht zu schützen, ist natürlich, Glücksspiele zu meiden. Zum Beispiel haben wir, als wir in

Las Vegas waren, keine einzige Münze in einen Spielautomaten geworfen, obwohl wir beim Einchecken im Hotel zwei Rollen Münzen ausgehändigt bekamen. Die Bibel sagt: *Lass dich nicht von der richtigen Entscheidung abbringen, damit deine Füße nicht auf Abwege geraten* (Sprichwörter 4,27). Manchmal ist die einfachste Lösung die wirkungsvollste.

Gute-Nacht-Gedanken

- Spielen Sie im Lotto oder eine andere Art Glücksspiel?
- Welche Wirkung hat das auf Ihre Kinder, was meinen Sie?
- Wie denkt Gott darüber?

Lieber Gott, wir geben zu, dass wir manchmal handeln, ohne die Konsequenzen unseres Tuns zu bedenken. Mach uns stark, dass wir Irrwegen widerstehen und unsere Familie vor dem Bösen schützen, das uns umgibt. Amen.

SAMSTAG

Der Angriff des Löwen

Ein nichtsnutziger Mensch tut alles, um anderen zu schaden; seine Worte sind zerstörerisch wie ein Feuer. Sprichwörter 16,27

Zweifellos ist es Satan, der die Unschuld unserer Kinder angreift. Der Apostel Petrus sagt: *Euer Feind, der Teufel, schleicht um die Herde wie ein hungriger Löwe. Er wartet nur darauf, dass er einen von euch verschlingen kann* (1. Petrus 5,8).

Der eigenwillige Teenager unter Ihrem Dach kann sehr schnell seine nächste Beute werden. Ein Löwe, der sich einer Büffelherde nähert, um seine Beute zu reißen, meidet typischerweise die gesunden Tiere. Vielmehr hat er es auf kranke, verletzte oder ältere Tiere abgesehen, die leicht zu erwischen sind.

Ihr störrischer Teenager gleicht einem verletzten Büffel. Jugendliche mit schwachem Selbstwert geraten leichter unter den Einfluss von anderen Menschen als ihre selbstbewussteren Geschwister. Der Teufel macht es wie der Löwe. Er sucht sich angeschlagene Exemplare aus, die er mit seinen Waffen wie Drogen, Alkohol oder sexuellen Versuchungen angreift.

Wir möchten Ihnen vorschlagen, dass sie Ihren eigenbrötlerischen Teenager in gesunde Aktivitäten einbinden. So halten Sie den Feind von ihm fern. Ständige Geschäftigkeit und Überbeanspruchung sind zwar auch nicht gut für ein Kind, doch zu viel Leerlauf kann für einen Einzelgänger verheerend sein.

Suchen Sie nach den besten Jugendprogrammen einer christlichen Gemeinde, und machen Sie ihrem Kind Mut, einem Reitverein oder Fußballclub beizutreten, in Musikgruppen mitzuspielen, sich mit einer Teilzeitarbeit das Taschengeld aufzubessern oder andere Aktivitäten anzufangen. Die Bibel warnt: »Müßiggang ist aller Laster Anfang.« Und das kann auf Ihren eigenwilligen Sohn oder Ihre rebellische Tochter zutreffen.

Es sind schöne und aufregende Jahre, in denen Ihre Kinder erwachsen werden. Für Ihre Familie kann das eine sehr abwechslungsreiche Zeit mit viel Freude werden. Denken Sie aber auch daran, dass diese Zeit viele Risiken birgt und hohe Anforderungen an die geistliche und körperliche Gesundheit Ihrer Kinder stellt. Tun Sie alles, was Sie in dieser kurzen Zeitspanne tun können, um ihre Kinder sicher durch das Minenfeld des Feindes zu bringen, das sie zwangsläufig durchschreiten müssen. Mit Anfang 20 werden die Gefahren geringer. Dann können Ihre Kinder die Dinge besser beurteilen und sind selbstbewusster und gelassener geworden.

Bis dahin investieren Sie bitte alle Aufmerksamkeit in das Wohlergehen Ihrer Kinder! Und vor allem: Vergessen Sie das Beten nicht!

SD

16. WOCHE

Bewahre sie vor dem Bösen

SONNTAG

Doppelleben

Michael Fitzpatrick

Vor 5 Jahren kämpfte ich gegen meine Pornografiesucht – ein Kampf, den ich verlor. Zwei Jahre zuvor war ich Christ geworden. Meine Sucht veränderte das Verhältnis zu meiner Familie und legte sogar meine Liebe zu Gott lahm. Nicht dass ich nicht mehr gebetet hätte. Ich betete – gewöhnlich während ich mir Pornoseiten im Internet anschaute. Die Lust hatte mich im Griff und ich fühlte mich machtlos, daran etwas zu ändern.

Sonntagmorgen. Ich saß im Gottesdienst und hörte nur mit halbem Ohr der Predigt zu. Meine Gedanken beschäftigten sich mit den ersten Versen aus Psalm 121: *Ich blicke hinauf zu den Bergen; denn von dort erwarte ich Hilfe. Meine Hilfe kommt vom Herrn, der Himmel und Erde gemacht hat!*

Ich wollte so gern glauben, dass Gott mir helfen konnte. Aber da saß ich nun in einer Kirche, und führte ein Doppelleben. *Die Leute hier denken doch, ich bin ein vorbildlicher Typ. Meine Familie glaubt, ich bin ein anständiger Christ. In Wirklichkeit stimmt beides nicht. Ich blicke schon lange hinauf zu den Bergen. Aber Hilfe sehe ich für mich keine,* resümierte ich still.

Sekunden später traf mich ein Wort von der Kanzel: »*Wer unzuverlässig ist, den verabscheut Gott; aber wer geradlinig lebt, den liebt er.*« (Sprichwörter 11,20)

Gott verabscheut mich? Der Gedanke schockierte mich zutiefst und machte mir Angst. Aber wieso eigentlich nicht? Ich war ein Lügner und Schauspieler. Ich war ein Versager in meinem Glauben. Mein Leben war alles andere als geradlinig. Zum ersten Mal erkannte ich meine Sünde mit Gottes Augen. Ich neigte den Kopf und schickte ein Stoßgebet zum Himmel: *Gott, wenn du mich siehst, dann hör mein Flehen. Ich bin ein Sünder und ein Sklave meiner Sünde. Gott, bitte rette mich! Ich glaube, dass du das kannst, aber ich bin noch nicht frei. Befreie du mich von dieser Last – bitte! Ich weiß keine andere Lösung.*

Nach dem Gottesdienst rannte ich sofort nach Hause und wollte niemanden von meiner Jugendgruppe sehen. Zu Hause ließ ich mich auf mein Bett fallen und starrte eine halbe Stunde lang ins Leere, bis meine Mutter an die Tür klopfte.

»Schatz«, sagte sie, »da war gerade ein Anruf von der Gemeinde. Einer der Jugendlichen kann nicht mit zur Freizeit fahren und das Geld kann auch nicht zurückgezahlt werden. Sie wollen wissen, ob du an seiner Stelle mitfahren willst. Hast du Interesse?«

Ich muss hier von dem Computer weg und an etwas anderes denken.

»Hm. Ja, vielleicht ...«

»Geht es dir nicht gut?«

»Doch, doch. Aber kannst du mich jetzt bitte allein lassen; Mama?«

Meine Mutter verließ das Zimmer.

Gott, ich stecke im schwarzen Loch und kann nirgends ein Licht erkennen. Wie kann ich diese Fesseln zerbrechen? Wie kann ich diese Sucht durchbrechen? Ich bete und bete, aber du scheinst meine Schreie nicht zu hören. Die Israeliten mussten vierhundert Jahre warten, bevor du sie aus der Knechtschaft der Ägypter befreit hast. Wie lange muss ich warten? Warum willst du mir nicht antworten?

Wenige Stunden später verließ ich mein Zimmer und stellte fest, dass ich allein zu Hause war. Sofort dieses trockene Gefühl im Mund! Ich schaute auf den Computer. Er grinste mich lauernd an.

Das merkt doch niemand.

Ich schaltete ein und ging ins Internet. Eine christliche Homepage erschien auf dem Bildschirm. Ich sah sie mir eine Minute lang an. Dann – ich hasste mich dafür – loggte ich mich beim Playboy ein. Ich schluckte, als die verführerischen Fotos auf dem Bildschirm erschienen. Nach ein paar Minuten klickte ich die christliche Website wieder an. Fünf Worte durchlöcherten mich:

Jesus sieht, wo du surfst.

Ein Augenpaar folgte meinem Cursor, während er sich über den Bildschirm bewegte. Die Worte, ... die Augen, ... das war zu viel für mich! Schluchzend warf ich mich über die Tastatur. »Ich bin Christ und schaue mir Pornos an! Herr, vergib mir und verändere mich! Ich brauche ein Wunder. Bewirke etwas Ungeheuerliches in meinem Leben!«

Ein paar Tage später machte ich mich auf den Weg zur Freizeit. Die Worte auf dem Bildschirm brannten noch in meiner Erinnerung.

Ich beobachtete drei Mädchen, die Tischtennis spielten, und ging zu ihnen. Während wir miteinander sprachen, stellte ich fest, dass von ihnen etwas Helles ausging. Wie sie lachten, wie sie redeten, wie sie sich verhielten – es war etwas von Jesus in ihnen. In dem Augenblick erfüllten mich Liebe und Wärme und gaben mir ein so befriedigendes Gefühl, wie ich es bei keinem aufreizenden Foto erlebt hatte.

Mit einer seltenen Klarheit erkannte ich, dass mich die Pornografie im Griff hatte, weil ich damit versuchte, meine Sehnsucht nach echter Liebe zu stillen. Da war eine Leere in mir, die nur Jesus füllen konnte.

Ich fand einen ruhigen Platz, wo ich allein sein konnte und übergab Jesus mein Leben neu. Und wieder bat ich Gott, mir meine Sünde zu vergeben und mir die Kraft zu schenken, ihr zu widerstehen.

Aus dem Ferienlager zurück, fiel mein erster Blick auf den Computer in meinem Zimmer. Mich packte die kalte Angst – der Mund wurde mir wieder trocken, die Hände feucht. Es war an der Zeit, dem Monster die Stirn zu bieten. Römer 6,17 fiel mir ein: Gott sei Dank! Früher wart ihr Sklaven der Sünde; aber jetzt gehorcht ihr von ganzem Herzen der Wahrheit, wie sie euch gelehrt worden ist. Ihr seid vom Dienst der Sünde befreit und steht nun im Dienst des Guten. Ich betete, drehte mich um und ging hinaus.

Das war nicht das einzige Mal, dass ich der Versuchung widerstehen musste. In den folgenden Monaten hatte ich jedes Mal zu kämpfen, wenn ich den Computer anstellte. Es vergingen einige Monate, bis endlich, mit Gottes Hilfe, der Tag kam, da ich nicht mehr kämpfen musste. Gott hatte mir die Kraft gegeben, meine Sucht zu überwinden. Ich war frei! Mein Doppelleben war vorbei – und meine Beziehungen zu meinen Eltern und zu Gott waren wieder so, wie sie sein sollten.

Vorschau

Die Gefahren dieser Welt sind wirklich erschreckend für Väter und Mütter, die ihre Kinder durch die Klippen des Jugendalters leiten möchten. Pornografie, Drogen, Sex und Gewalt sind nur einige Waffen Satans, die er einsetzt, um Söhne und Töchter in ihren schwachen Augenblicken zu beherrschen. Und doch werden wir siegen, wenn wir uns an die Originalquelle der Wahrheit und Kraft halten.

Jesus versammelte in der Stunde der Versuchung seine Jünger in einem Weinberg um sich, und betete dort für sie: *Ich habe ihnen deine Botschaft verkündet. Die Welt hasst sie, weil sie nicht zu ihr gehören, ebenso wie ich nicht zu ihr gehöre. Ich bitte dich nicht, sie aus der Welt wegzunehmen; aber ich möchte, dass du sie vor dem Bösen in Schutz nimmst* (Johannes 17,14–15).

Trotz allem hat Gott einen Plan für Ihre Kinder auf dieser Erde. Auf diesen Plan müssen wir uns ausrichten. Es ist unsere Aufgabe, für unsere Kinder zu beten, ihnen Gottes Werte zu vermitteln und sie so lange zu schützen, wie wir können.

In der letzten Woche haben wir über den »Angriff auf die Unschuld« gesprochen. In der kommenden Woche werfen wir einen Blick auf andere Gefahren für die Familie – und wie Sie durch Gottes Gnade Ihre Kinder dafür ausrüsten können, ihnen zu begegnen.

MONTAG

Von Gott getrennt

Wegen eurer Vergehen hat er sich von euch abgewandt und hört euch nicht! Jesaja 59,2

Gestern Abend hat die Geschichte von Michael Fitzpatrick gezeigt, welche Nöte durch Pornografie entstehen. Das erinnert mich (JD) an ein Gespräch, das ich in Florida mit Ted Bundy, dem Mörder von drei Mädchen, einige Stunden vor seiner Hinrichtung führte. Bundy erzählte mir, dass er als 13-Jähriger im Abfall pornografisches Material entdeckt habe. Die Bilder hatten ihn stark erregt und ihn auf einen Weg gebracht, der ihn schließlich als Mörder enden ließ.

Natürlich wird nicht jeder, der Porno-Zeitschriften liest oder obszöne Videos anschaut, zum Mörder. Aber viele entwickeln daraus Süchte, die für sie und ihre Angehörigen zerstörerisch sind. Seit diese schädlichen Bilder für jeden verfügbar sind, sei es am Kiosk, in der örtlichen Bücherei oder zu Hause mit einem einzigen Mausklick im Internet, besteht eine echte Gefahr.

Ihr Herren, wie lange soll meine Ehre geschändet werden? (Psalm

4,3), lässt Gott durch den Psalmisten fragen. Das Schlimme an der Pornografie (wie an jeder Sünde) ist, dass sie den Süchtigen von Gott trennt.

Um diese Gefahr von Ihren Kinder abzuwenden, achten Sie darauf, dass Ihre Kinder keinen sexuellen Fantasien ausgesetzt sind, und prüfen Sie, wozu sie das Internet nutzen. Schirmen Sie Ihre Kinder vor dem Sog der Pornografie ab, und ermöglichen Sie ihnen damit, dass sie Vers 22 aus Hebräer 10 nachsprechen können: ... *unser Gewissen ist von aller Schuld gereinigt.*

Gute-Nacht-Gedanken

- Sind Ihre Kinder für Pornografie aufgeschlossen? Warum oder warum nicht?
- Wie können Sie Ihre Kinder besser vor anstößigen Bildern abschirmen?
- Haben sich Ihre Kinder bei Ihnen das Spiel mit Obszönitäten abgeschaut?

Lieber Gott, wir begreifen, dass obszöne Bilder für unsere Kinder eine Gefahr darstellen. Schütze unsere Familie, Herr! Rüste uns aus mit Weisheit und Energie, damit wir um unsere Kinder eine Hecke pflanzen und dir immer näher kommen. Amen.

DIENSTAG

Achtung! Wachsam sein

Möge Gott ein wachsames Auge auf jeden von uns haben. 1. Mose 31,49

Joel, ein Oberstufenschüler, hatte alles, was man sich wünschen kann – er hatte ein Stipendium fürs College, gewann die höchste Auszeichnung beim Talente-Test an seiner Schule, war beliebt bei seinen Mitschülern. Irgendwann war er dieses Hochglanz-Image leid. Auf Drängen einiger neuer Freunde begann er, mit Drogen zu experimentieren.

Eines Nachts hielt die Polizei sein Auto an. Aus Angst vor Gefängnisstrafe schluckte Joel einen Beutel mit Crack hinunter. Zu Hause bekam er schreckliche Krämpfe. Seine Eltern rasten mit ihm ins Krankenhaus. Zu spät. Gegen Morgen starb Joel.

Viele Eltern denken: »So etwas könnte in unserer Familie nicht passieren!« Aber Vorsicht! Bei der leichten Verfügbarkeit illegaler Drogen in unseren Schulen ist die Versuchung groß, etwas »nur mal kurz auszuprobieren«. Satan benutzt Schulkameraden, die ihren Sohn, ihre Tochter, zur Sünde verführen: *Sie versprechen anderen die Freiheit und sind doch selbst Sklaven der Vergänglichkeit* (2. Petrus 2,19).

Was können Eltern tun, um Ihre Kinder zu schützen? Das ist eine schwierige Frage. In den ersten Jahren ihrer Pubertät ist für Jungen und Mädchen die Meinung Gleichaltriger ganz wichtig, und sie tun, was die Gruppe verlangt. Darum sollten Sie unbedingt die Freunde Ihrer Kinder kennen!

Auch bei körperlichen Hinweisen auf Drogenkonsum sollten Sie aufmerksam sein. Achten Sie bei Ihren Kids und deren Kumpels auf folgende Warnsignale: 1. Entzündungen von Augenlidern und Nase, sehr weite oder sehr kleine Pupillen; 2. Extreme Energie; 3. Extremer Appetit; 4. Plötzliche Veränderung der Persönlichkeit; 5. Mangelnde Hygiene; 6. Körperlicher Verfall; 7. Einstiche (können auch als Beulen und Entzündungsherde auftreten); 8. Veränderung der moralischen Werte.

Das alles können Hinweise darauf sein, dass Ihr Kind mit Drogen zu tun hat – müssen es aber nicht! Brechen Sie nicht gleich in Panik aus, wenn Sie solche Hinweise entdecken, sondern versuchen Sie, in Ruhe mit Ihrem Kind zu reden.

Als Letztes möchten wir Sie noch einmal bitten: Beten Sie täglich für Ihre Kinder!

Gute-Nacht-Gedanken

- Gibt es Warnzeichen bei Ihren Kindern?
- Haben sie einen festen Glauben, der ihnen hilft, dem Druck ihrer Kameraden zu widerstehen?

Himmlischer Vater, wir sind traurig, wenn wir an die zerstörerische Kraft des Bösen denken. Wir bitten dich, halte Sünde von unseren Kindern fern. Hilf uns, dass wir ein wachsames Auge auf unsere Familie haben. Amen.

Die echte moralische Autorität

Jesus ist Herr über alle Mächte und Gewalten. Kolosser 2,10

Die Aufgabe von Eltern, ihren Kindern ein moralisches Grundgerüst mit auf den Lebensweg zu geben, ist schon schwierig genug. Heute werden Kinder und Jugendliche durch vom Staat unterstützte Programme und ihre Befürworter zusätzlich in eine moralisch entgegengesetzte Richtung gezogen. Im US-Staat Minnesota hat beispielsweise die Organisation *Planned Parenthood* (vergleichbar mit *Pro Familia*) an Teenager sogenannte »Prom Survival Kits« (eine Notausrüstung für Schülerbälle) verteilen lassen. Dieses »Überlebens-Set« enthielt drei Kondome und einen Gutschein zum Besuch einer *Planned Parenthood*-Abtreibungsklinik. Überall wird Jugendlichen durch die Medien dringend empfohlen, beim Sex Kondome zu benutzen. Da heißt es dann: »Bei ungeschütztem Sex steht das Leben junger Menschen auf dem Spiel. Und darum: Schützt euch selbst!«

Was solche Kampagnen nicht erwähnen, ist die Aussage des *Center for Disease Control and Prevention* (Zentrum für Gesundheitskontrolle und Vorbeugung) und des *National Institute of Health* (Nationale Gesundheitsbehörden) von 2001: »Es gibt keinen Beweis, dass Kondome gegen die meisten durch Sexualverkehr übertragbaren Krankheiten schützen.«

Unsere Gesellschaft hat den Familien den Krieg angesagt. Aber Sie können diese Schlacht trotzdem gewinnen. Sagen Sie Ihren Kindern immer wieder, dass Recht und Unrecht nicht von Programmleitern oder Regierungschefs bestimmt werden, sondern vom Herrn des Universums. Seine moralischen Gesetze sind so unerschütterlich wie die physikalischen Gesetze. Wer aus dem 20. Stockwerk eines Hochhauses springt, ist tot. Und wer die Gebote Gottes überschreitet, muss die verheerenden Konsequenzen tragen, denn »der Lohn der Sünde ist der Tod« (Römer 6,23). Ein Mensch, der diese Wahrheit begriffen hat, lebt auch heute noch ein geordnetes Leben in einer Gesellschaft, die die Sünde feiert.

Gute-Nacht-Gedanken

- Was halten Sie von dem Konzept »Safer Sex«?
- Verstehen Ihre Kinder die Folgen der Sünde?

Herr, wir werden manchmal müde im Kampf gegen unsere unmoralische Gesellschaft. Füll unsere Kinder mit deiner Wahrheit. Erinnere sie an deine Macht und Autorität und bestärke sie in ihrem Entschluss, ein aufrichtiges Leben nach deinen Werten zu führen. Amen.

DONNERSTAG

MTV-Verrücktheiten

Ihr sollt die Welt und das, was zu ihr gehört, nicht lieben. 1. Johannes 2,15

Die Bibel fragt: *Wie sieht es denn in der Welt aus? Die Menschen lassen sich von ihren Begierden treiben, sie sehen etwas und wollen es dann haben, sie sind stolz auf Macht und Besitz. Das alles kommt nicht vom Vater, sondern gehört zur Welt* (1. Johannes 2,16). Und darum wird uns gesagt: *Ihr sollt die Welt und das, was zu ihr gehört, nicht lieben* (Vers 15).

Viele junge Menschen, die keinen festen Glauben haben, lassen sich von der Welt und ihren Werten beeinflussen. MTV, der Musiksender, den es schon seit 20 Jahren gibt, ist für die Jugend eine gefährliche Einrichtung. Es ist der meistgesehene Kabelkanal der Welt. Seine Zuschauer sind zwischen 12 und 24 Jahre alt. Über 300 Millionen Menschen sehen seine Sendungen täglich. MTV ist, wie es neulich in einem Werbeclip für den Sender hieß: »eine kulturelle Kraft ... MTV bestimmt die Denkrichtung einer ganzen Generation, ihre Sprache, ihre Kleidung und ihr Kaufverhalten.«

Das ist ein unheimlicher Gedanke, wenn man bedenkt, dass MTV und ähnliche Sender fast nichts auslassen, um Zuschauer anzulocken. Einer der Mitwirkenden der Sendung »Jackass« wurde zum Beispiel dabei gefilmt, wie er mit dem Kopf nach unten in eine Mobiltoilette gezwängt wurde. In einer anderen Folge aß er einen lebendigen Goldfisch und spuckte ihn anschließend wieder in ein Glas. Die Jungs von »Jackass« stürzen sich aus fahrenden Autos, springen auf gut Glück von

Hochhäusern oder gehen in Krokodilstümpeln schwimmen – Hauptsache, es ist verrückt und gibt einen Kick.

Es ist zum Heulen, dass unsere Kinder die Zielgruppe dieses Programms sind. Darum ist es wichtiger denn je, dass wir unseren Kindern Gott und die Liebe zu ihm nahe bringen und sie seinen Geboten gehorchen, *denn alle Kinder Gottes können den Sieg über die Welt erringen* (1. Johannes 5,4). Übrigens, wie wär's, wenn auch Sie gerade einmal Ihren Fernseher ausschalten?

Gute-Nacht-Gedanken

- Wie sehr lassen sich Ihre Kinder von weltlichen Werten beeinflussen?
- Haben Sie MTV und ähnlichen Schmutz aus Ihrem Haus verbannt?
- Kennen Ihre Kinder den Unterschied zwischen weltlichen und göttlichen Werten?

Vater, wir möchten, dass unsere Kinder sich nicht nach den Werten dieser Welt richten, sondern nach deinen vollkommenen Wegen fragen. Hilf uns, dass wir zwischen unseren Familien und denen, die versuchen, uns mit schlechten Absichten zu manipulieren, Distanz schaffen. Amen.

FREITAG

Geschwätz

In den letzten beiden Wochen haben wir über gesellschaftliche Gefahren geredet, die den Familien heute drohen. Eine Wurzel dieser Probleme ist eine Philosophie, die sich Postmoderne nennt. Sie ist auch als Moral-Relativismus bekannt. »Die Wahrheit ist unbekannt«, lehrt sie. *Nichts* ist richtig oder falsch. *Nichts* ist gut oder böse. Der Postmodernist ist überzeugt, dass Gott oder ähnliche absolute Werte einfach nicht existieren.

Einer der führenden Vertreter dieser Philosophie ist Peter Singer, ein Professor und«Bioethiker« an der *Princeton University*. Singer schreibt: »Sehr oft ist es in keiner Weise falsch (ein Kind zu töten, das den Mutterleib verlassen hat). Ein Kind zu töten ist nie dasselbe wie eine Person zu töten.« Dahin führt die Postmoderne – zu einer völligen Verachtung des Wertes menschlichen Lebens.

Wir heben diese zerstörerischen Entwicklungen hervor, damit wir die Gedankeneinflüsse auf unsere Kinder und ihr Verhalten nachempfinden können. Die Bibel sagt: *Wie ein Mensch in seinem Herzen denkt, so ist er*. Wenn Kinder anfangen zu denken, dass sie nur ein Zufallsprodukt sind, untergräbt das ihre Motivation moralisch, respektvoll und dankbar zu leben und einem allwissenden, barmherzigen Gott zu vertrauen.

Paulus rät seinem Schüler Timotheus dringend: *Lieber Timotheus, bewahre unverfälscht, was dir anvertraut worden ist! Wende dich ab von dem gottlosen Geschwätz dieser Leute, die der Wahrheit widersprechen und sich auf eine Erkenntnis berufen, die gar keine ist* (1. Timotheus 6,20). Das ist auch ein guter Rat für Familien.

Gute-Nacht-Gedanken

- Haben Sie Ihren Kindern verständlich gemacht, dass es Gut und Böse gibt, das von dem Herrn des Universums festgelegt wird und nicht von unserer Gesellschaft?
- Wie können Sie verhindern, dass Ihre Kinder durch gottloses Geschwätz beeinflusst werden?

Allmächtiger Gott, wir bestätigen unwiderruflich deine Stellung als die einzige absolute Autorität ! Hilf, dass dein unveränderliches Wort die allzu menschlichen Konzepte durchdringt, die unsere Tage beherrschen. Zeig uns, wie wir unseren Kindern beibringen können, dass sie alle Ideen ablehnen, die nicht von dir stammen. Amen.

SAMSTAG

Die richtige Antwort

Denn wer bittet, der bekommt. Matthäus 7,8

In den letzten beiden Wochen haben wir uns mit ernsthaften Gefahren für die körperliche und geistliche Gesundheit Ihrer Kinder beschäftigt.

Jede dieser Gefahren hat das Potenzial von einer Schlingpflanze, die das Leben Ihres Sohnes oder Ihrer Tochter überwuchert, wenn man ihnen die Chance dazu gibt. Ich kann gut verstehen, wenn Sie sich heute Abend ein wenig deprimiert fühlen.

Darum möchte ich Ihnen Mut machen. Als Eltern brauchen wir nicht verzweifelt über die Verführungskräfte dieser Zeit zu jammern. Wir können so auf Schwierigkeiten reagieren, wie Gott es zu allen Zeiten empfohlen hat – wir können beten. Gott möchte nicht nur, *dass* wir für unsere Kinder beten. Er unterweist uns auch, *wie* wir um seine Hilfe beten sollen.

Beten in Jesu Namen. Jesus sagte zu seinen Jüngern: *Bisher habt ihr nichts unter Berufung auf mich erbeten. Bittet, und er wird euch beschenken, damit an eurer Freude nichts mehr fehlt* (Johannes 16,24). Jesus gibt uns die Vollmacht, eine Petition in seinem Namen vorzubringen. Wir dürfen mit der Befürwortung Christi vor Gott treten und sind nicht auf unsere Qualifikationen angewiesen.

Bitten und in Jesus bleiben. Jesus sagt: »Wenn ihr mit mir vereint bleibt und meine Worte in euch lebendig sind, könnt ihr den Vater um alles bitten, was ihr wollt, und ihr werdet es bekommen« (Johannes 15,7). Unsere Gebete für unsere Kinder stimmen mit dem Herzen Christi auf natürliche Weise überein, wenn wir die Nähe zu Jesus suchen.

Nach Gottes Willen beten. Jesus lehrte uns zu beten: *Dein Wille geschehe wie im Himmel …* (Matthäus 6,10). Gott freut sich, wenn wir seinen Willen für unsere Kinder und uns Eltern wieder herstellen und entsprechend beten.

Im Glauben beten. Im gläubigen Gebet liegt Macht. Ein Mangel an Glauben begrenzt dagegen die Wirkung des Betens für unsere Familie. Die Bibel erklärt das so: *Er muss Gott aber in festem Vertrauen bitten und darf nicht im Geringsten zweifeln. Wer zweifelt, gleicht den Meereswogen, die vom Wind gepeitscht und hin und her getrieben werden* (Jakobus 1,6).

Mit Dank beten. Zu Bitte und Gebet sagt Paulus: *Tut es mit Dank für das Gute, das er euch schon erwiesen hat* (Philipper 4,6). Dieser Dank ist die eindeutige Reaktion unseres Glaubens auf Gottes Gebetserhörungen und auf Gottes Liebe, die jeden Aspekt unseres Lebens kontrolliert.

Ihre Gebete tragen dazu bei – ja sie nehmen sogar entscheidenden Einfluss darauf –, dass Ihre Kinder vor Schaden bewahrt werden. Für Gottes Handeln ist kein Problem zu groß. Legen Sie Ihre Sorgen und die Ängste um Ihre Kinder in Gottes Hand. Er wird hören und er wird antworten. *SD*

17. WOCHE

Lernen Sie Ihre Kinder kennen

SONNTAG

Süße Träume

Jeannette Clift George

Meine Mutter war eine begabte Pianistin. Musik lag ihr im Blut, in den Fingern und im Herzen. Musik gehörte in unser Haus. Als sie meinen Vater heiratete, gab sie ihre Konzertkarriere auf. Doch sie spielte weiterhin leidenschaftlich Klavier und dachte, ich teile ihre Leidenschaft.

Ich spielte, wenn auch nicht geschickt, so doch gehorsam Klavier, übte endlose Tonleitern oder einfache Melodien mit Akkorden und kleinen Variationen, die sich wiederholten. Die mir zugeteilte Musik war eine große Ansammlung leichter Stücke. Ich war keine begabte Schülerin. Bei einem Hauskonzert brauchte ich einige aufregende Minuten, um mein Stück vorzuspielen, das ich aber sofort in dem Moment vergaß, als ich mich zum Spielen ans Klavier setzte.

Eines Nachmittags klimperte ich lustlos an einer Etüde. Mutter arbeitete fröhlich im Garten an ihren Lilien. Während ich spielte, rief mir Mutter vom Garten aus zu: »Nein, Liebling, das F ist zu hoch! Das F ist zu hoch!«

Wütend schlug ich auf alle Tasten, die ich mit meinen beiden Händen zu fassen bekam, und begann zu weinen. Mutter eilte zu mir. »Was ist los, mein Kind?«, fragte sie besorgt.

»Wie konntest du hören, dass das F falsch war?«, heulte ich. »Du warst im Garten und ich saß hier am Klavier. Für meine Ohren war das ganz in Ordnung, wie ich gespielt habe!« Mutter schaute mich mitleidig an. Sie hatte mich nicht mutlos machen wollen. »Und außerdem«, sagte ich und ließ meine Tränen achtlos auf die Tasten tropfen, »ich spiele sowieso nur, weil du es willst!«

Meine Mutter schaute mich erstaunt an. Nie im Leben hatte sie sich vorgestellt, dass irgendjemand keine Lust zum Klavierspielen haben könnte! Alle ihre Träume, der eigenen Tochter ihre Freude an der Musik weiterzugeben, schmolzen unter meinem hitzigen Gefühlsausbruch dahin. Und im selben Augenblick akzeptierte sie die schmerzhafte Offenbarung.

Sie setzte sich zu mir, lächelte und umarmte mich. Sie wischte mir die Tränen vom Gesicht und sagte: »Liebling, du musst nicht mir zuliebe spielen. Wir werden etwas finden, das dir gefällt.«

Heute wünschte ich mir, ich könnte Klavier spielen, aber ich erinnere mich in erstaunlicher Klarheit an den Augenblick, in dem meine Mutter mich verstand. Sie schaute tief in mein Herz und stellte fest, dass ich nicht glücklich würde, wenn ich *ihren* Traum auslebte. Sie befreite mich davon, damit ich meinen eigenen Traum verfolgen konnte: das Theater.

Meine Mutter und mein Vater besuchten jede Theatervorstellung, die ich in der Umgebung von Houston gab. Gleichgültig wie anspruchsvoll die Rolle war oder wie umstritten die Produktion, meine Mutter sagte immer: »Liebling, du schaffst das. Ich weiß, dass du es kannst.« Und etwas in mir, das tiefer als Angst und Zweifel saß, glaubte ihr. Selbst in den ermüdenden langen Stunden der Proben und Vorführungen war die Ermutigung meiner Mutter mir immer eine Hilfe.

Eines Nachts kam ich nach einer Vorstellung, die verlängert worden war, sehr spät nach Hause. Mutter war schon zu Bett gegangen. In der Küche brannte noch Licht. Auf Zehenspitzen stieg ich die Treppe hoch zu meinem Zimmer. Ich war sehr müde. In diesem Moment überfiel mich die tiefe Einsamkeit, die Schauspieler oftmals nach der Arbeit befällt. Als ich das Licht ausschalten wollte, schaute ich in den Hausflur hinunter.

Eine großer Chrysanthemenstrauß stand auf dem Tisch im Flur. Er blühte an jenem Abend mit Grüßen von meiner Mutter. Sie hatte aus Papier Gesichter ausgeschnitten und sie mitten in jede Blüte gesteckt und hatte an den Rand eines jeden Gesichts »Gute Nacht, Jeanette … Schlaf gut!« geschrieben.

Mir ist kein Blumengruß in Erinnerung geblieben, der mir so viel bedeutet hat. An diese Blumen muss ich immer denken, wenn ich überlege, wie Gott uns alle mit unserer eigenen einmaligen Kreativität begabt hat. Und dann danke ich Gott für meine Mutter.

Vorschau

Es passiert sehr leicht, dass wir Eltern hohe Erwartungen an unsere Kinder haben und damit unsere eigenen Träume verwirklichen wollen, anstatt ihnen zu ermöglichen, dass sie ihre eigenen Talente entfalten.

Es ist ganz schön schwierig, in Kopf und Herz eines Kindes zu blicken, um zu sehen, was es sieht, und zu fühlen, was es empfindet. Ist das Kind einsam, braucht es unsere Gesellschaft. Ist es aufsässig, braucht es unsere Hilfe, um sein Temperament zu zügeln. Hat es Angst, braucht es die Sicherheit unserer Umarmung. Benimmt es sich merkwürdig, braucht es unsere geduldigen »Durchdringversuche«. Ist es glücklich, braucht es uns zum Lachen und Mitfreuen.

Wer sein Kind wirklich *kennt*, ist in einer viel besseren Position, kann auf die Hochs und Tiefs seines Kindes besser reagieren und hat vor allem mehr Freude an seiner Erziehungsaufgabe! In den nächsten Tagen werden wir darüber reden, wie wir »klug und einsichtig« (5. Mose 4,6) werden und ein tieferes Verständnis für unsere Kinder gewinnen. *JD*

MONTAG

Der Gesang der Steine

Rede, Herr, dein Knecht hört. 1. Samuel 3,10 L

Simon Verity ist ein großartiger Bildhauer, der in Großbritannien Kathedralen aus dem 13. Jahrhundert restauriert. Mit jedem behutsamen Schlag auf seinen Meißel lauscht Verity auf den Gesang der Steine. Ein dunkler Ton zeigt an, dass alles in Ordnung ist. Ein hohes *Ping* bedeutet, dass ein Stück des Gesteins ausbrechen könnte. Er korrigiert ständig den Winkel seines Meißels und die Schlagstärke nach der Klanghöhe des Steins. Oft macht er eine Pause und fährt mit der Hand über die frisch behauene Oberfläche. Verity weiß, dass eine falsche Bewegung einen irreparablen Schaden an seinem Kunstwerk verursachen könnte. Sein Erfolg hängt von seiner Fähigkeit ab, die Signale zu erkennen, die die Steine ihm geben.

In ähnlicher Weise müssen Eltern auf die »Musik« ihrer Kinder lauschen, vor allem bei Konfrontationen und Korrektur. Es braucht viel Geduld und Sensibilität, um herauszufinden, wie Ihr Kind antwortet. Wer genau hinhört, begreift, was sein Kind ihm sagen will, was es denkt und fühlt.

Die Bibel sagt: *Auch der Erfahrene lernt noch dazu ...* (Sprichwörter 1,5). Durch genaues Hinhören und guten Einsatz Ihres Handwerkszeugs werden auch Sie ein Meister-Bildhauer, der in seinem Kind ein wertvolles Kunstwerk schafft.

Gute-Nacht-Gedanken

- Wie gut hören Sie auf die »Musik« Ihrer Kinder?
- Wissen Sie im Allgemeinen, was sie denken und empfinden?
- Was können Sie tun, damit in Ihren Kindern ein schönes Kunstwerk entsteht?

Lieber Herr, als Eltern möchten wir unsere Unerfahrenheit und Mängel ablegen, um gute Bildhauer für unsere Kinder zu werden. Schenke uns Ohren, die auf jeden Ton im Leben unserer Kinder achten, und gib uns Weisheit in der Erziehung, damit sie die Menschen werden, die sie nach deinem Plan sein sollen. Amen.

DIENSTAG

Wer danach trachtet, Gutes zu tun, findet Zustimmung bei Gott.
Sprichwörter 11,27

Jahrelang hatte Roger seinen ältesten Sohn Gordon bedrängt und bearbeitet, damit er sich in der Schule mehr anstrengte. Gordon konnte den Erwartungen seines Vaters leider nie ganz gerecht werden. Der Vater war fast immer enttäuscht von den Durchschnittsleistungen seines Ältesten.

Eines Tages wurde Roger von der Einladung der Schule seines Sohnes zu einer Schülerehrung überrascht. Er konnte sich einfach nicht vorstellen, dass sein Sohn Gordon eine Auszeichnung erhalten sollte. Trotzdem nahm der Vater die Einladung wahr. Er wurde jedoch zunehmend unruhiger, als er nicht seinen Sohn, sondern nur andere

Schüler auf die Bühne gehen sah. Warum nur war sein Sohn so mittelmäßig?

Schließlich schritt der Direktor zur letzten Vorstellung – eine neue Auszeichnung für einen außergewöhnlichen Schüler. Erstaunt hörte Roger, wie der Name seines Sohnes aufgerufen wurde. Und dann folgte eine lange Beschreibung der feinen Charaktereigenschaften seines Sohnes wie Freundlichkeit, Vertrauenswürdigkeit und ruhige Führungseigenschaften. Der Direktor dankte Gordon abschließend und sagte: »Niemand, der Sie wirklich kennen gelernt hat, wird derselbe bleiben, der er war.«

Roger hatte also nie seinen Sohn wirklich kennen gelernt, und noch viel weniger ihn so geschätzt, wie er war. In seinen Bemühungen, Gordon zu »verbessern«, war er für die größten Qualitäten seines Sohnes blind gewesen.

Das erinnert uns an Sprichwörter 11,27: *Wer danach trachtet, Gutes zu tun, findet Zustimmung bei Gott. Wer danach trachtet Unheil zu stiften, den überfällt es.* Fördern Sie Ihre Kinder. Vergessen Sie aber nie, die positiven Charaktereigenschaften ihres Kindes herauszufinden und zu honorieren. Sie werden erkennen, dass Sie ein Kind haben, auf das Sie stolz sein können.

Gute-Nacht-Gedanken

- Übersehen Sie positive Züge bei Ihrem Kind?
- Sollten Sie vielleicht die Qualitäten Ihres Kindes woanders suchen als in den Eigenschaften, auf die Sie bisher so viel Wert legten?

Himmlischer Vater, lehre uns, den Wert unserer Kinder in ihnen selbst zu entdecken und nicht in dem, was wir uns von ihnen wünschen. Hilf uns, Ihre Gedanken und Träume kennen zu lernen, ihre Stärken und Schwächen, ihre Ängste und Fehler. Hilf uns, sie bedingungslos lieb zu haben, wie du uns liebst. Amen.

Gottes Leuchte

Ich, Gott, werde euch immer und überall führen. Jesaja 58,11

Der Versuch, mit einem gleichgültigen Teenager zu reden, ist wie ein kaputter Geldwechselautomat, in den man Geld steckt – die Worte fallen hinein, aber nichts kommt zurück! Und doch ist es unbedingt wichtig, dass Sie mit Ihren Kindern, die auf dem Sprung sind, das Nest zu verlassen, in engem Kontakt bleiben.

Oft werden sie Sie in wichtigen Lebensfragen um Rat fragen, wenn Sie es am wenigsten erwarten. Vielleicht: »Ich möchte Jesus nachfolgen, aber wird er mir sagen, was ich tun soll?« Oder: »Ich glaube, Gott ruft mich in den vollzeitlichen Dienst. Aber wie kann ich eine Familie mit einem Pastorengehalt ernähren?«

Das ist der Zeitpunkt, wo Sie liebevoll ihren Arm um ihr Kind legen sollten und es an Gottes unendliche Liebe erinnern: »Gott liebt alle, die ihn ehren, so wie ein Vater seine Kinder liebt. Gott, der beste Vater, wird nie jemanden von uns verlassen oder eine Bitte um Führung ignorieren. *Sein Wort ist eine Leuchte für mein Leben, er gibt mir Licht für jeden nächsten Schritt* (Psalm 119,105). Das heißt nicht, dass er uns einen Fluter schenkt, der die ganze Landschaft erhellt. Aber unseren nächsten Schritt, den erhellt er. Und wir dürfen ihm vertrauen, dass er uns durch die Dunkelheit führt.

Ihr Teenager ist sicher nicht bereit, jeden Tag tiefe Einsichten aus der Bibel mit Ihnen zu diskutieren. Doch wer dicht an seinem Sohn oder seiner Tochter dran bleibt, wird den richtigen Augenblick nicht verpassen, wann er ein paar gute Gedanken vermitteln kann.

Gute-Nacht-Gedanken

- Welche wichtigen Fragen beschäftigen Ihr Kind augenblicklich?
- Welchen Rat möchten Sie ihm geben? Welche Stelle aus dem Wort Gottes?
- Vertrauen Ihre Kinder Gott, der ihre Wege erhellt, und zwar immer einen Schritt nach dem anderen?

Vater, wir bitten dich in diesem Augenblick, dass du uns eine himmlische Wahrnehmung schenkst. Hilf uns, unsere Kinder so zu kennen, wie du uns kennst. Lass uns hinter ihre Widerstände und Fassaden gucken. Gib uns liebevolle Worte und Weisheit, wenn wir auf ihre größten Kämpfe eingehen. Amen.

DONNERSTAG

Veränderungen wahrnehmen

Wie glücklich ist, wer die Weisheit gefunden und Erkenntnis erlangt hat.
Sprichwörter 3,13

Nachdem ich meinen Schulabschluss gemacht hatte, fuhr ich (JD) noch im gleichen Sommer 1.500 Meilen von zu Hause fort und belegte einen Studienplatz am College in Kalifornien. Das überschwängliche Gefühl der Freiheit, das mich damals überwältigte, werde ich nie vergessen. Ich fühlte mich für mein Leben selbst verantwortlich und brauchte niemandem mein Vorhaben zu erklären.

Im Dezember dieses Jahres trafen meine Eltern und ich uns in den Weihnachtsferien bei Verwandten. Plötzlich fiel mir meine Mutter fürchterlich auf die Nerven. Sie behandelte mich wie damals, als ich noch zur Schule ging. Sie erkundigte sich, wann ich nachts nach Hause käme, bat mich, vorsichtig zu fahren und mich gesund zu ernähren. Meine Mutter hatte nicht wahrgenommen, dass ich mich verändert hatte. Ich wollte endlich selbst für mich verantwortlich sein.

Ähnlich erging es Maria und Josef. Als sie entdeckten, dass ihr 12-jähriger Sohn nicht mit ihnen zusammen auf dem Heimweg von Jerusalem war, wussten sie nicht, wo sie ihn suchen sollten. Schließlich fanden sie ihn im Tempelhof, wo er zuhörte und den Gelehrten Fragen stellte. Maria und Josef hatten nicht wahrgenommen, wie sehr sein Verständnis für seine einmalige Beziehung zu seinem himmlischen Vater gewachsen war: »*Habt ihr nicht gewusst, dass ich im Haus meines Vaters sein muss?*« (Lukas 2,41–50).

Die Bibel fordert uns auf: *Kommt, betretet den Weg zur Einsicht! Der Lohn dafür ist ein erfülltes Leben* (Sprichwörter 9,6). Wer versucht, die

Veränderungen seiner Kinder zu verstehen und sie zu akzeptieren, stellt fest, dass er sie mehr und mehr achtet. Das gilt umgekehrt genauso.

Gute-Nacht-Gedanken

- Wie haben sich Ihre Kinder in den letzten Monaten verändert?
- Behandeln Sie sie mit einem neuen Verständnis?

Himmlischer Vater, wir bitten dich, dass du unsere Beziehung zu den Kindern begleitest. Hilf uns, ihr Wachsen und Reifen zu erkennen und ihnen Mut zuzusprechen, vor allem, wenn sie sich näher zu dir hingezogen fühlen. Danke, dass du uns zeigst, wie wir den Weg zum besseren Verständnis gehen sollen. Amen.

FREITAG

Überraschung!

Wenn sich jemand darauf beruft, dass er Gott kennt, zeigt er damit, dass er noch nicht weiß, was Erkenntnis Gottes ist. 1. Korinther 8,2

Wir haben Sie in dieser Woche aufgefordert, ein besseres Verständnis für Ihre Kinder zu gewinnen. Allerdings geben wir bereitwillig zu, dass Ihre Kinder Sie immer wieder, trotz aller Bemühungen, überraschen werden.

Ich weiß noch, wie ich vor Jahren zu Hause anrief. Damals hatte ich einige Vorträge außerhalb unseres Staates zu halten. Danae, 13 Jahre alt, war am Telefon. Sie berichtete mir, dass sie am kommenden Samstag beim 1.000-Meter-Lauf eines Leichtathletikwettbewerbs mitmachen wolle. »Das ist eine sehr weite Strecke. Bist du sie denn schon einmal gelaufen?«, fragte ich. Nein, gab sie zu, dass sei sie noch nicht. Und sie habe auch nicht trainiert. Ich riet ihr dringend ab. Sie beschloss, trotzdem den Lauf mitzumachen.

Nun, was soll ich sagen. Sie können sich denken, was geschah: Danae gewann das Rennen. Im darauf folgenden Jahr gewann sie die 1.000 Meter wieder und stellte einen Schulrekord auf. Jetzt begann ich mich zu begeistern. *Das Kind hat Talent,* dachte ich. *Sie wird einmal eine große*

Läuferin. Wieder falsch. Danae machte noch bei drei Läufen mit und gewann zwei davon. Danach verlor sie das Interesse. Soweit zur väterlichen Weisheit.

Auch wenn Sie sich noch so viel Mühe geben, Ihre Kinder wirklich kennen und verstehen zu lernen, wird Ihnen das nicht immer gelingen. Gott hat unsere Kinder als komplexe, einmalige menschliche Wesen erschaffen. Eltern müssen sich folgende Bibelstelle zu Herzen nehmen: *Wer ruhig bleibt, zeigt, dass er Einsicht hat* (Sprichwörter 14,29). Sie werden nur erkennen können, wer Ihre Kinder sind – und was aus ihnen werden wird –, wenn Sie ein großes Maß an Geduld aufbringen und sich auf den Herrn verlassen.

Gute-Nacht-Gedanken

- Wie oft werden Sie von Ihren Kindern überrascht?
- Haben Sie Geduld, Ihre Kinder zu verstehen?

Himmlischer Vater, wir wissen, wir müssen uns auf dich verlassen, wenn wir unsere Kinder kennen lernen wollen. Schenk uns Geduld bei mangelndem Verständnis. Hilf uns, dass wir uns auch in den Überraschungsmomenten mit unseren Kindern freuen können. Amen.

SAMSTAG

Die Kraft des Wortes

Wer nach dem wahren Leben verlangt und glückliche Tage erleben will, der nehme seine Zunge gut in Acht, dass er nichts Schlechtes und Hinterhältiges sagt. 1. Petrus 3,10

Unsere Worte sind unglaublich wichtig zur Verständigung und Kommunikation mit unseren Kindern. Was wir sagen und wie wir es sagen, kann uns entweder näher zum Herzen unseres Kindes bringen oder es mit einer schroffen oder unangemessenen Bemerkung verletzen.

Ich dachte über die Wirkung unserer Worte nach, als ich eine Geschichte von Hillary Rodham Clinton las, der Gattin von Ex-Präsident Bill Clinton, die als Kind von ihrem Vater nie Bestätigung bekam.

Eines Tages brachte sie ein Zeugnis mit den allerbesten Noten heim. Stolz präsentierte sie es ihrem Vater und freute sich auf Anerkennung und Lob. »Tja, da scheint deine Schule ja nicht allzu viel zu verlangen«, war sein ganzer Kommentar. Nach 35 Jahren haftete diese gedankenlose Äußerung immer noch im Kopf von Mrs. Clinton. Für ihren Vater war das vielleicht nur eine witzige Bemerkung gewesen, doch hinterließ sie in seiner Tochter einen Schmerz, der bis heute nicht verwunden ist.

Erinnern Sie sich, was Johannes, der Jünger Jesu, als himmlische Eingebung über das Wort schreibt? *Am Anfang, bevor die Welt geschaffen wurde, war Er, der (das Wort) ist. Er war bei Gott und in allem Gott gleich* (Johannes 1,1). Johannes beschreibt Jesus, den Sohn Gottes, der persönlich mit dem Wort identifiziert wird. Kann die Macht des Wortes besser ausgedrückt werden?

Matthäus, Markus und Lukas berichten alle von einer prophetischen Aussage, die Jesus gemacht hat und die den Ewigkeitswert seiner Lehre bestätigt: Da heißt es: *Himmel und Erde werden vergehen, aber meine Worte nicht* (Matthäus 24,35). Dieses Wort gilt auch für heute, über 2.000 Jahre nachdem Jesus es ausgesprochen hat.

Worte haben große Macht. Sie können nachhaltig erhellen, ermutigen und heilen: Sie können aber auch, unbedacht angewandt, verletzen und zerstören. Wie wir mit Worten umgehen, hat Auswirkungen auf die Ewigkeit: *Aufgrund deiner eigenen Worte wirst du dann freigesprochen oder verurteilt werden* (Matthäus 12,37). Lassen Sie uns als Eltern Worte wählen, die unsere Kinder segnen und Gott ehren. *SD*

18. WOCHE

Man lernt nie aus

SONNTAG

Chase und die Bohnenranke

Dale Hanson Bourke

Ich schaute meinen Sohn an und wusste: *Irgendetwas stimmt hier nicht.*

»Na, Chase, wie war's heute im Kindergarten. Schön?«, fragte ich. Er nickte stumm und blickte schnell zu Boden.

»Gab's etwas Besonderes?«

»Nein, eigentlich nicht«, murmelte er.

»Ist deine Bohnenpflanze schon wieder ein Stück gewachsen?«

Da strahlte Chase übers ganze Gesicht. Die Kindergärtnerinnen zogen mit den Kindern Bohnen. Und aus welchem Grund auch immer war seine Pflanze höher als alle anderen aufgeschossen. Seit Tagen genoss Chase die volle Bewunderung seiner kleinen Freunde, weil seine Pflanze die anderen Sprösslinge weit überragte.

»Die wächst immer noch weiter«, rief er begeistert. »Bald reicht sie bis zur Decke!« Er reckte sich hoch und gestikulierte lebhaft mit einer Hand in der Luft.

Mir fiel auf, dass Chase nur mit einer Hand gestikulierte und die andere in seiner Hosentasche verbarg. Argwöhnisch fragte ich, ob er irgendetwas aus der Schule mit heimgebracht habe.

»Eigentlich nicht«, murmelte er, und schaute wieder zu Boden. Der überraschte Blick und das offensichtliche Schuldgefühl auf seinem Gesicht entlockte mir fast ein Lächeln. Mein Sohn war zu jung und zu unschuldig, um seine Gefühle verstecken zu können. Aber ich merkte, dass er mit etwas kämpfte, von dem er wusste, dass es nicht recht war.

Langsam und vorsichtig zog er den Schatz aus seiner Tasche. Er öffnete die kleine Faust und in seiner Hand lag eine schrumplige Bohne.

Ich versuchte, Chase in die Augen zu schauen, aber er sah zur Seite. Ich konnte mir nicht vorstellen, was ihm so sehr zu schaffen machte. »Woher hast du die Bohne?«, fragte ich freundlich.

»Aus dem Kindergarten«, antwortete er leise.

»Hat die Kindergärtnerin sie dir gegeben?«

»Eigentlich nicht«, flüsterte Chase. »Die war noch übrig.«

»Hast du sie gestohlen?«

Meine Worte klangen barsch. Ein Blick in Chases Gesicht sagte mir: Ich hatte ihn durchschaut. Es war keine Bohne, die übrig gewesen war. Es war eine, die er haben wollte und die er sich ohne Erlaubnis genommen hatte. Die Bohne zu stehlen war Unrecht. Und Chase wusste das.

»Ich glaube schon.« Nach diesem Geständnis erschien mir mein Sohn richtig erleichtert. »Ich wollte zu Hause auch eine Bohnenpflanze ziehen, wie wir es in der Schule machen.«

Hinter der Geschichte steckt noch mehr, vermutete ich. Seine Bohnenpflanze hatte ihm eine Spitzenstellung unter seinen Kameraden verschafft. Jeden Morgen war er im Kindergarten der König, wenn die Gruppenstunde begann und seine Kameraden seine Pflanze bewunderten, die größer war als alle anderen. Chase hatte die Bohne gestohlen, weil er das Gefühl schön fand, bewundert zu werden. Ich wollte das Unrecht nicht minimieren und ihn auch nicht mit Schuldgefühlen überfordern. Doch hier ging es nicht nur um eine Bohne. Wenn Chase das nicht begriff, würde er das nächste Mal leichter etwas mitgehen lassen.

»Ich weiß, dass dir deine Pflanze im Kindergarten sehr gefällt und ich kann verstehen, warum du noch eine Bohne haben möchtest«, sagte ich zu meinem Sohn. »Aber etwas mitnehmen, das dir nicht gehört, ist Unrecht. Das ist gestohlen. Du musst die Bohne zurückgeben.«

Tränen blitzten in seinen Augen. »Bitte, Mami, darf ich sie nicht behalten?«

»Nein, Chase«, sagte ich bestimmt und fragte mich im Stillen, ob ich nicht zu hart zu meinem Sohn sei. »Du musst sie morgen wieder zurückgeben. Und du musst deiner Lehrerin sagen, dass es dir Leid tut, dass du sie ohne Erlaubnis mitgenommen hast.«

Am nächsten Tag nahm Chase die Bohne wieder mit zum Kindergarten. Seine Kindergärtnerin erzählte mir später, dass er sie reumütig zurückgegeben habe mit dem Geständnis: »Es tut mir leid, ich habe diese Bohne gestohlen.«

Als Chase am Nachmittag nach Hause kam, war er offensichtlich wieder er selbst. »Hast du die Bohne zurückgegeben?« fragte ich ihn.

»Ja, Mama.«

»Dann habe ich eine Überraschung für dich.« Ich zog ein Tütchen mit Saatbohnen hervor und sah, wie sich seine Augen vor Begeisterung weiteten.

»Können wir sie sofort pflanzen?«, bettelte er.

Wir pflanzten die Bohnen auf unserer Fensterbank und ich hatte das Gefühl, als würde ich damit eine heilige Handlung vollziehen. Jedes Mal, wenn eine Bohne in der Erde verschwand, musste ich daran denken, wie ich Dinge glatt gebügelt oder Unrecht beschönigt hatte, weil ich hoch hinaus wollte. Auch ich wollte von Menschen bewundert werden. Ich wollte die Beste sein und unter meinen Freundinnen glänzen. Manches Mal habe ich es mir leicht gemacht und mich selbst beschwichtigt: *Da habe ich doch nur ein bisschen übertrieben.* Doch jede Bohne erinnerte mich an den hohen Preis, den ich zahle, wenn mein Wunsch nach Anerkennung mein Gewissen vergewaltigt.

Die Bereitschaft und Art, wie Chase die Sache in Ordnung brachte, hat mich beschämt. Während unsere Bohnenpflanzen auf der Fensterbank heranwuchsen, wurde mir deutlich, dass selbst das kleinste Unrecht uns von Gott wegzieht, während ein winziger Schritt zurück in die richtige Richtung uns heil macht und uns Gott näher bringt.

Vorschau

Im 1. Schuljahr (und auch schon davor) lernen unsere Kinder ungeheuer viel. Sie lernen buchstabieren, rechnen und schreiben. Die wichtigsten Lektionen haben allerdings wenig mit Büchern und Schreibheften zu tun. Es sind die Lektionen, die unsere Kinder durch tägliche Erfahrungen lernen. Es sind die Grundlagen des Lebens.

Als Eltern müssen wir genau darauf achten, welche Anweisungen wir geben und welche Wahrheiten wir vermitteln wollen. Hier liegt eine große Verantwortung. Wir brauchen dabei nur auf Jesus zu schauen, der gesagt hat: *Ihr nennt mich Lehrer und Herrn. Ihr habt Recht. Das bin ich* (Johannes 13,13).

Wir werden in dieser Woche noch einiges dazu hören, wie wir unseren Kindern göttliche Lektionen vermitteln können, wobei wir uns Jesus zum Vorbild nehmen und unsere Kinder anleiten, seinen Spuren zu folgen. *JD*

Einfühlsame Herzen

Seid mitfühlend ... Kolosser 3,12

Es war in Philadelphia an einem kalten Dezembertag. Der 11 Jahre alte Trevor Ferrell saß vor dem Fernseher in seinem behaglichen Elternhaus und verfolgte eine Sendung über Obdachlose. Sein kleines Herz krampfte sich zusammen. Da musste man doch etwas tun! Er griff nach einer Decke und einem Kopfkissen aus seinem Schlafzimmer und bedrängte seine Eltern, sofort mit ihm in die Innenstadt zu fahren. Natürlich wollten sie das nicht. Das war doch viel zu gefährlich! Doch schließlich gaben sie nach. Kurz darauf überreichte Trevor einem dankbaren Obdachlosen Decke und Kopfkissen.

Das war der erste Besuch der Ferrells bei den Obdachlosen von Philadelphia, dem noch viele Besuche folgen sollten. Die Freunde von Trevor machten mit, andere begannen, Spenden zu sammeln. So wurde eine Obdachlosenstation ins Leben gerufen. Trevors Kampagne für Obdachlose weckte landesweites Interesse und inspirierte im ganzen Land weitere Ortsgruppen. Ein leer stehendes Hotel in Philadelphia wurde unter dem Namen *Trevor's Place* in ein Heim für Obdachlose umgewandelt, und ein angrenzendes Gebäude wurde zu *Trevor's Next Door* umfunktioniert, einer Wohn- und Lebensgemeinschaft für Menschen von der Straße.

Hunderte von Menschen fanden Hilfe und Hoffnung, weil ein Fünftklässler sich an die Worte Jesu erinnerte: *Was ihr für einen meiner geringsten Brüder getan habt, das habt ihr mir getan* (Matthäus 25,40).

Jesus hatte ein unglaubliches Mitgefühl für die Ausgestoßenen der Gesellschaft. Er berührte sogar Leprakranke, die von anderen völlig abgeschoben wurden (Lukas 5,12–13). Indem Sie Ihren Kindern Mut machen, Menschen in Not zu helfen, führen Sie sie näher an das mitfühlende Herz des Herrn heran.

Gute-Nacht-Gedanken

- Wie machen Sie Ihren Kindern Mut, Mitgefühl für andere zu zeigen?
- Was können Sie in dieser Woche für die »Geringsten« in Ihrer Umgebung tun?

Lieber Vater, schenk uns ein Ohr für die Hilferufe um uns her. Zeig uns, wie wir nach deinem Vorbild darauf reagieren können, damit wir dein Mitgefühl in unsere Familien und in unsere Welt tragen. Amen.

DIENSTAG

Gottes Gerechtigkeit

Wie glücklich ist jeder, der den Herrn achtet und ehrt und sich nach seinen Geboten richtet. Psalm 128,1

Hin und wieder sollten Ihre Kinder ruhig die unerfreulichen Folgen der Sünde erleben. Sie lernen dadurch verstehen, dass Gott schmerzhafte Konsequenzen zulässt. Kinder haben ein Recht darauf zu wissen, dass unser barmherziger Gott der Liebe auch ein Gott des gerechten Zorns ist.

Ich war 9 Jahre alt, als meine (JD) Mutter mir die Geschichte von Samson vorlas (Richter 13–16). Ich hörte, dass die Philister diesem mächtigen Krieger, nachdem er in Sünde gefallen war, beide Augen ausstachen und ihn wie einen gewöhnlichen Sklaven behandelten. Samson bekannte Gott seine Schuld und ihm wurde vergeben. Aber sein Augenlicht und seine Freiheit gewann er nicht mehr zurück.

»Es gibt schreckliche Folgen der Sünde«, sagte meine Mutter zu mir. »Selbst wenn du bereust und dir vergeben ist, wirst du daran leiden, dass du Gottes Gesetze gebrochen hast.«

Heute bin ich dankbar, dass meine Mutter damals den Mut hatte, mich mit dieser Warnung der Bibel bekannt zu machen. Das Wissen, dass ich eines Tages vor Gott Rechenschaft ablegen muss, hat mich in Zeiten, wo ich vielleicht gern anders entschieden hätte, oft doch nach biblischen Maßstäben entscheiden lassen.

Achten Sie darauf, dass Sie Ihren Kindern deutlich machen, dass Gott nicht nur der »liebe Gott«, sondern auch der Gott der Gerechtigkeit ist. Wer nur eine Seite der Medaille aufdeckt, verdeckt eine der wichtigsten Wahrheiten der Bibel.

Gute-Nacht-Gedanken

- Stellen Sie Ihren Kindern Gottes Liebe und Gerechtigkeit gleichwertig vor?
- Begreifen Ihre Kinder, dass es unvermeidliche Folgen gibt, wenn Gottes Gesetze überschritten werden?

Himmlischer Vater, mach uns bereit, dass wir Gottes Gerechtigkeit und Ehre genauso fest im Blick behalten wie Liebe und Gnade. Gib uns den Mut, dass wir unseren Kindern sagen, wie du wirklich bist: Ein unendlich großer Gott. Was du mit und durch uns tust, wirkt sich in der Ewigkeit aus. Amen.

MITTWOCH

Nur ein Apfel

Liebt eure Feinde; tut denen gut, die euch hassen. Lukas 6,27

Carol musste als Klassensprecherin berichten, dass eine ihrer Kameradinnen aus der 7. Klasse in der Abwesenheit der Lehrerin Unsinn gemacht hatte. Joyce, die explosive Klassenkameradin, drohte daraufhin, sich nachmittags an Carol zu rächen. Carol flüchtete aus Angst in der Mittagspause nach Hause und ließ die ganze Geschichte bei ihrer Mutter heraus.

»Nimm ihr doch einen Apfel mit«, schlug die Mutter in aller Ruhe vor.

»Nimm ihr einen Apfel mit! Wofür soll der denn gut sein?«, rief Carol aufgebracht. »Joyce hat vor, mir die Augen auszukratzen!«

»Ja, das weiß ich«, erwiderte die Mutter gelassen. »In der Bibel steht, dass wir denen Gutes tun sollen, die uns hassen. Und da steht auch, dass eine milde Antwort den Zorn weichen lässt. Versuch es einfach!«

Nach dem Mittagessen legte Carol vorsichtig einen rot glänzenden Apfel auf den Tisch von Joyce und sagte leise: »Es tut mir Leid, dass du dich so sehr geärgert hast.«

Joyce war sprachlos. Endlich stammelte sie: »Ja, hm ... tja ... Vielleicht habe ich den Anpfiff auch verdient«

Die Situation war entschärft. Später wurden Carol und Joyce sogar noch Freundinnen.

Für Kinder (und Eltern!) ist es sicher oft schwierig, diesen biblischen Tipp zu befolgen: *... tut denen Gutes, die euch hassen, segnet die, die euch fluchen, und betet für alle, die euch schlecht behandeln* (Lukas 6,27–28). Ihr Gefühl sagt ihnen, dass ihre Gegner eine ganz andere Reaktion verdient haben. Aber die Anweisungen von Jesus sind unmissverständlich und wir sind schließlich aufgerufen, es ihm gleich zu tun. *Werdet barmherzig, wie euer Vater barmherzig ist* (Lukas 6,36).

Gute-Nacht-Gedanken

- Beten Sie im Beisein Ihrer Kinder für Ihre »Feinde«?
- Was würde passieren, wenn Sie es bei Zornesausbrüchen in Ihrer Familie mit einer sanften Antwort versuchen würden?

Allmächtiger Gott, deine Wege sind die besten für unser Leben. Hilf uns, dass wir unseren Kindern deine Barmherzigkeit aufzeigen und dass wir selbst ihnen darin ein Vorbild sind. Wir möchten auf andere mit Liebe und Mitgefühl reagieren, genau wie du auf uns reagierst. Amen.

DONNERSTAG

Das Geschenk der Sexualität

Die Segnungen deines Vaters waren stärker als die Segnungen der ewigen Berge. 1. Mose 49,26 L

Gott hat uns als Ausdruck der Liebe zwischen Mann und Frau das Geschenk körperlicher Intimität gemacht. Es heißt, dass Mann und Frau »ein Fleisch« werden, wenn sie heiraten (1. Mose 2,24). Das Hohelied der Liebe von Salomo beschreibt in höchst sinnlichen Worten die sexuelle Anziehung zwischen Mann und Frau. Unsere Gesellschaft hat jedoch den Sinn der Sexualität verdreht. »Sexuelle Freiheit« wird mit missionarischem Eifer propagiert. Ein Motel wirbt mit dem Slogan: »Hab deine nächste Affäre bei uns«. Voreheliche Unberührtheit und eheliche Treue werden als überholte Lebenskonzepte porträtiert. Wie können

Eltern in dieser aufgeheizten Atmosphäre ihren Kindern ein gesundes Verhältnis zur Sexualität als Gottes Geschenk vermitteln, ohne verklemmt zu sein oder der Sexualität etwas irgendwie Anrüchiges aufzuprägen?

Informieren Sie Ihre Kinder altersgerecht nach und nach über Gottes Plan mit der Sexualität. Das kann schon im Alter von 3 oder 4 Jahren beginnen und sollte vor der Pubertät abgeschlossen sein. Informieren Sie sich an den Fragen Ihrer Kinder, wie weit Sie sie aufklären dürfen. Und falls Ihre Kinder gar keine Fragen stellen? Dann warten Sie bitte nicht, bis irgendjemand Ihre Aufgabe übernimmt!

Unser Sohn Ryan war so ein Kind, das von sich aus überhaupt kein Interesse an diesem Thema zeigte. Schließlich nahm ich (JD) ihn mit zum Angeln und schlug ihm vor, über das Thema: »Wie ein Baby entsteht« zu reden. Ryan sagte: »Und wenn ich das nicht will?« Ich habe ihn trotzdem aufgeklärt.

Die Bibel sagt: *Bring einem Kind am Anfang seines Lebens gute Gewohnheiten bei, es wird sie auch im Alter nicht vergessen* (Sprichwörter 22,6). Das bedeutet, wir sollen unsere Kinder über alle Geschenke und Wahrheiten Gottes unterrichten, sobald das Verständnis dafür bei ihnen vorauszusetzen ist – auch über das Geschenk der Sexualität.

Gute-Nacht-Gedanken

- Wie viel wissen Ihre Kinder über Sex?
- Was tun Sie, um Ihr Kind vor sexueller Reizüberflutung zu schützen?

Lieber Vater, wir bitten dich, hilf uns, unsere Kinder mit der uns gegebenen Liebe, der gebührenden Ehrfurcht und der von dir gewünschten Achtung über das Thema Sex aufzuklären, sodass sie später viel Freude an ihrer von dir geschenkten Sexualität entwickeln können. Amen.

Gottes Gebote

Gehorcht meinen Geboten und richtet euch nach meinen Weisungen, dann werdet ihr ruhig und sicher in eurem Land leben können.
3. Mose 25,18

James fuhr mit seinen drei kleinen Kindern über eine verschneite Gebirgsstraße. Plötzlich geriet er mit seinem Kombi auf Glatteis. Der Wagen stellte sich quer, rutschte gegen eine Schneebank und glitt noch ungefähr 30 Meter weiter, bis er endlich zum Stehen kam.

James blickte sofort auf die Rückbank und war total erleichtert, als er seine drei Kinder sicher und wohlauf in ihren Sitzen sah. Wie dankbar war er, dass er die Kinder ordnungsgemäß angeschnallt hatte!

Gott hat auch für unsere Lebensreise einige Ordnungsregeln aufgestellt. Das sind die Zehn Gebote (2. Mose 20,3–17). Jedes Gebot enthält die Wahrheit und Weisheit des Schöpfers, mit denen er seine Kinder leiten und vor Nöten bewahren will. Diese Richtlinien lauten im Einzelnen:

1. Neben mir gibt es für dich keine anderen Götter.
2. Wirf dich nicht vor anderen Göttern nieder.
3. Missbrauche nicht den Namen des Herrn.
4. Vergiss nicht den Tag der Ruhe! Er ist ein besonderer Tag, der dem Herrn gehört.
5. Ehre Vater und Mutter.
6. Morde nicht!
7. Zerstöre keine Ehe!
8. Beraube niemanden seiner Freiheit und seines Eigentums!
9. Sage nichts Unwahres über deinen Mitmenschen!
10. Versuche nichts an dich zu bringen, was einem anderen gehört.

Im Verlauf der Kindheit geben Sie Ihren Kindern viele Tausend Anweisungen. Wenn Sie die Zehn Gebote ganz oben anstellen, werden Sie Gottes Hand in Ihrer Familie spüren: *Wer deiner Weisung folgt, wird belohnt* (Sprichwörter 13,13).

Gute-Nacht-Gedanken

- Wie gut kennen Sie und Ihre Kinder die Zehn Gebote?
- Lebt Ihre Familie nach jedem einzelnen Gebot?

Lieber Herr, wir sind dir sehr dankbar für deine Weisungen. Wir danken dir für alle Zehn Gebote, die deine Liebe zu jedem Menschen zeigen. Wir möchten deine Gebote an unsere Kinder weitergeben. Bitte hilf uns dabei, sie zu erklären und vorzuleben. Amen.

SAMSTAG

Wir lernen noch

Alle Tage kann er (der Gerechte) freigebig leihen, und seine Kinder geraten wohl. Psalm 37,26

Wir möchten so gern gute Eltern sein. Es gibt so vieles, was wir unseren Kindern beibringen müssen, und die Zeit ist so kurz. Bei allem Eifer, unsere Weisheit an die nächste Generation weiterzugeben, sollten wir ruhig einmal eine Pause einlegen und hinschauen, wie viel *wir* andersherum von unseren Kindern lernen können.

Ich möchte hier eine Geschichte von Elisabeth Cobb wiedergeben. Sie handelt von einer Mutter, die ihren Kindern zeigen wollte, wie man großzügig handeln kann. Ein Tornado hatte in ihrer Nähe gewütet. Die Mutter zeigte auf ein Bild in der Zeitung, das eine obdachlose Familie mit ihrem Kühlschrank zeigte – dem einzigen Besitz, der ihnen noch geblieben war. Auf dem Foto war ein kleines Mädchen mit vor Angst und Schrecken weit aufgerissenen Augen zu erkennen.

Die Mutter erklärte ihren 7-jährigen Zwillingen und der 3-jährigen Megan die Tragödie. Sie machte ihren beiden Söhnen Mut, etwas von ihrem Spielzeug für die betroffenen Kinder abzugeben, während sie für die Familie gebrauchte Kleider aussortierte.

Die Jungen trugen einiges Spielzeug zusammen, das ihnen nicht mehr gefiel. Inzwischen war Megan in ihr Zimmer gehuscht und kam mit etwas zurück, das sie fest im Arm hielt. Es war Lucy, ihre abgeschabte, ausgefranste und heiß geliebte Stoffpuppe. Megan stoppte vor einem Stapel aussortiertem Spielzeug, presste ihr rundes kleines Gesicht fest gegen ihre Lucy und küsste sie ein letztes Mal. Dann legte sie ihr Puppenkind vorsichtig oben auf.

»Oh Liebling«, sagte die Mutter, »du musst Lucy nicht weggeben. Du hast sie doch so lieb.«

Megan nickte traurig, und in ihren Augen schimmerten Tränen. »Lucy macht mich froh, Mami«, antwortete sie. »Vielleicht macht sie das traurige Mädchen in der Zeitung auch fröhlich.«

Die Zwillinge starrten mit offenen Mündern ihre kleine Schwester an. Plötzlich drehten sie sich wie abgesprochen auf dem Absatz um, gingen wortlos in ihre Zimmer und kamen nicht mit sowieso ausrangiertem Spielzeug zurück, sondern mit ihren liebsten Spielzeugautos und neuesten Action-Figuren.

Die Mutter, die nun selbst den Tränen nahe war, legte einen alten Mantel von dem Kleiderstapel zur Seite und ersetzte ihn durch eine gerade erst gekaufte Jacke. Die Mutter, die ihren Kindern Großzügigkeit beibringen wollte, hatte selbst eine Lektion gelernt.

Megan wusste intuitiv, dass ihre geliebte Stoffpuppe ihr nicht für immer gehörte. Obwohl sie es nicht erklären konnte, verstand sie die Bedeutung des Bibelwortes: *Nackt, wie der Mensch auf die Welt gekommen ist, muss er wieder von ihr gehen. Von allem, was er hier angehäuft hat, kann er nicht einmal eine Hand voll mitnehmen* (Prediger 5,14). Als Megan feststellte, dass ein trauriges kleines Mädchen Lucy nötiger brauchte als sie, war sie sofort bereit, ihr geliebtes Spielzeug abzugeben.

Gott möchte, dass wir unseren Besitz, unser Geld, unsere Talente und unser eigenes Leben so einsetzen, dass es Gott Ehre macht. Wie Paulus sagt: *Er wird euch so reich machen, dass ihr jederzeit freigebig sein könnt* (2. Korinther 9,11).

Vielleicht beginnen auch Sie mit dem Beispiel ihrer eigenen Kinder, wenn sie beabsichtigen, ihrer Familie Großzügigkeit vorzuleben.

19. WOCHE

Machen wir alles richtig?

SONNTAG

Auf einen verlorenen Sohn war ich nicht gefasst

Gigi Graham Tchividjian

Ich saß in der Kirche hinter meinem stattlichen Sohn. Eine Welle der Dankbarkeit durchströmte mich. Er hatte den Arm um Kim, seine hübsche Verlobte gelegt, während sie dem Song »The Keeper« (Der Beschützer) lauschten. Auch ihm fiel es sichtlich schwer, sich der Tränen zu erwehren.

Vor 5 Jahren noch hatte ich befürchtet, diesen geliebten Sohn niemals wieder zu sehen. Tullian war unser Verlorener Sohn. Sein Vater Stephan und ich hatten ihm mitgegeben, was wir konnten. Wir liebten ihn von ganzem Herzen. Doch er zog es vor, allem den Rücken zu kehren und rigoros alles in den Wind zu schlagen, was wir ihm geboten hatten. Es gab keine Wahl – wir mussten ihn ziehen lassen. Er war gerade 16 Jahre alt geworden.

Den Tag, an dem er sein Elternhaus verließ, werde ich wohl nie vergessen. Ich stand in der Einfahrt und sah ihm lange hinterher. Dann kehrte ich mit einem bleischweren Herzen um und ging widerwillig ins Haus zurück. Ich zwang mich, das Essen zu richten und anschließend aufzuräumen. Als ich schließlich ins Bett kroch, lag ich wach, weinte und stellte mir viele Fragen. *Wo war er jetzt? Hatte er einen Schlafplatz gefunden? Hätten wir etwas anderes tun können? Würde er je wieder nach Hause finden?*

Ich dachte an die Monate, die diesem Tag vorausgegangen waren. Das Auf und Ab, die Gefühlsausbrüche, die harten Worte, die Frustrationen, die Demütigungen, die Fragen, die langen schlaflosen Nächte, in denen wir gewartet, uns hinterfragt, uns gesorgt und immer wieder überlegt hatten: »Warum?« Warum rebellierte unser Sohn so sehr? Er konnte ein warmes, gemütliches Zuhause haben, jeden Komfort, eine gute Ausbildung. Wir hatten ihn ersehnt, um ihn gebetet und waren bei seiner Geburt überglücklich gewesen. Tullian war so ein sonniges, glückliches Kind gewesen. Wir nannten ihn unseren »Sonnenschein«.

Unter Tränen dachte ich über all die Chancen nach, die wir unserem Sohn gegeben hatten. Immer und immer wieder nahmen wir ihn bei uns auf. Doch er missbrauchte jedes Mal unser Vertrauen und zerstörte unser Familienleben.

Auf einen verlorenen Sohn war ich nicht vorbereitet. Nie hatte ich mir vorgestellt, dass ich nachts im Bett liegen und mich fragen würde, wo mein Sohn ist. Doch wer liebt, ist nicht mehr frei.

Wahrscheinlich ließ Gott diese herzzerbrechende Situation zu, damit ich einiges lernen konnte. Mir machte eine überwältigende Traurigkeit zu schaffen, die mich zeitweise zu ersticken drohte. So schmerzhaft es war, Stephan und ich durften nicht zulassen, dass das Benehmen dieses einen Kindes uns völlig aufrieb. Wir mussten notgedrungen unseren verlorenen Sohn zeitweise aus unserem Denken streichen. Es war nicht fair, unsere ganze Aufmerksamkeit und emotionale Energie auf Kosten der übrigen Familienmitglieder ausschließlich auf ihn zu richten.

Schuldgefühle plagten mich. Hätte ich ihn anders erziehen sollen? War ich zu streng mit ihm gewesen – oder zu nachgiebig? Hatte ich ihm genug Liebe gezeigt?

Es fiel mir schwer, Gott zu vertrauen. Bis ich die Tatsache begriff, dass Gott meinen Sohn noch mehr liebt als ich. Nun war ich in der Lage, Tullian an ihn abzugeben. Doch mit den Jahren wurde ich immer mutloser. Alle Hoffnungen, die ich schöpfte, verwandelten sich in bittere Enttäuschungen. Immer wieder war ich versucht, Gottes Sache zu meiner eigenen zu machen. In solchen Augenblicken weinte ich mit den Worten des alten Liedes: »Oh for grace to trust Him more!« (Gib mir Gnade, Ihm mehr zu vertrauen!) Als Antwort hörte ich eine ruhige, leise Stimme tief in meinem Herzen sagen: »Liebe und Geduld ... Liebe und Geduld.«

Mit der Liebe hatte ich kein großes Problem. Schließlich war ich seine Mutter. Aber mit der Geduld haperte es sehr. Meine Mutter hatte mir gesagt: »Denk daran, dass du in Verhandlungen mit dem allwissenden, allmächtigen, liebenden Gott nicht nur beständig, sondern auch geduldig bitten musst.«

Und wieder vergingen Jahre. Plötzlich, völlig unerwartet, nahm Tullian eines Sonntags seine Freundin bei der Hand und beide stiegen von der Empore unserer Kirche herab, gingen nach vorn und übergaben Jesus ihr Leben.

Ich war von Freude überwältigt – aber auch ein bisschen skeptisch. Ich wollte mir meine neuen Hoffnungen nicht wieder zerschlagen lassen. Ich wartete und beobachtete. Als aus den Wochen Monate wurden, erkannten wir, dass dieser junge Mann zu einem ernsthaften, hingebungsvollen Kind Gottes heranreifte.

Neulich schrieb er folgende Zeilen an einen älteren Freund, der Christ ist: »Seit ich dich das letzte Mal gesehen habe, ist bei mir so ziemlich alles den Bach heruntergegangen. Mit meinem ganzen Leben ging es abwärts. Ich entfernte mich wirklich sehr weit von Gott. Drogen, Alkohol, Sex. Neun Jahre lang. Ich flog von der Schule, haute von zu Hause ab. Schlimmer konnte es eigentlich nicht mehr kommen.

Aber ich will dir davon nicht mehr erzählen. Lieber schildere ich, was Gott für mich getan hat. Nachdem ich ein sehr leeres Leben mit rasch wechselnden Hochs und Tiefs geführt habe, gab ich Jesus die totale Kontrolle über mein Leben. Was für ein Unterscheid! Dinge, für die ich gelebt hatte, interessieren mich überhaupt nicht mehr. Und Dinge, vor denen ich gewöhnlich weggelaufen bin, danach sehne ich mich jetzt.

Ist Gott nicht gut? Er war so geduldig mit mir. Er hat mich einfach nicht losgelassen. Zum ersten Mal in meinem Leben empfinde ich Frieden und Zufriedenheit. Ich mache mir keine großen Sorgen mehr. Ich bin ein völlig anderer Mensch geworden.«

Ja, unser verlorener Sohn ist heimgekehrt.

Als ich neulich in der Kirche über all das nachdachte, musste ich lächeln. Meine Gedanken kehrten in die Gegenwart zurück. Das Lied ging mir nahe. Mit dankbarem Herzen schaute ich wieder zu Tullian und Kim, die vor mir saßen. Auch ich empfand Frieden und Zufriedenheit, als mir ein Lieblingspsalm durch den Kopf ging: *Er, der Beschützer Israels, schläft nicht ein. Er wird dich beschützen vom Anfang bis zum Ende, jetzt und in aller Zukunft!* (Psalm 121,4).

Vorschau

Elternschaft ist ein sehr großer Segen – aber sie kann auch größte Ängste auslösen. Gibt es einen schlimmeren Schmerz, als wenn Eltern zusehen müssen, wie ihre geliebten Töchter oder Söhne davongehen und allem, was sie über viele Jahre mühsam in sie investiert haben, den

Rücken kehren? Gibt es einen größeren Kummer, als seine geliebten Kinder leiden zu sehen und mitzuerleben, wie sie sich selbst zerstören? Viel zu viele Mütter und Väter werden mit dieser Realität konfrontiert. Ihnen gilt meine ganze Sympathie.

Fast genauso niederschmetternd ist für viele Mütter und Väter die Angst, dass sie ihre Kinder verlieren könnten. Solche Eltern werden täglich von Zweifeln und Schuld geplagt. Sie fragen sich immer wieder: *Weiß ich eigentlich, was ich tue? Erziehe ich meine Kinder zu Monstern? Habe ich sie durch die Fehler, die ich alle schon gemacht habe, dem Untergang preisgegeben?*

Glücklicherweise gibt es Hoffnung für alle Lebensumstände. Wie Gigi Tchividjian berichtet hat, gibt Gott manchmal erst Jahre später eine Antwort auf unsere flehenden Gebete für unsere abtrünnigen Kinder. Und selbst wenn wir es nicht erleben sollten, dass unsere verlorenen Söhne den Weg zurückfinden, haben wir die große Hoffnung, dass sie nach unserer Zeit doch noch nach Hause kommen.

Wir wollen in dieser Woche Eltern Mut zusprechen, die von Schuld und Zweifeln geplagt werden. Wie der Psalmist dürfen auch Sie rufen: »Lass deine Güte mich nun wieder trösten, so, Herr, wie du es mir versprochen hast!« (Psalm 119,76). Ihr himmlischer Vater wird Sie hören und antworten. Darauf können Sie sich verlassen. *JD*

MONTAG

Elternzweifel

Sorgen drücken einen Menschen nieder. Sprichwörter 12,25

Vor einigen Jahren führte *Focus on the Family* eine Untersuchung über die größten Frustrationspunkte bei Eltern durch. Die meisten Eltern kritisierten nicht ihre Kinder. Vielmehr ärgerten sie sich über ihre eigene Unfähigkeit, angemessen zu reagieren. Äußerungen wie: »Ich habe das Vertrauen in meine Fähigkeiten als Mutter (Vater) verloren«, oder: »Ich habe bei meinen Kinder versagt« lassen erkennen, wie tief diese Selbstvorwürfe in unserer heutigen Gesellschaft reichen.

Das war nicht immer so. Eltern früherer Generationen sorgten sich um die Weltwirtschaftskrise oder den Kalten Krieg mit Russland. Väter und Mütter investierten nicht allzu viel Selbstzweifel in ihre Erziehung, wenigstens nicht, bevor ein Problem wirklich auftrat. Ich (JD) habe einmal meinen Vater gefragt, ob er sich Gedanken gemacht habe, was bei der Erziehung eines Kindes schief gehen könnte. Da lächelte er verschmitzt und sagte: »Ehrlich gesagt, Bo (sein Spitzname für mich), daran habe ich eigentlich nie einen Gedanken verschwendet.«

Die Selbstzweifel, die heute so viele Eltern plagen, sind weitgehend ein kulturelles Phänomen. Darum schlagen wir Ihnen vor: Lassen Sie sich nicht von einer allgemeinen Tendenz herunterziehen, sondern nehmen Sie den Trost und die Wahrheit unseres himmlischen Vaters in Anspruch. In Psalm 55,23 wird empfohlen: *Wirf deine Last ab, überlasse sie dem Herrn; er selber wird sich um dich kümmern!*

Kein Mensch ist perfekt. Darum kann auch niemand ein perfekter Vater oder eine perfekte Mutter sein. Verlassen Sie sich darauf, dass Gott ihren Mangel ausfüllt – und lassen Sie sich nicht durch Ängstlichkeit und Schuldgefühle die Freude am Elternsein rauben.

Gute-Nacht-Gedanken

- Werden Sie von Selbstzweifeln geplagt?
- Welche Haltung erwartet Gott von Ihnen als Eltern?

Vater, wir bitten dich um einen Glauben, der deine Liebe und deine Macht in den Vordergrund stellt. Wir wissen, dass all das ein Geschenk von dir ist, und wir bitten dich um einen Glauben, der stark genug ist, all unsere Zweifel zu bannen und unser Vertrauen zu festigen. Amen.

DIENSTAG

Raumflug

Durch die Gute Nachricht macht Gott seine große Treue bekannt.
Römer 1,17

Die ersten Tage der amerikanischen Raumfahrt waren eine aufregende Zeit. John Glenn und andere Astronauten wurden von Cape Canaveral aus ins Weltall geschossen. Der Rückflug war äußerst gefährlich. Beim

Eintauchen in die Erdatmosphäre war die Raumfähre nur durch einen Hitzeschild vor Temperaturen geschützt, die 1.000 Grad Fahrenheit überstiegen. In dieser Phase war die Kommunikation mit der Erde für etwa 7 Minuten unterbrochen. Die halbe Welt wartete zitternd, bis eine beruhigende Stimme endlich verkündete: »This is Mission Control. Everything is okay.«

Ihre Kinder ähneln ein wenig den ersten Astronauten. Eines Tages klettern sie in die Kapsel namens »Erwachsenwerden« und heben in unerforschte Regionen ab. Schon bald gehen ihre Eltern durch die gefürchtetste Erfahrung ihres Lebens – sie haben jeden Kontakt mit der »Kapsel« verloren. Dasselbe Kind, das sonst pausenlos mit seinen Eltern redete, hat seinen Wortschatz auf »Will ich nicht«, »Vielleicht« und »Hab ich vergessen« reduziert. Es ist eine Zeitspanne größter Besorgnis für das Bodenpersonal!

Es ist aber auch die Zeit, in der Sie sich an die Worte von Paulus erinnern sollten: *Wir leben ja noch in der Zeit des Glaubens, noch nicht in der des Schauens* (2. Korinther 5,7). Sie haben als Vater oder Mutter nicht versagt; Ihr Kind geht nur einfach durch die sozialen und hormonellen Turbulenzen des Erwachsenwerdens. Gottes Wertmaßstäbe, die Sie Ihrem Kind jahrelang geduldig nahegebracht haben, *werden* Früchte tragen. Wenn die Zeit reif ist – vielleicht, wenn Ihr Sohn, Ihre Tochter Anfang 20 ist –, wird sie oder er die Kommunikation wieder aufnehmen und Sie werden feststellen, dass tatsächlich alles okay ist.

Gute-Nacht-Gedanken

- Fühlen Sie sich als Versager, weil Ihr Kind in einer »Blackout«-Phase lebt?
- Wie können Sie einander helfen, Vertrauen in Ihre Elternrolle zu bewahren?

Vater, bitte vergib uns, wenn wir vergessen, dass du das Leben unserer Kinder in deiner Hand hast. Hilf uns, dass unser Glaube an dich, an dein Wort, an die Aufgaben, die du uns als Eltern gegeben hast, und unser Glaube an unsere Kinder fest bleibt. Amen.

MITTWOCH

Das große Leben

Mich trifft keine Schuld. Apostelgeschichte 18,6

Mary Alice und ihr Mann hatten ihre drei Töchter hingebungsvoll nach christlichen Grundsätzen erzogen. Zwei der Mädchen entwickelten sich sehr gut. Die Dritte dagegen machte ihren Eltern ständig Kummer, bis sie schließlich mit 18 Jahren mit einem mehrfach geschiedenen Mann davonlief.

Mary Alice wurde von Schuldgefühlen überwältigt. Sie berichtet: »Ich glaubte, ich müsste für immer mit einem Schild VERSAGERIN auf meiner Stirn herumlaufen. Mein Mann und ich hatten lange darüber beraten, ob wir uns aufgrund unseres Versagens als Eltern ganz aus der Gemeinde zurückziehen sollten, um nicht noch andere in die Irre zu führen.«

Das sind Worte von Eltern, die der großen Lüge glaubten, sie hätten das Leben ihrer Tochter zerstört. Sie waren überzeugt, dass selbst Gott eine so große Sünde nicht vergeben könne.

Manchmal sind Schuldgefühle tatsächlich berechtigt und spiegeln Gottes Missfallen an unseren Taten wider. Dann dürfen wir die Vergebung des Herrn suchen und darauf vertrauen, dass unser elterliches Versagen und unsere Fehler *so weit von uns entfernt werden, so fern der Osten von dem Westen liegt* (Psalm 103,12).

In anderen Fällen ist das Schuldgefühl völlig selbst gestrickt. Falls das auf Ihre Situation zutrifft, folgen Sie dem Beispiel von Paulus. Trotz seiner aufrichtigen Bemühungen, den Juden in Mazedonien das Evangelium zu verkünden, wurden sie bösartig und zwangen ihn, die Stadt zu verlassen. Seine Antwort? »Ich bin mir keiner Schuld bewusst« (Apostelgeschichte 18,6). Und das gilt auch für Sie. Sie haben keinen Grund zur Selbstzerfleischung, wenn Sie Ihr Bestes für Ihre Kinder getan haben.

Gute-Nacht-Gedanken

- Haben Sie Schuldgefühle im Blick auf Ihre Kindererziehung? Sind diese berechtigt?
- Wie sollen Sie nach Gottes Willen mit Ihrer tatsächlichen Schuld umgehen?

Vater, der du unseren Glauben an dich stärkst, stärke auch unser Vertrauen in unsere Art der Kindererziehung. Bitte nimm unsere Zweifel und Schuldgefühle weg und lass uns fest im Blick behalten, dass du allein die Quelle für alles bist, was wir zum Leben brauchen. Amen.

DONNERSTAG

Schuld teilen

Nur wer sich schuldig macht, muss sterben. Hesekiel 18,20

Ein Pastor saß in seinem Studierzimmer. Er war am Boden zerstört. Soeben hatte er erfahren, dass sein 21-jähriger Sohn, der ein christliches College besuchte, seine Freundin geschwängert hatte. Der Pastor fühlte sich so schuldig, als ob er selbst direkt betroffen sei. *Was habe ich nur falsch gemacht? Wie konnte das passieren?* Er dachte an Titus 1,6: *Einem Ältesten darf man nichts nachsagen können ... Auch seinen Kindern soll man nicht vorwerfen können, dass sie liederlich und ungehorsam sind.*

Obwohl er ein beliebter und tüchtiger Pastor war, sah er für sich keine andere Wahl: Er musste sein Amt sofort niederlegen.

Hat dieser Pastor mit seiner Entscheidung überreagiert? Wir denken ja.

Im Buch Hesekiel wird diese Frage offensichtlich angeschnitten: *Der Sohn soll nicht für den Vater büßen und der Vater nicht für den Sohn. Der Schuldige wird bestraft, aber der Unschuldige geht straffrei aus* (18,20). Denken sie auch daran, dass auch der Vater des verlorenen Sohns für die Schwächen und Fehlentscheidungen des jungen Mannes nicht zur Verantwortung gezogen wurde (Lukas 15,11–32).

Es ist vielleicht für Mütter und Väter erwachsener Kinder tröstlich, dass jeder Erwachsene für sein eigenes Benehmen verantwortlich ist. Anstatt dass wir die Verfehlungen unserer erwachsenen Kinder auf uns laden, wollen wir sie lieber mit unseren ständigen, liebevollen Gebeten umgeben.

Gute-Nacht-Gedanken

- Wie, glauben Sie, werden Sie auf Fehltritte eines erwachsenen Kindes reagieren?
- Wie sollen Sie nach dem Wunsch Gottes auf eine solche Situation reagieren?

Vater, wie leicht kann es uns passieren, dass wir unser Leben unangemessen eng mit dem unserer Kinder verknüpfen. Hilf uns, uns nur für das verantwortlich zu fühlen, für das wir auch verantwortlich sind. Und hilf uns, alle unsere Lebensumstände im Gebet vor dich zu bringen. Amen.

FREITAG

Er ist immer noch da

Ich schreie zum Herrn in meiner Not; er wird mir Antwort geben.
Psalm 120,1

In dieser Woche haben wir über sehr schwierige Aspekte der Kindererziehung gesprochen. Es gibt darüber hinaus eine qualvolle Art der Verzweiflung, die der Tod eines geliebten Kindes hervorruft.

Ich (JD) werde die Jungen und Mädchen nicht vergessen, die ich über einige Jahre bei meiner Arbeit im Kinderkrankenhaus in Los Angeles kennen lernte. Die meisten Kinder litten an einer tödlichen Krankheit, die mehr oder weniger schnell ihr Leben forderte. Einige waren noch keine 10 Jahre alt. Ihr Glaube an Jesus war meist unerschütterlich. Ihre Eltern hatten ihnen die gute Nachricht von Jesus vermittelt und die Kinder hatten sie verstanden. Sie hatten keine Angst vor dem Tod, weil Jesus auf die wartete. Wie herzlich müssen diese Jungen und Mädchen von Jesus empfangen worden sein, der sagt: *Lasst die kleinen Kinder zu mir kommen* (Markus 10,14).

Ich möchte folgende Wort der Ermutigung an Mütter und Väter weitergeben, die ein Kind verloren haben: Ihr himmlischer Vater hat nicht den Überblick über Ihre Lebensumstände verloren, auch wenn Sie den Eindruck haben, dass alles außer Kontrolle geraten ist. Er ist da. Halten Sie an Ihrem Glauben in allen aufkommenden unbeantworteten

Fragen fest! Berufen Sie sich auf die Worte des Psalmisten: *Vor Traurigkeit zerfließe ich in Tränen. Wie du es zugesagt hast, hilf mir auf!* (Psalm 119,28).

Eines Tages werden Sie Gottes Gründe erfahren. Eine ganze Ewigkeit lang haben Sie Zeit, mit ihm darüber zu reden. In der Zwischenzeit bete ich von Herzen, dass Gott Ihnen durch diesen herzzerreißenden Verlust – oder soll ich besser sagen, über die vorübergehende Trennung von Ihrem geliebten Sohn oder Ihrer geliebten Tochter? – hinweghilft.

Gute-Nacht-Gedanken

- Kämpfen Sie gerade in einer Krise um das Vertrauen auf Gott?
- Wie können Sie einander helfen, Ihren Glauben zu behalten und zu erneuern?

Vater, manchmal sind deine Wege nicht zu verstehen. Wir schreien zu dir in solchen Zeiten! Tröste uns, schenk uns Frieden, gib uns Klarheit, denn wir wollen auch mitten im Leid weiter an dich glauben. Amen.

SAMSTAG

Vertrauensvolle Eltern

Doch Segen soll über jeden kommen, der allein auf mich, den Herrn, sein Vertrauen setzt! Jeremia 17,7

Matt besuchte mit seiner Frau und zwei kleinen Söhnen seine Eltern. Auf einem Spaziergang mit seinem Vater meinte er sehr nachdenklich: »Weißt du, Paps, als ich noch ein Kind war, hatte ich oft den Eindruck, dass du überhaupt keine Ahnung von Kindererziehung hast. Aber seitdem ich selbst Vater bin, muss ich meine Meinung ändern. Du wirst mit jedem Jahr besser!«

Es gehört sicher zu den anspruchsvollsten und verantwortlichsten Lebensaufgaben, gesunde, anständige und »herzensgute« Kinder aufzuziehen, die Gott und ihre Nächsten lieben. Das ist eine unglaublich komplexe Aufgabe. Diese Aufgabe wird besonders schwierig in einer

Gesellschaft, die versucht, alles zu unterwandern, was wir zu Hause mühsam erarbeiten. Viele Väter und Mütter komplizieren diese Aufgabe leider zusätzlich durch unnötige Schuldgefühle, Ängste und Selbstzweifel. Ich glaube nicht, dass Gott sich das so vorgestellt hat!

Die Bibel sagt sehr deutlich, dass wir Kinder als Segen Gottes betrachten sollen (Psalm 127,3–5: *Kinder sind ein Geschenk des Herrn, mit ihnen belohnt er die Seinen ...*). Mit diesem Geschenk will er Eltern vor allem Freude machen. Er gibt ihnen die offizielle Vollmacht, ihre Söhne und Töchter zu erziehen: *Ihr Kinder, gehorcht euren Eltern und bezeugt dadurch eure Unterordnung unter den Herrn. So ist es recht und billig* (Epheser 6,1).

Eltern, die sich in der Erziehung von Gott abhängig machen und ihre Familien von ihm führen lassen, dürfen im Vertrauen handeln: *Ich traue mir so viel zu, weil Gott mich durch Jesus dazu fähig macht. Aus eigener Kraft bin ich einem solchen Auftrag nicht gewachsen. Alles, was ich kann, kommt von Gott* (2. Korinther 3,4–5).

Wir alle machen in der Kindererziehung auch mal Fehler. Glücklicherweise wird von uns Eltern keine Perfektion verlangt! Im Allgemeinen schaffen es Kinder ganz gut, die Fehler und das Versagen ihrer Eltern zu überleben. Sie geraten meist besser als befürchtet.

Ich weiß, wie leicht man seine elterlichen Entscheidungen hinterfragt, sobald Probleme in der Familie auftreten. Aber Gott hat Sie nicht zufällig mit der Erziehung Ihrer Kinder beauftragt. So lange Sie Gott bewusst gehorchen wollen und Ihre Kinder nach den Grundwerten der Bibel erziehen, gibt es keine besseren Eltern für Ihre Kinder auf dieser Welt als Sie!

Wer sein Vertrauen auf den Herrn setzt (Jeremia 17,7) ist ein vertrauenswürdiger Vater und eine vertrauenswürdige Mutter. *SD*

20. WOCHE

Der Charakter zählt

SONNTAG

Du bist raus!

Clark Cothern

Mein Vater gab mir ein großartiges Beispiel für Charakterstärke. Er spielte Baseball in der Mannschaft unserer Kirchengemeinde und ich schaute zu.

Mein Vater war erst 33 Jahre alt und sehr sportlich. Zwar war er nicht der absolute Held, aber er platzierte die Bälle gut und hatte einen guten Schlag. Seine Spezialität waren Einzel- und Doppelspiele und er gab sein Bestes in dem, was er tat.

An einem besonders staubigen, heißen Abend schlug Vater einen guten Ball direkt über den Kopf des Baseman. Der Mittelfeldspieler verpasste den Wurf und der Ball rollte ihm zwischen die Beine.

Mein Vater sah das, während er am ersten Schlagmal vorbeirannte. Also gab er Gas. Er war 1 Meter 80 groß, 73 Kilo schwer und sehr schnell. Er stellte sich vor, wenn er zur dritten Base sprintete und hineinrutschte, könnte er dem Abwurf entkommen.

Alle jubelten, als er zwei seiner Mannschaftskameraden über die Homeplate jagte. Der Mittelfeldspieler rappelte sich endlich auf und umklammerte den Ball, als Vater zur dritten Base stürmte. Der Außenfeldspieler warf so schnell und fest, wie er konnte und Vater nahm einen letzten Anlauf und rutschte über das knochentrockene Spielfeld. Man sah nur noch eine Staubwolke aufwirbeln.

Der Ball flog in den Handschuh des dritten Baseman, allerdings auf der anderen Seite von meinem Vater, auf der Außenfeldseite – weit außer Sicht des Schiedsrichters, der noch am Abschlag stand. Unser

Stand für die Einsatzspieler war mit Blick auf die dritte Base vor dem Spielfeld aufgestellt, und jeder Spieler konnte das Spiel exakt überschauen.

Vaters Fuß rutschte in die dritte Base, eine gute Sekunde bevor der Ball angeflogen kam und bevor der dritte Baseman sein Bein berühren konnte. Aber zur großen Überraschung – und dann zur Bestürzung und zum Ärger des Teams –, rief der Schiedsrichter, der einen Augenblick gezögert hatte: «Du bist raus!«

Sofort stürmte Vaters ganze Mannschaft auf das Spielfeld und alle schrien durcheinander. Seine Kameraden waren nur auf ein Ziel ausgerichtet: Sie wollten gewinnen und sie wussten hundertprozentig, dass sie im Recht waren!

Die beiden Läufer, die über den Anschlag hinausgelaufen waren, bevor Vaters Rauswurf kam, hatten die Punktezahl erhöht. Aber falls Vater wirklich draußen war – und wir alle wussten, dass das nicht korrekt war –, war seine Mannschaft auf dem absteigenden Ast. Die verkehrte Schiedsrichterentscheidung konnte sie um den Gewinn bringen.

In dem Moment, als die Empörung zu einem Miniaufstand hochzukochen drohte, beruhigte mein Vater die Menge. Kaum hatte sich der Staub um ihn her gelegt, hob er die Hand. »Stopp, Freunde!«, schrie er energisch. Und dann ruhiger: »Es geht hier um mehr als ums Rechthaben. Es geht hier um Wichtigeres als um den Spielgewinn. Wenn der Schiedsrichter zu mir sagt, ich bin raus, dann bin ich raus!«

Und damit klopfte er sich den Staub vom Trikot, humpelte zur Bank (sein Bein war vom Rutschen aufgeschrammt), holte sich seinen Handschuh und ging ganz allein ins linke Feld zurück, bereit für die letzte Runde. Einer nach dem anderen seiner Mannschaftskameraden gaben ihre Streitigkeiten auf und nahmen ihre Postionen auf dem Spielfeld wieder ein.

Ich muss gestehen, dass ich an jenem Abend empört und zugleich stolz war. Ich fühlte mich für einige Minuten sehr reich. Ich sonnte mich in der Entscheidung meines Vaters. Er war ein Mann, der seinen Mund halten konnte, statt ihn aufzureißen, sich für den Staub entschied anstatt für den Sieg. Ich wusste, seine selbstlose Haltung, die er mir in diesem Augenblick vorgeführt hatte, war mehr wert als alle vergoldeten Trophäen, die man kaufen kann.

Vorschau

Im Wörterbuch heißt es: Eine Person mit Charakter ist ein Mensch, der »moralische Exzellenz und Festigkeit« besitzt. *Integrität, Würde und Ehrlichkeit* werden auch genannt. Ein Mann oder eine Frau mit diesen Qualitäten ist irgendwie nicht richtig zu beschreiben. Und doch erkennen wir diesen Charaktertyp, sobald wir ihm begegnen.

In unserer Geschichte erkannte ein kleiner Junge so einen Charakter in seinem Vater. Ihre Kinder erkennen ihn auch in Ihnen, wenn Sie sich nach einer ärgerlichen Bemerkung entschuldigen oder eine fragwürdige Fernsehsendung abstellen.

Immer wieder sagt uns die Bibel, dass der Weg, den wir einschlagen, wichtig für den Herrn ist: *Wer geradlinig lebt, lebt ohne Angst* (Sprichwörter 10,9); *Keiner soll dich verachten, weil du noch jung bist. Sei allen Christen ein Beispiel mit deinem Reden und Tun, deiner Liebe, deinem Glauben und deiner Reinheit* (1. Timotheus 4,12); *Wenn ihr bedenkt, dass alles auf diese Weise vergehen wird, was für ein Ansporn muss das für euch sein, ein Leben zu führen, das Gott gefällt!* (2. Petrus 3,11). Es ist lebensnotwendig, dass wir unseren Kindern die Empfehlungen der Bibel weitergeben.

Zählt in Ihrer Familie Charakter? In den folgenden Tagen wollen wir mehr darüber erfahren. *JD*

MONTAG

Vatertagsgeschenk

Wenn er euch auf die Probe stellen lässt, sorgt er auch dafür, dass ihr bestehen könnt. 1. Korinther 10,13

Es war ein Tag vor Vatertag. Der 10-jährige Hendrik war mit seinem Vater im Kaufhaus. Allerdings suchten sie in unterschiedlichen Abteilungen. Hendrik hatte kein Geld und auch noch keine Vorstellung, womit er seinem Vater zum Vatertag eine Freude machen konnte. Da erblickten seine Augen einen Satz Golfbälle – das war genau Vaters Lieblingsmarke. Darüber würde Papa sich freuen! Schnell versteckte Hendrik eine Schachtel mit drei Bällen unter seinem Shirt. Fast im selben Moment fühlte Hendrik sich unwohl. Er merkte, dass er Unrecht getan hatte. Zögernd legte er die Bälle ins Regal zurück und ging davon.

Jahre später gestand Hendrik seinem Vater: »Papa, es tut mir bis heute Leid, dass ich dir damals zum Vatertag nichts geschenkt habe.«

»Ja, Hendrik, daran erinnere ich mich noch sehr gut!«, erwiderte der Vater. »Ich beobachtete dich damals, wie du im Kaufhaus die Golfbälle aus dem Regal genommen hast. Ich befürchtete, du wolltest sie für mich stehlen, und war ganz entsetzt! Aber dann hast du sie zurückgelegt. Du hast gedacht, ich sei traurig, weil du mir kein Geschenk gemacht hast. Doch es war mein schönstes Vatertagsgeschenk, das ich je erhalten habe, als ich sah, wie du die Bälle wieder ins Regal zurückgelegt hast.«

Die Geschichte erinnert an Gottes Versprechen, dass »er dafür sorgt, dass wir Proben bestehen können«. Wie wäre es, wenn Sie Ihren Kindern morgen im Zusammenhang mit 1. Korinther 10,13 diese Geschichte von Hendrik und den Golfbällen erzählten?

Gute-Nacht-Gedanken

- Was sind die größten Versuchungen, denen Ihre Familie im Augenblick ausgesetzt ist?
- Wie können Sie einander helfen, die »Probe zu bestehen«, wie Gott es verspricht?

Lieber Gott, manchmal ist es so schwierig, den Versuchungen zu widerstehen, die uns umgeben. Danke für deine Zusage, dass du dafür sorgst, dass wir Prüfungen bestehen können. Wir bitten dich, dass du unseren Kindern hilfst, wenn auch sie versucht werden. Amen.

DIENSTAG

Der schwere Weg

Wer Gott gehorcht, dessen Leben bleibt frei von Schuld. Sprichwörter 13,6

Viele Kinder stehen unter dem Druck, gute Schulleistungen nach Hause zu bringen. Manche setzen unehrliche Mittel ein, um sie zu erreichen. Ich (JD) bin einmal einer solchen Versuchung erlegen.

Damals war ich in der 8. Klasse und sollte eine gewisse Anzahl von dicken Büchern innerhalb des ersten Halbjahres lesen. Unglücklicherweise hatte ich noch nicht einmal mit dem ersten begonnen, als wir uns dem Endspurt näherten. Ich suchte mir darum die dicksten und schwer verständlichsten Bücher in der Bücherei aus und erzählte meiner Lehrerin, ich hätte sie alle gelesen. Daraufhin gab mir meine Lehrerin eine Eins. Meine Mutter war sehr beeindruckt, mein Vater war stolz und ich war ein schuldiger Sünder.

In einem ehrlichen Geständnis gab ich vor meiner Mutter schließlich zu, dass ich geschummelt hatte. Meine Mutter wurde daraufhin nicht ärgerlich oder traurig und war mir auch nicht für ewige Zeiten böse. Sie sagte nur mit ruhiger Bestimmtheit: »Nun, dann musst du die Bücher auch lesen.«

»Aber Mama«, sagte ich, »Wie soll ich die gesammelten Werke von William Shakespeare, außerdem *Ben Hur* und noch zehn andere dicke Bücher lesen?«

»Das weiß ich nicht«, antwortete sie. »Aber du wirst sie lesen.«

Den Rest des Schuljahres verbrachte ich über die Klassiker gebeugt, während meine Freunde Fußball spielten und sich mit Mädchen verabredeten. Ein bitterer Preis für eine kleine Unehrlichkeit!

Meine weise Mutter erwies mir eine unbezahlbare Lektion. Sie hatte begriffen, dass Gott sich freut, wenn die Menschen aufrichtig sind (1. Chronik 29,17). Und sie hat dafür gesorgt, dass ich diese Wahrheit nie mehr vergessen habe.

Gute-Nacht-Gedanken

- Waren Ihre Kinder zu Hause oder in der Schule unaufrichtig? Wie haben Sie darauf reagiert?
- Wie können Sie in Ihrer Familie Mut zur Integrität machen?

Vater, wir möchten gern gerechte und aufrichtige Menschen sein. Hilf uns, keine unehrlichen Abkürzungen zu nehmen. Zeig uns, wie wir weise antworten, wenn unsere eigenen Kinder unterwegs stolpern und straucheln. Und hilf uns, ehrlich zu sein, wenn wir selbst versagen. Amen.

Es ist nie zu spät

… und setzt auch alles daran, dass ihr in Frieden mit dem Herrn lebt. Bemüht euch, rein und fehlerlos vor ihm zu stehen, wenn er kommt. 2. Petrus 3,14

Lucilla Arnell erzählt die Geschichte ihrer Mutter, die in Chicago in den 1930er- und 1940er-Jahren 9 Kinder großgezogen hat.

Oft machte die Mutter mit ihrer Kinderschar einen Ausflug mit der Straßenbahn, um alle einmal auszuführen. Der Schaffner ließ manchmal ein Kind mit durchhuschen, das eigentlich schon eine Fahrkarte gebraucht hätte. Mama, die jeden Pfennig umdrehen musste, hatte nichts dagegen.

Viele Jahre später dachte Mama über alle Schwarzfahrten nach, die ihre Kinder damals unbeabsichtigt mit der Straßenbahn gemacht hatten. Sie fand, dass es falsch gewesen war, die Fahrten der Kleinen nicht zu bezahlen. Darum setzte sie sich hin und verfasste einen Brief an die Verkehrsgesellschaft in Chicago und legte einen 10-Dollar-Schein dazu (das war 1951, als man von 10 Dollar noch eine ganze Familie zwei Wochen lang ernähren konnte!). Die Verkehrsgesellschaft antwortete mit einem Dankeschön für ihre Ehrlichkeit. Dieser Brief, ein Wahrzeichen für die Aufrichtigkeit einer Frau, hängt heute an einem Ehrenplatz im Haus ihrer Tochter.

Ein anderer Aspekt für Charakterstärke ist das glühende Verlangen, vor Gott aufrichtig zu sein. Auch wenn niemand etwas von unseren Verstößen wahrnimmt: Gott weiß, wo wir stehen – und er ist jederzeit bereit, uns zu vergeben. Wir wollen unseren Kindern zeigen, dass es nie zu spät ist, zu tun, was richtig ist.

Gute-Nacht-Gedanken

- Finden Sie, dass die Mutter richtig gehandelt hat, ihre Unehrlichkeit zu gestehen?
- Gibt es »vergessene« Sünden, die Sie dem Herrn bekennen sollten?
- Wissen Ihre Kinder, dass es nie zu spät ist, Unrecht zu bereinigen?

Himmlischer Vater, wir möchten vor dir aufrichtig sein. Durchforsche unsere Herzen und decke verborgene Sünden auf. Und hilf uns, sie vor dir zu bereuen. Lass uns ein Beispiel der Aufrichtigkeit für unsere Kinder sein. Dazu hast du uns berufen. Amen.

DONNERSTAG

Charakterferien

Das wichtigste ist: Lebt als Gemeinde so, dass ihr der Guten Nachricht von Jesus Ehre macht. Philipper 1,27

Für Väter und Mütter ist es leicht, Gründe zu finden, die »Urlaub vom Charakter« rechtfertigen. Sie denken vielleicht: *Jeder ist nicht ganz ehrlich bei der Steuer. Warum sollte ich es sein?* Oder: *Das schadet niemandem, wenn ich ein paar Kleinigkeiten aus dem Büro mit heim nehme.* Aber wenn Sie erst einmal in den Tunnel des Rationalisierens abgeglitten sind, ist es sehr schwierig, da wieder herauszufinden – und genauso schwierig wird es, die Kinder davon abzuhalten, es Ihnen nachzutun.

In den ersten Tagen der christlichen Kirche dachten ein Mann namens Ananias und seine Frau Saphira, sie könnten Gott bemogeln. Zunächst gaben sie sich großzügig und verkauften ein Stück Land »für Gott«. Ananias nahm mit Kenntnis seiner Frau etwas von dem Geld weg und überreichte den Rest den Aposteln. Er hinterließ dabei den Eindruck, dass dies die gesamte Verkaufssumme sei. Petrus stellte Ananias zur Rede: »Warum hast du dich auf dieses falsche Spiel eingelassen? Du hast nicht Menschen, sondern Gott betrogen!« Ananias brach auf der Stelle zusammen und starb. Als Saphira später bestätigte, dass sie den Gesamterlös abgeliefert hätten, fiel auch sie tot um (Apostelgeschichte 5,1–10).

Unsere Kinder beobachten unseren Charakter aus nächster Nähe. Gott beobachtet uns auch. Er weiß, wann wir aufrichtig sind und wann wir die Wahrheit verbergen: *Der Aufrichtige wird von seiner Redlichkeit geleitet; der Hinterhältige wird von seiner Falschheit umgebracht* (Sprichwörter 11,3). Wir müssen daran denken und unseren Kinder beibringen, dass Gott sich von uns wünscht, dass wir unseren Charakter sauber halten.

Gute-Nacht-Gedanken

- Nehmen Sie hin und wieder »Ferien« von Ihrem aufrichtigen Charakter?
- Formen Sie den Charakter Ihrer Kinder nach Gottes Vorstellungen?

Herr, wir lassen zu oft zu, dass Schwierigkeiten und unsere eigene Kleinlichkeit uns von dir wegziehen. Hilf uns, dass wir uns an dir und deinem unverrückbaren Wort festhalten, egal, wie die Umstände auch sein mögen. Erweitere unser Vertrauen, weil wir dir treu bleiben wollen. Amen.

FREITAG

Schlechte Gesellschaft

Macht euch nichts vor! Schlechter Umgang verdirbt den Charakter.
1. Korinther 15,33

Jeder Mensch steht in unserer schnelllebigen Zeit unter großem Druck. Die Anforderungen im Beruf, der Haushalt, die finanziellen Verpflichtungen, Verantwortung in der Gemeinde und der Versuch, die Familie zusammenzuhalten, lassen uns in halsbrecherischer Geschwindigkeit der Zeit hinterherrennen. Das Ergebnis: Viel zu viele Kinder sind tagsüber sich selbst überlassen (in den USA rund 41 Prozent der Kinder zwischen 12 und 14 Jahren). Da wundert man sich nicht, dass wir oft kaum wahrnehmen, was unsere Kinder eigentlich so tun. In einer unmoralischen Gesellschaft ist das nicht ungefährlich.

Allein gelassene und energiegeladene Teenager sind besonders anfällig für den Einfluss ihrer Altersgenossen. Das Bedürfnis nach Akzeptanz bei gleichaltrigen Freunden überragt in diesem Alter alles. Wir bitten Sie sehr dringend: Bleiben Sie in der Nähe Ihrer Kinder. Nur so können Sie sie vor den potenziellen Gefahren schützen. Sie müssen wissen, wer ihre Freunde sind. Laden Sie die Freunde doch mal zum Essen ein oder unternehmen Sie etwas mit ihnen.

Sprechen Sie mit Ihren Kindern über Ihre geistlichen Werte und Ihren Glauben. Erklären Sie ihnen die Prinzipien der Gruppendynamik und wie schwierig es sein kann, gegen Wünsche der Gruppe anzugehen. Sprechen Sie mit Ihren Kindern über Gottes Stellungnahme in Römer 12,2: *Passt euch nicht den Maßstäben dieser Welt an. Lasst euch vielmehr im Innersten von Gott umwandeln.*

In dieser kritischen Altersstufe kann Ihr Mut machen dazu beitragen, dass Ihre Kinder einen festen Charakter entwickeln – unabhängig von der Gesellschaft, in der sie sich befinden.

Gute-Nacht-Gedanken

- Wie gut kennen Sie die Freunde Ihrer Kinder?
- Wie können Sie es anstellen, sie besser kennenzulernen?
- Wie viel unbeaufsichtigte Zeit haben Ihre Kinder jede Woche zur Verfügung?

Gott, wir möchten unseren Kindern Mut machen, wenn sie in die schwierigen Jahre der Pubertät kommen. Schenk uns Weisheit, wie wir sie mit deinen Werten im Hinterkopf erziehen und wie wir ihnen zeigen können, dass deine Akzeptanz das Wichtigste ist, was wir brauchen. Amen.

SAMSTAG

Aufrichtige Lippen

Wahrheit besteht für immer, Lüge nur einen Augenblick.
Sprichwörter 12,19

Ich habe als Heranwachsende nie ganz die Auswirkungen der Lüge begriffen. Ich wusste zwar, dass es falsch ist, unehrlich zu sein, aber ich bin nie mit den moralischen Auswirkungen der Unwahrheit in Berührung gekommen. Ich kann mich erinnern, dass ich manche Jungen belogen habe, weil ich nicht mit ihnen ausgehen wollte. Oft habe ich auch meine Mutter belogen, wenn ich Angst hatte, sie könnte mich sonst bestrafen. Die Auswirkungen der Lüge erfuhr ich erst einige Jahre nach meiner Hochzeit.

Ich ging in die Küche und wollte für Jim ein Thunfischbrot machen. Obwohl er Mayonnaise absolut nicht mag, drückte ich eine kleine

Menge zwischen die Schnitten, damit sie besser zusammenhielten und (nach meinem Geschmack) besser schmeckten. Jims erste Frage, als ich ihm das Sandwich anbot, war: »Ist da Mayonnaise drauf?«

Ich fühlte mich ertappt und log. Schnell sagte ich: »Ich weiß doch, dass du keine Mayonnaise magst. Natürlich habe ich nichts darauf getan.« Jim aß das Brot und merkte nichts. Tagelang hatte ich ein schlechtes Gewissen. Endlich gestand ich es ihm.

Natürlich war Jim sehr enttäuscht. Er meinte: »Die Ehe muss auf beiderseitigem Vertrauen aufgebaut sein. Wenn Mann und Frau in kleinen Dingen ehrlich zueinander sind, werden sie einander auch in größeren Angelegenheiten nicht betrügen.« Es ergab sich ein langes Gespräch über unsere Beziehung und wir versprachen einander, dass Lügen nichts in unserer Beziehung zu suchen hatten. Von diesem Augenblick an habe ich versucht, auf einem höheren Vertrauensstandard zu leben.

Es gibt sieben Dinge, die Gott verabscheut. Zwei davon beziehen sich auf Unwahrheiten: *»... eine lügnerische Zunge« und »ein Zeuge, der nicht die Wahrheit sagt«* (Sprichwörter 6,16–19). Beides ist in Gottes Augen verwerflich.

Ein kleines Kind versteht oft nicht den Unterschied zwischen Fantasie und Wahrheit. Eltern sollten ihren Kindern mit größtem Nachdruck beibringen, dass in jeder Situation die Wahrheit gesagt werden muss. Natürlich wird es Ihren Kindern leichter fallen, ehrlich zu sein, wenn auch Sie zu Hause untereinander, besonders in Konflikten, ehrlich sind.

Ich brauchte eine Weile, bis ich das herausgefunden hatte und bin heilfroh, dass mir die Umsetzung einigermaßen gelungen ist. Und so wird es auch Ihnen gehen. *SD*

21. WOCHE

Harte Zeiten

SONNTAG

Mir ist wohl in dem Herrn

Jennifer Rothschild

Ich begann mein zweites Jahr am College mit all den Erfahrungen, die ein junges Mädchen in dieser Zeit macht. Aber da gab es auch ein sehr ungewöhnliches Erlebnis.

Gegen Ende des Semesters stellte ich fest, dass meine Augen schlechter wurden. Ich staunte, wie meine Klassenkameraden zielsicher durch die überfüllten Flure rannten, ja sogar durchs dunkle Treppenhaus sprangen, während ich mich vorsichtig vorantasten musste. Wie schafften sie das nur, ohne gegen Spinde oder andere Schüler zu stoßen? Beim Sport konnte ich nicht verstehen, wie meine Mannschaftskameradinnen den Ball so leicht fangen konnten. Ich versuchte, ihn nach Gehör zu erwischen, was mir natürlich nie gelang.

So schwer es mir fiel – ich musste mir eingestehen, dass es nicht normal ist, dass ich einen Ball in der Luft oder die Stufen im Treppenhaus nicht sehen konnte. Die Folge: Ich fühlte mich unfähig und hilflos. Endlich machte ich mir so große Sorgen, dass ich mit meiner Mutter darüber sprach, die mich, wie Sie sich vorstellen können, sofort zu einem Augenarzt brachte.

Der Augenarzt versuchte, meine Fehlsichtigkeit durch stärkere Brillengläser auszugleichen. Aber das brachte nichts. Schließlich überwies er mich in eine Augenklinik. Nach einigen Tagen der Untersuchung setzten sich die Ärzte mit mir und meiner Familie zusammen. Die Diagnose lautete: *Retinitis pigmentosa*, eine degenerative Krankheit, die langsam die Netzhaut zerstört.

Es gab keine Möglichkeit, um den Schaden, der bereits entstanden war, zu reparieren. Die Ärzte sagten mir, dass ich bereits so viel von meinem Augenlicht verloren hatte, dass ich nach den Maßstäben der Medizin blind sei. Und das mit 15 Jahren! Und sie sagten mir, dass meine Netzhaut auf beiden Augen weiter degenerieren würde, bis ich völlig erblindete.

Blind ... völlig blind.

Die Worte klangen so endgültig. So bestimmt. So kalt. Ich empfand eine eisige innere Kälte. Die Stille ließ uns erschauern, während wir die Klink verließen, ins Auto stiegen und nach Hause fuhren.

Ich habe oft gedacht, dass diese Nachricht wahrscheinlich für meine Eltern noch viel härter war als für mich. Ja, meine Augen verloren an Sehschärfe. Aber meinen Eltern brach es das Herz. Können Sie sich ihr Leid vorstellen? Können Sie hören, wie die Tür in ihrer Seele zuschlug? Bestimmt gehört es zum größten Kummer im Leben, wenn Eltern ihr Kind leiden sehen ... und dabei hilflos zuschauen müssen.

Mein Vater umklammerte fest das Lenkrad, während er uns nach Hause fuhr. Ich kann mir gut die Gebete vorstellen, die er in diesem Augenblick gesprochen haben muss. Er war immer die Quelle aller Weisheit für mich gewesen, mein Berater, mein Tröster, mein Helfer und der Mann, dem ich völlig vertraute. Ob er wohl dachte: *Lieber Gott, wie soll ich damit fertig werden?* Und er sagte nichts.

Meine Mutter saß vor mir auf dem Beifahrersitz. Ich konnte ihr gebrochenes Herz spüren. Meine Mutter war mein Halt, mein Cheerleader, meine Mutmacherin, meine Mentorin und meine Freundin. Ich glaube, sie wird gedacht haben: *Wie soll sie das verkraften?* Auch sie blieb stumm.

Ich habe immer einen starken Willen gehabt, war zuversichtlich, einfühlsam und gesprächsfreudig. Doch auch ich schwieg hinten auf meinem Rücksitz. Ich erinnere mich an den Grund für mein Schweigen, als sei es gestern gewesen. In meinem Herzen brodelten die Gefühle und in meinem Kopf rasten Fragen und Gedanken. *Wie kann ich die Schule schaffen? Werde ich die Uni besuchen können? Wie soll ich erkennen, wie ich aussehe? Werde ich je einen Freund haben? Werde ich jemals heiraten?* Ich erinnere mich, wie ich meine Fingerspitzen berührte und mich fragte, wie in aller Welt Menschen Braille (Blindenschrift) lesen können.

Und dann kam der KO-Schlag: Ich würde nie im Leben Auto fahren können.

Wie die meisten Teenager glaubte ich, Räder wären wie Flügel. Ich konnte es nicht erwarten, den Führerschein machen zu dürfen! Das ist ein Schritt in die Unabhängigkeit, dem nichts vergleichbar ist. Sollte ich dieses Lebensgefühl nie erfahren können? Ich fiel in mich zusammen.

Nach 45 langen Minuten kamen wir zu Hause an. Ich ging sofort ins Wohnzimmer und setzte mich ans Klavier. Es war alt und stattlich und hatte einen warmen, schönen Klang. Für mich war es ein Zufluchtsort.

Damals hatte ich bereits einige Jahre Klavierunterricht gehabt. Das Merkwürdige war, dass ich es geschafft hatte, die Unterrichtsstunden über 8 Jahre auszudehnen. Ich gehörte zu den Kindern, die ihre Mütter um Klavierstunden anflehen – und nach etwa sechs Monaten betteln, damit wieder aufhören zu dürfen! Nach drei oder vier Monaten begann die ganze Prozedur dann wieder von vorn.

Ich mogelte mich durch meine Übungsstunden und ich bin sicher, es war kein Vergnügen für meine Zuhörer, mich spielen zu hören. Sagen wir einfach: Mir fehlte das natürliche Talent! Trotzdem übte ich eifrig jeden Abend nach dem Essen. Immerhin war ich dadurch vom Abräumen und Abwasch befreit.

Aber an diesem Tag nach der Diagnose war das anders.

Ich versuchte mich nicht vor dem Abwasch zu drücken, und ich spielte auch nicht die wenigen Lieder, die ich auswendig konnte. Ich spielte zum ersten Mal frei nach Gehör. Die Melodie, die an jenem Nachmittag das Wohnzimmer erfüllte, gehörte zu einem Lied, das ich nie zuvor gespielt hatte. Meine Finger folgten einem Muster auf der Tastatur, das neu für mich war und doch – irgendwie vertraut.

Das Lied, das ich spielte, hieß »Mir ist wohl in dem Herrn.«

Ich glaube, Gott hat mein Herz und meine Hände bei diesem Lied geführt. Viele haben mir gesagt, es sei ein Wunder, dass ich mich an dem Tag ans Klavier setzen konnte und zum ersten Mal frei spielte, was ich hörte. Vielleicht war es ein Wunder. Wer weiß? Doch für mich gab es ein größeres Wunder an jenem schwarzen Tag.

Das Wunder war nicht, dass ich spielen konnte: »Mir ist wohl in dem Herrn«, sondern dass es meiner Seele tatsächlich gut ging.

Heute, 20 Jahre später, schaue ich zurück und staune über all das, was passiert ist. Natürlich kann ich immer noch nicht sehen und ich kenne sehr gut die Nöte, die eine Erblindung mit sich bringt. Jedoch wurde ich mit einem wunderbaren Mann und zwei Söhnen gesegnet und einem wichtigen Beruf. Gott war gut zu mir.

An dem Tag damals schaute ich in der Klinik, auf der Heimfahrt und am Klavier – selbst als ich meinen Verlust beklagte – in das Herz meines Herrn. Ich kannte sein Wort und sein Wesen. Beides machte es mir möglich, damals wie heute zu sagen: »Was auch immer geschieht – mir ist wohl in dem Herrn.«

Vorschau

Es gibt Zeiten, in denen sind wir Eltern nicht in der Lage, unsere geliebten Kinder vor Schwierigkeiten, Enttäuschungen und Herzeleid zu schützen. Die Zurückweisung durch Freunde, Fehler, Verletzungen oder Krankheiten sind zum größten Teil Dinge, die wir nicht in der Hand haben. In solchen Nöten fühlen wir uns genauso hilflos wie die Eltern von Jennifer Rothschild an dem Tag, als sie erfuhren, dass ihre Tochter erblinden würde.

Vor 2.000 Jahren warnte uns bereits Jesus, dass das Leben auf der Erde nicht leicht sei: *In der Welt wird man euch hart zusetzen* (Johannes 16,33). Wir wissen aber, dass Gott durch Versuchungen in unserem Leben Gelegenheiten schafft, die uns ihm näher bringen. Das ist möglicherweise ein Grund, warum Gott diese Dinge zulässt. Er weiß, wie leicht wir von der täglichen Begegnung mit ihm wegkommen, wenn es uns gut geht. Darum sagt Petrus: *Wundert euch nicht über die harte Probe, die wie ein Feuersturm über euch gekommen ist. Sie kann euch nicht unerwartet treffen, denn ihr leidet ja nur etwas von dem mit, was Jesus gelitten hat. Freut euch darüber, denn ihr sollt auch an seiner Herrlichkeit Anteil bekommen – und dann werdet ihr erst recht von Freude und Jubel erfüllt sein* (1. Petrus 4,12–13).

Es kann sehr schwierig werden, sich in Not oder Krisen zu freuen. Darum ist es wichtiger denn je, dass unsere Familien wissen, dass Gott die Kontrolle über unserem Leben behält und die Quelle der Liebe, des Trostes und der Kraft bleibt. Wir werden in den nächsten Tagen einiges mehr zu der wichtigen Wahrheit hören: Auch wenn es mit unseren Lebensumständen nicht gut aussieht, *kann* es unserer Seele gut gehen.

Die Achterbahn des Lebens

Schlimme Zeiten hast du mich sehen lassen, doch immer wieder schenkst du mir das Leben. Psalm 71,20

Mark Twain sagte einmal, das Leben sei wie eine Patchworkdecke – ein Flicken neben dem anderen. Auch wenn unsere Tage mal recht ruhig verlaufen, können wir sicher sein, dass die nächste Aufregung bereits an der nächsten Ecke lauert. Auch Jesus erlebte auf der Erde diesen Achterbahn-Effekt. Seine Lehrtätigkeit begann am Jordan, wo er von Johannes getauft worden war. *»Dies ist mein Sohn, ihm gilt meine Liebe«*, sprach Gottes Stimme vom Himmel (Matthäus 3,17). Was für ein erhebender Augenblick!

Was diesem erhebenden Augenblick jedoch folgte, war eine der schrecklichsten Torturen, denen Jesus ausgesetzt wurde – ein 40-tägiger Kampf mit Satan in der Wüste. Nach dieser schwierigen Versuchungszeit schwang das Pendel wieder in die andere Richtung. Jesus fand ungeheure Beachtung, als die Menschen sagten, dass ein »Prophet« in ihrer Mitte sei. Doch anschließend beschlossen die Hohenpriester und Pharisäer, ihn zu töten. Und so geschah es auch. Zum Schluss wurde der dunkelste Tag der menschlichen Geschichte – die Kreuzigung – von der wunderbarsten Nachricht aufgehoben, die je ein Mensch erfuhr: von der Auferstehung unseres Erlösers.

Es gibt keine Stabilität oder Vorhersagbarkeit in dieser unvollkommenen Welt. Das macht uns das Leben so schwer. Man muss mit Schwierigkeiten, Härten und Herzeleid rechnen. Der einzige Rettungsanker für Sie und Ihre Familie in dieser turbulenten Welt ist der unveränderliche, treue Gott. Auch wenn Sie von Tragödien umringt sind, können sie an der einen Wahrheit festhalten: Auf seine Verheißungen ist Verlass und seine Liebe endet nie.

Gute-Nacht-Gedanken

- Verstehen Ihre Kinder, dass wir alle durch Versuchungen gehen müssen?
- Haben Sie ihnen beigebracht, dass sie sich auf Gott verlassen und ihre Sicherheit bei ihm finden können?

Unser Vater, es ist wunderbar, dich als unseren Gott zu haben! Danke für deine Treue und deine zuverlässige Liebe in turbulenten Zeiten unseres Lebens. Wir beten, dass jedes Mitglied unserer Familie lernt, sich immer an dich zu halten. Amen.

DIENSTAG

Die Härten des Lebens und ihre Folgen

Gott lässt euch jetzt für eine kurze Zeit leiden, aber er hat euch durch Jesus dazu berufen, für immer in seiner Herrlichkeit zu leben. 1. Petrus 5,10

So merkwürdig es klingt, aber ein unkompliziertes, stressfreies Leben kann für Mensch und Tier nachteilig sein. Denken Sie an den König der Tiere, den Löwen, im Zoo. Für alles, was er braucht, ist gesorgt. Seine Reißzähne verkümmern. Seine Muskeln erschlaffen und er gähnt sich durch den Tag. Der Löwe, der in freier Wildbahn in Afrika umherschleicht, immer auf der Suche nach seiner nächsten Mahlzeit, bleibt fit und stark, weil er Gefahren ausgesetzt ist und sich Herausforderungen stellen muss.

In gewissen Grenzen sind Härten für Sie und Ihre Kinder nützlich. Schwierigkeiten, die Trost erfordern, machen auch Sie fähig, anderen Trost zu geben (2. Korinther 1,3–4). Körperliche Leiden, die im Namen Christi ertragen werden, machen es Ihnen leichter, ein Nein zur Sünde zu finden, (1. Petrus 4,1). Durch Leiden entsteht Standhaftigkeit, Bewährung und Hoffnung (Römer 5,3). In der Bibel gibt es noch viele andere Beispiele für Lebenshärten und ihre Folgen.

Menschen, die harte Zeiten durchgemacht haben, sind fester, anpassungsfähiger und geduldiger als Menschen, die nie Schwierigkeiten oder Schmerzen ertragen haben. Daran sollten Sie denken, wenn Ihre Familie in nächster Zeit wieder einmal im Dschungel des Lebens Härten ertragen muss.

Gute-Nacht-Gedanken

- Versuchen Sie, aus Liebe jede Schwierigkeit und Unpässlichkeit, die sich vor Ihren Kindern auftut, zur Seite zu fegen?

- Fechten Sie Kämpfe für Ihre Kinder durch?
- Helfen Sie dadurch Ihren Kindern oder sind Sie für sie eher ein Handikap?

Herr, es fällt uns so schwer, unsere Kinder in Nöten zu sehen – und wir sind leicht versucht, für sie den Kampf zu übernehmen. Bitte schenk uns Weisheit und Zurückhaltung, wenn du Schwierigkeiten benutzt, um unsere Söhne und Töchter zu formen und zu stärken. Amen.

MITTWOCH

Den Glauben bewahren

Wir müssen viel Schweres durchmachen, bevor wir in Gottes neue Welt kommen. Apostelgeschichte 14,22

Gestern haben wir über den Gewinn gesprochen, der uns durch harte Zeiten zuwächst. Dabei haben wir eine Sache nicht erwähnt, die alles andere übertrifft: Prüfungen stärken unseren Glauben und bringen uns näher zum Herrn.

Ein standhafter Glaube rangiert ganz oben auf Gottes Prioritätenliste. *Keiner kann Gott gefallen, der ihm nicht vertraut* (Hebräer 11,6).

Ich (JD) denke dabei an eine Frau namens Marian Benedict Manwell. Als Säugling hat sie durch eine zerbrochene Matratzenfeder, die in ihr Köpfchen gedrungen ist, einen bleibenden Gehirnschaden erlitten. Andere Kinder machten sich über sie lustig und ärgerten sie. Als Marian 10 Jahre alt war, starb ihre Mutter an Krebs. Trotzdem – oder vielmehr *durch* diese Schwierigkeiten – entwickelte Marian einen tiefen Glauben an Jesus. Sie heiratete einen liebenswerten Mann, der auch Christ war, und wurde mit acht Kindern beschenkt. Sie alle dienten dem Herrn.

Ich will damit nicht sagen, dass es leicht ist, Unglück im eigenen Leben zu akzeptieren oder gar willkommen zu heißen. Ich leide mit allen, die den Verlust eines geliebten Menschen zu beklagen haben oder in anderen schlimmen Situationen stecken. Ich kann nur sagen, dass es Gottes Wille ist, dass wir in allen Lebensumständen dankbar werden und dass er unseren Schmerz versteht: *Freut euch, die ihr jetzt weint! Bald werdet ihr lachen* (Lukas 6,21).

Halten Sie an Ihrem Glauben fest und ermutigen Sie auch Ihre Kinder dazu. Er wird Sie und Ihre Familie unterstützen.

Gute-Nacht-Gedanken

- Ist Ihr Glaube stark genug, Härten zu ertragen?
- Entwickeln Ihre Kinder eine unerschütterliche Abhängigkeit von Gott?

Herr, wie können wir unseren Kindern den Glauben an dich nahebringen, wenn wir in Schwierigkeiten oder Härten, die in unsere Welt einbrechen, keinen Glauben zeigen? Hilf uns, dass wir uns jeden Tag mit ganzem Herzen an dich wenden, damit unsere Kinder lernen, was es bedeutet, im Glauben zu wachsen. Amen.

DONNERSTAG

Hilfe im Haus

Darum kommen die Schwachen und Waisen zu dir und vertrauen dir ihre Sache an. Psalm 10,14

Als Kathys Mann starb, waren ihre Söhne 17 und 20 Jahre alt. Beide Jungen vermissten ihren Vater sehr. Kathy fühlte sich den Aufgaben, die ihr Mann normalerweise in die Hand genommen hatte, oft nicht gewachsen. Die Probleme, die Söhne in diesem Alter haben, ließen sich nicht mit einem Kuss und warmen Worten wegräumen. Kathy legte die Situation Gott im Gebet hin, weil sie Hilfe brauchte, um mit ihren Söhnen weise umzugehen.

Und Gott erhörte sie. Zum Beispiel drohte ein Sohn seinen Job zu verlieren, weil er kein Fahrzeug für die verschneiten Bergstraßen hatte, die er passieren musste. Ein Freund bot ihm ganz unerwartet seinen Wagen mit Allradantrieb an. Als dem anderen Sohn ein Kojote in den gerade neu erworbenen Gebrauchtwagen lief, war ein Freund zur Stelle, der ihm mit Rat und Hilfe bei den Reparaturen zur Seite stand. Und als

Kathy merkte, dass ihr Ältester geistliche Leitung brauchte, wurde ihm sein christlicher Chef zum Mentor.

Allein erziehende Mütter oder Väter können nicht alles für ihre Kinder tun, besonders nicht in Notzeiten und Krisen. Sie brauchen Hilfe von Freunden, Verwandten, Nachbarn und Glaubensgeschwistern, die der Aufforderung der Bibel nachkommen: *Helft den Waisen und Witwen zu ihrem Recht!* (Jesaja 1,17). Aber vor allem müssen sie ihre Nöte im Gebet vor den Herrn bringen, dem Helfer der Schwachen und Waisen (Psalm 10,14).

Gute-Nacht-Gedanken

- Ist es an der Zeit, dass Sie Ihre elterlichen Sorgen bei Gott abladen?
- Kennen Sie einen alleinerziehenden Vater oder eine alleinerziehende Mutter, der/dem Sie in dieser Woche helfen können?

Lieber Vater, sei du unsere Stärke, wenn wir überlastet sind, unsere Hoffnung, wenn wir entmutigt sind und unsere Zuversicht, wenn wir uns einsam und ängstlich fühlen. Lass deine Gnade und Kraft auf unsere Schwäche scheinen, zu Gunsten unserer Kinder und zu Gunsten aller, die uns brauchen. Amen.

FREITAG

In der Gegenwart leben

Obwohl ich von allen Seiten bedrängt bin, werde ich nicht erdrückt. Obwohl ich oft nicht mehr weiter weiß, verliere ich nicht den Mut.
2. Korinther 4,8

Die Schriftstellerin Donna Partow schreibt, dass ihr arbeitsloser Mann Cameron sich mit großen Hoffnungen auf die Suche nach einer Arbeit machte. Aber das »Aha«-Erlebnis, ein neuer Job, stellte sich nie ein. Cameron bewarb sich unzählige Male. Er klopfte an viele Türen, er setzte Anzeigen auf und antwortete auf ebensolche. Jeden Abend suchte er bis Mitternacht die Job-Hotlines im Internet ab. Ohne Erfolg.

Langsam ging es mit ihm emotional bergab. Er und Donna mussten ihrer Tochter immer wieder sagen: »Liebling, wir wünschten sehr, wir könnten dir dies und das finanzieren. Aber wir müssen warten, bis Papa eine Arbeit gefunden hat.«

Plötzlich stellten Cameron und Donna fest, dass sie das Leben angehalten und jeden frohen Augenblick eingefroren hatten, bis die harten Zeiten für Sie vorübersein würden. Darum beschlossen sie, ungeachtet ihrer Situation in der Gegenwart zu leben. Sie gingen wieder zum Essen aus wie andere Familien auch, nahmen allerdings jeder nur eine Kleinigkeit. Sie pflegten eifrig soziale Kontakte und gingen gemeinsam als Familie preiswerten, aber sinnvollen Aktivitäten nach. Das Wichtigste war: Sie weigerten sich, die Hoffnung aufzugeben und depressiv zu werden.

Solche Maßnahmen schaffen natürlich keine Arbeitsstelle oder große finanzielle Erleichterung. Aber sie beseitigen ganz bestimmt Selbstmitleid und Niedergeschlagenheit.

Paulus ermutigt neue Gläubige in Hebräer 10,34: *Sie waren schwach und wurden stark.* Und das auf Grund ihres Glaubens. So wollen auch wir uns an die Freude erinnern, die wir unabhängig von unseren Lebensumständen haben.

Gute-Nacht-Gedanken

- Halten Sie gerade die Zeit an, weil Sie in Nöten sind?
- Wie können Sie Ihrer Familie helfen, sich trotz augenblicklicher Prüfungen zu freuen?

Vater, wir danken dir, dass du dich unserer Nöte annimmst und dass du unsere Sünden vergibst. Schenk uns deine Freude und deinen Frieden unabhängig von unseren täglichen Herausforderungen und hilf uns, dass wir immer unser Vertrauen in dich setzen. Amen.

Gott Gott sein lassen

Doch wenn ich Angst bekomme, setze ich mein Vertrauen auf dich.
Psalm 56,4

Dr. Jim Conway war in einer Radiosendung von *Focus on the Family* zu Gast und sprach über die Geschichte seiner Tochter Becky. Mit 15 Jahren bekam Becky Schmerzen im Knie. 18 Monate lang machten Ärzte Tests und nahmen Biopsien vor. Schließlich besuchte ein Arzt die Conways zu Hause und übermittelte ihnen die traurige Botschaft: »Becky hat eine bösartige Geschwulst in ihrem Bein. Es muss amputiert werden.«

Dr. Conway war Pastor. Er weigerte sich, diese Diagnose zu glauben. Er war überzeugt, dass Gott ein Wunder wirken würde. Sein Gemeinde fastete und betete 24 Stunden lang. Am Morgen der angesetzten Operation bat er den Arzt, das Bein noch einmal zu überprüfen, weil er sicher war, dass Beckys Krebs geheilt sei. Aber er war nicht geheilt. Beckys Bein war verloren und damit auch der Glaube eines gebrochenen, verärgerten und verzweifelten Vaters.

In den nächsten Wochen kämpfte Dr. Conway mit seinen Gefühlen. Schließlich realisierte er, dass er zwei Möglichkeiten hatte: Er konnte den Weg von Ärger und Hoffnungslosigkeit über den Verlust von Beckys Bein weitergehen – oder die Sache in Gottes Hände legen und glauben, dass Gott wusste, was er tat. Er beschloss, wie er es ausdrückte »Gott Gott sein zu lassen« und vertraute ihm. Der Kampf seiner Gefühle ließ nicht völlig nach. Doch wie Hiob entschloss sich Dr. Conway, trotz allem der Weisheit und Liebe unseres souveränen Schöpfers zu vertrauen.

Es gibt Zeiten, da lässt Gott uns den Sinn des Leids nicht erkennen. Wenn er zulässt, dass Ihre Familie mit einem unabänderlichen Leid geschlagen ist, können Gefühle der Verlassenheit oder Hoffnungslosigkeit die Übermacht gewinnen. Ich bitte Sie sehr, dass Sie sich in Ihrer Krise nicht auf Ihren Verstand verlassen und alles begreifen wollen. Erwarten Sie keine Erklärungen. Sie bekommen nur Frieden, wenn Sie Gott Gott sein lassen, in seiner Weisheit und unter seinem Schutz bleiben und die Worte Davids in Psalm 52,11 beherzigen: *Ich verlasse mich auf Gottes Güte für immer und ewig.* *SD*

22. WOCHE

Die richtige Perspektive behalten

SONNTAG

Auf dem Eis

Phil Callaway

Als Kind wollte ich unbedingt Eishockeyspieler werden. Der Samstag war mein Lieblingstag. Abends, wenn ich gebadet hatte, huschte ich ins Wohnzimmer, setzte mich neben das große alte Radio und lauschte der Eishockey-Übertragung aus Kanada.

Oh, wie ich das Gebrüll der Menge liebte! Die Spannung der Verlängerung! Die Namen der Spieler, die mir die Zukunftsvision eigener Größe vermittelten: Gordie Howe, Frank Mahovolich, Bobby Orr und ... Phil Callaway. Ich sah den Sprecher förmlich vor mir; seine Stimme überschlug sich vor Begeisterung: »Callaway fegt über das Eis, ... sprengt die Abwehr, ... ein Schuss, ... Toooooor! Oh Mann, oh Mann! So etwas hat die Welt schon lange nicht mehr gesehen!«

Das war meine Welt!

Es gab keinen Zweifel: Ich war zum Eishockeyspieler berufen. Ich verfolgte meinen Traum mit allen mir zur Verfügung stehenden Mitteln. Seit langem schon spielte ich in einem richtigen Team, in richtigen Stadien, mit einem richtigen Helm zum Schutz meines richtig harten Kopfs. Unsere Teams waren nie richtig gut. Aber das minderte meine Begeisterung nicht. Ich konnte es kaum erwarten, Profi zu werden. Dann konnte ich Mama und Papa zu meinen Spielen fliegen lassen. Ich würde Ihnen Plätze in der ersten Reihe gleich hinter den Spielern besorgen. Dann könnten Sie dem Trainer entscheidende Tipps geben.

In der 10. Klasse standen wir zum ersten Mal auf der Gewinnerseite der Saison. Das war ein wegweisendes Jahr für mich, denn es passierte tatsächlich etwas, das meinen Traum näherrücken zu lassen schien.

Und das lief so: Ende März. Das Champion-Spiel. Ein Ereignis von einer solchen Größe in unserer kleinen Stadt, dass Tausende, na gut, zumindest einige Hundert, in das kleine Stadion strömen ließ, um die Stars zu sehen. In gespannter Erwartung peilte ich nervös durch ein Loch in unserer Umkleidekabine die Lage. *Das wird mein Abend!* Diesem Gefühl konnte ich mich nicht entziehen. Die Jahre, in denen wir einstecken mussten, hatten sich ausgezahlt. Wer von den Zuschauern auf uns gesetzt hatte, würde nicht enttäuscht werden.

Doch im Lauf des Spiels begann mein Traum zu schwinden. Und tatsächlich, als die Uhr auf die letzte Spielminute zueilte, bekam der Traum alle Anzeichen eines Alptraums. Es stand 3:2 für die Gegner. Der Schiedsrichter würde gleich abpfeifen. Wir brauchten ein Wunder. Wir brauchten Phil Callaway.

Und so schoss ich einen gewagten Pass aus der Ecke und der Puck glitt schnurstracks ins Tor. Das rote Licht leuchtete auf. Die Girls wurden wild. Das Spiel war gerettet und ich war der Held. Ich hatte das Tor meines Lebens geschossen.

Nur ein Tor konnte dieses Tor toppen: eins in der Verlängerungszeit.

Während ich im Umkleideraum saß und darauf wartete, dass das Eis wieder geglättet wurde, öffnete ich die Tür vom Umkleideraum einen schmalen Spalt, um wieder einen Blick auf die Menge zu werfen. *Macht euch auf etwas gefasst, ihr da draußen. Heute abend ist das Glück auf meiner Seite. Diese Nacht ist meine Nacht. Ihr werdet euch in den nächsten Jahren an mich erinnern. In der letzten Woche, als ich das Netz nicht traf, habt ihr mich getröstet. Heute Abend nicht. Keine Sympathiebekundungen. Nein danke. Nur Applaus. Ein wilder, wahnsinniger Applaus der Bewunderung.*

Und es kam, wie es kommen musste: Etwa fünf Minuten in der Verlängerung schoss ich das Gewinn bringende Tor. Das ist ein Augenblick, den ich immer vor mir habe, manchmal auch in Zeitlupe, aber normalerweise in Echtzeit. Als der Puck auf das offene Netz zuschoss, machte ich einen Hechtsprung und versuchte verzweifelt, die Richtung zu korrigieren. Als die Menge aufsprang, schlug ich den Puck über die Ziellinie.

Das rote Licht leuchtete auf.

Die Mädels schrien. Aber sie jubelten nicht wegen mir.

Ich hatte zielgerade in unser eigenes Netz geschossen.

Ich weiß nicht mehr genau, was danach geschah. Ich muss gestehen, die darauf folgenden Jahre sind für mich ein wenig verschwommen. Ich weiß nur noch, wie ich schnurstracks auf die Umkleidekabine zuschritt. Hier setzte ich mich auf die Bank und warf ein weißes Handtuch über meinen Kopf. Und ich erinnere mich schmerzhaft an die Kommentare meiner Mannschaftskameraden: »Mach dir nichts draus, Callaway. Das hätte jedem passieren können, ... der völlig unkoordiniert ist.«

Ich zog mir das Handtuch über die Ohren, um das Gelächter zu dämpfen. Dann zog ich meine Schlittschuhe aus und hängte sie an den Nagel. Und das war gut so.

Zu Hause eilte ich direkt in mein Zimmer. Eine starke Grippe hatte meinen Vater ans Haus gefesselt, sodass er das Spiel nicht gesehen hatte.

»Na, wie war's?«, fragte er und schaute vom Flur aus in mein bleiches Gesicht. Da wusste er bereits einen Teil der Antwort.

»Oh Papa«, stöhnte ich und ließ den Kopf hängen. »Das darf ich dir gar nicht erzählen. Du bist schon gestraft genug.«

Ich warf mich auf mein Bett, verschränkte die Arme hinter dem Kopf und starrte gegen die Stuckdecke. Vater trat in mein Zimmer und setzte sich neben mich. Er sagte nichts.

»Hast du schon einmal etwas so Dummes angerichtet, dass du dir um alles in der Welt wünschtest, du könntest die letzten 24 Stunden ungeschehen machen und noch einmal von vorn beginnen?«, fragte ich.

»Ja«, antwortete Vater. »Das war die Zeit, als ich mit meiner 22 die Scheinwerfer vom alten Henderson abgeschossen hatte, ... und dann, als ich ...«

Zum ersten Mal seit Jahren unterbrach ich ihn und erzählte ihm alles: Der Schock der Menge. Die Blamage im Umkleideraum. Mein Spiel, das unvergesslich bleiben würde. Ich wagte nicht, meinem Vater ins Gesicht zu schauen. In das Gesicht eines stolzen Vaters. Eines Vaters, der seine eigenen Träume für seinen jüngsten Sohn hatte.

Schweigen. Nach einer Minute legte Papa seine Hand auf mein Knie und tat, was kein Mensch erwartet hätte.

Er begann zu lachen.

Und ich konnte es nicht fassen – unglaublich! Ich lachte mit!

Es war das Allerletzte, was einer vom anderen erwartet hätte. Es war das Beste, was wir machen konnten!

Es sind über 20 Jahre vergangen seit der Nacht, da Vater und ich auf meiner Bettkante saßen und schallend lachten. Ich erinnere mich, es war die Nacht, in der ich beschloss, weiter Eishockey zu spielen. Und ich spiele heute immer noch. Ich habe es sogar geschafft, im Laufe der Jahre einige Tore zu schießen – in das richtige Netz. Aber kein Tor wird mir so im Gedächtnis haften bleiben wie das eine Tor in der Verlängerung.

Noch Jahre danach habe ich schweißgebadet diesen schrecklichen Augenblick nachempfunden. Aber wenn ich mich dann an Vaters Hand auf meinem Knie erinnerte, ... grinste ich von einem Ohr zum anderen.

Wissen Sie, das war die Nacht, in der ich etwas entdeckte, das die schwersten Lasten sehr viel leichter macht. Damals auf meinem Bett ließ mich mein Vater einen Blick in das Gesicht meines himmlischen Vaters tun. Ein Gesicht voller Mitgefühl, Vergebung und Gnade.

Ein lächelndes Gesicht.

Das Gesicht des einen, der mit uns lacht und weint.

Vorschau

Manchmal geht es einem so schlecht, dass es nur noch eine Lösung gibt: Lachen! Wenn Ihre Spülmaschine die Küche überflutet, wenn Sie versehentlich die Arbeit eines ganzen Tages im Computer gelöscht haben oder wenn Sie ein Eigentor schießen, werden sie viel leichter mit der Situation fertig, wenn Sie darauf anstatt mit einem Schrei mit einem Lächeln reagieren.

In der Hetze unserer Tage passiert es leicht, dass Lebensprobleme und Stress unsere Perspektive verdunkeln. Vielleicht ist das ein Grund von vielen, warum Gott uns das Lachen geschenkt hat ... und Sonnenschein ... und Eiscreme ... und Musik ... und Kinder.

Die Jahre, in denen die Kinder heranwachsen, sind sicher die anstrengendste Zeit und doch gehen sie so schnell vorbei. Dieses Wissen kann Ihnen helfen, die zeitlich begrenzten Unglücksfälle des täglichen Lebens aus der richtigen Perspektive zu betrachten.

Anbetung als Lebensstil

Erweist ihm die Ehre, die ihm zusteht. 1. Chronik 16,29

Die Zeit, Gott zu loben und zu preisen, ist genauso wenig eingeplant wie die Zeit, Kinder zu erziehen oder das Leben selbst zu leben. *Das Gebet redlicher Menschen macht ihm (Gott) Freude* (Sprichwörter 15,8) und verstärkt unsere Entscheidung, zu tun was recht ist. Zeit mit Gott zu verbringen ist nicht nur eine Verpflichtung, die wir auf unserem Terminplaner nach jedem Sonntagmorgen abhaken können, sondern ein konstanter Lebensstil: *Herr, für immer will ich singen von den Beweisen deiner Güte* (Psalm 89,2).

Als Judy klein war, gab es in ihrer Familie jeden Tag eine Morgenandacht. Sogar in den Ferien in der Wildnis von Kalifornien versammelte sich ihre Familie, so erinnert sie sich, in ihrer kleinen Hütte nach dem Frühstück, um Gott anzubeten. Ihre älteste Schwester Ruth begann mit einem Gebet. Bruder Jim begleitete die Familie beim Singen auf seiner Gitarre. Anschließend las Judys Mutter einen Bibelabschnitt vor und der Vater hielt eine kurze Andacht.

»Sehr oft wäre ich viel lieber sofort zum Spielen gelaufen«, berichtet Judy. »Aber die Morgenandacht gab immer genau den richtigen Ton für den Rest unseres gemeinsamen Tages an. Und heute gehört diese gemeinsame Zeit vor Gott zu meinen schönsten Erinnerungen.«

Wir haben einen Retter, der für jeden von uns einen Platz in seinem Reich bereitet (Johannes 14,2). Das ist *immer* ein Grund zur Freude und zur Anbetung! Wir sollten unsere Kinder jeden Tag zusammenrufen, mit ihnen beten, die Bibel lesen und Gott loben. So wie König David schreibt: *Herr, mein Gott, von ganzem Herzen will ich dir danken und allezeit deinen Ruhm verkünden* (Psalm 86,12).

Gute-Nacht-Gedanken

- Verändert die Anbetung *Ihre* Perspektive, wenn es um Erziehung geht?
- Ob Ihrer Familie mehr Zeit mit Gott gut tun würde?

Vater, die Zeit, die wir mit dir verbringen, ist so unendlich wertvoll. Hilf uns, dass wir uns als Familie die Zeit nehmen, dich zu ehren, damit wir unsere Perspektive als deine geliebten Kinder erneuern. Amen.

DIENSTAG

Wunder über Wunder!

Deine Pläne, deine wunderbaren Taten – wenn ich sie alle aufzählen wollte, ich käme nie an ein Ende! Psalm 40,6

Abby betrachtete unglücklich ihr Haus. Überall auf dem Fußboden lag Spielzeug verstreut; im Spülbecken türmte sich der Abwasch und auf der Küchenanrichte stapelte sich die Bügelwäsche. Abby stöhnte und dachte: *Warum bin ich bloß Mutter geworden?*

Plötzlich kam ihr 3-jähriger Sohn vom Garten ins Haus gerannt und nahm sie bei der Hand. »Mama, Mama, komm mal! Komm, Mama, guck!« Willig ließ sie sich von ihrem begeisterten Sohn in den Garten ziehen. Auf einem gepflasterten Gehweg zeigte der Kleine stolz mit dem Finger auf eine grüngelbe Raupe. Gemeinsam bückten sich Mutter und Sohn. Abby bewunderte die feinen schwarzen Streifen der Raupe und ihre unruhigen Fühler. Die Sonne wärmte Abbys Arme. Da sah sie in ihrem Kamelienstrauch das kunstvolle, halb fertige Netz einer Spinne, in dem Tautropfen funkelten. Wortlos deutete sie mit dem Finger auf das Spinnennetz.

»Boa!«, flüsterte ihr Sohn staunend. Seite an Seite beobachteten sie, wie die Spinne das wunderschöne Muster vervollständigte. *Danke, lieber Gott,* hauchte Abby. *Nun weiß ich wieder, warum ich Mutter geworden bin.*

Es passiert ganz schnell, dass wir uns durch die Bürde des Alltags unsere Begeisterung für Gottes erstaunliche Schöpfung stehlen lassen. Aber die Bibel sagt: *Er selbst hat dafür gesorgt, dass seine Wunder nicht vergessen werden* (Psalm 111,4). Wir wollen sie nicht vergessen – und eine geistlichere Perspektive im Alltag entdecken. Doch dazu müssen wir uns Zeit zum Hinschauen nehmen. Manchmal bringen uns unsere Kinder zum Staunen.

Gute-Nacht-Gedanken

- Wie oft halten Sie und Ihre Familie inne, um Gottes Schöpfung zu bewundern?
- Wie verändert sich Ihre Perspektive und die Ihrer Kinder, wenn Sie sich auf die Schönheit der Schöpfung einlassen?

Anbetungwürdiger Gott, wir können die Herrlichkeit kaum erfassen, die du zu unserer Freude geschaffen hast. Danke für so viele unglaubliche Segnungen und für die Fähigkeit, sie zu erkennen und zu schätzen. Lass unsere Familie immer deine Wunder bestaunen. Amen.

MITTWOCH

Zeit zum Lachen

Gott hat dafür gesorgt, dass ich lachen kann. Jeder, der davon hört, wird mit mir lachen. 1. Mose 21,6

Kinder sprudeln vor Humor, wenn man genau hinschaut. Da ist zum Beispiel eine Mutter, die im Wohnzimmer telefoniert, während ihre 3-jährige Tochter mit dem 5 Monate alten Brüderchen spielt. Plötzlich stellt die Mutter fest, dass die Kinder weg sind.

In Panik rast sie durch den Flur und in Adriennes Zimmer, wo die beiden friedlich spielen. Erleichtert, aber aufgebracht ruft sie: »Adrienne, du weißt genau, dass du Nathan nicht tragen darfst. Er ist viel zu klein – und er tut sich weh, wenn du ihn fallen lässt!«

Ungerührt antwortet Adrienne: »Ich hab ihn nicht getragen, Mami.«

Weil Nathan noch nicht krabbeln konnte, fragt die Mutter: »Und wie ist er den ganzen Weg bis in dein Zimmer gekommen?«

Der Zustimmung ihrer Mutter gewiss, lächelt Adrienne stolz und sagt: »Ich habe ihn gerollt!«

Diese Geschichte lässt mich an König Salomo denken. Als er begann, nach dem Sinn des Lebens zu fragen, glaubte er: *Das Lachen ist etwas für Narren* (Prediger 2,2). Als er weiter forschte, stellte er fest, dass Gott alle Dinge nach seiner Zweckmäßigkeit ordnet. *Alles, was auf der Erde geschieht, hat seine von Gott bestimmte Zeit* (3,1). Und dazu gehört auch Lachen (Vers 4).

Wenn die 3-jährige Ihren jüngsten Sprössling durch den Flur rollt, entdecken Sie vielleicht, dass die göttliche Reaktion darauf nicht unbedingt Ärger ist. Sie haben gerade einen neuen Zeitabschnitt begonnen – die Zeit zum Lachen.

Gute-Nacht-Gedanken

- Sind Sie im Allgemeinen mit Ihren Kindern streng oder eher unbekümmert?
- Sehen Sie das Leben mit Humor an? Warum eigentlich nicht?

Danke, Herr, für all die lichten Momente auf unserem Lebensweg. Bitte lass uns nicht zu streng werden, damit wir hin und wieder mit einem guten herzhaften Lachen uns selbst, unsere Kinder und unsere Lebensumstände zum Tanzen bringen können. Amen.

DONNERSTAG

Familienordnung

Mit Reden aufhören ist besser als mit Reden anfangen.
Ruhig Blut bringt weiter als ein heißer Kopf. Prediger 7,8

Es ist schon einige Jahre her, da stritten sich der 12-jährige Jeff und sein 10-jähriger Bruder Scott Tag für Tag. Die Mutter und auch der Vater, wenn er zu Hause war, vermittelten oft und taten, was sie konnten, um den Frieden zwischen den beiden Streithähnen wiederherzustellen. Oft schien es verlorene Liebesmüh. Aber meistens behielten die Eltern in ihrer Vermittlerrolle eine positive Haltung.

Der Bibelvers *Wie glücklich sind alle, die sich nach Gottes Ordnungen richten* (Psalm 106,3) gilt gewiss auch für Eltern. Daran haben sich die Eltern von Scott und Jeff gehalten. Gottes Wort half ihnen, den Streit der Kinder nicht aus den Augen zu lassen und das Schlimmste zu verhindern.

Es ist bekannt, dass Rivalitäten unter Geschwistern auch die geduldigsten und vernünftigsten Eltern auf die Barrikaden bringen können.

Eifersucht war der Grund für den ersten Mord, von dem uns berichtet wird: Kain erschlug seinen Bruder Abel. Ein gewisser Grad an Feindseligkeit unter Ihren Kindern ist sicher nicht zu vermeiden. Allerdings können Sie diese Konflikte abmildern, indem Sie Ihre Kinder niemals miteinander vergleichen, indem Sie klare Grenzen zwischen den Geschwistern schaffen und vor allem, indem Sie feste, für alle gültige Regeln in Ihrem Heim einführen.

Ein Sprichwort besagt: »Strenge Eltern schaffen gute Nachbarn.« Und das ist wahr. Salomo sagt uns warum: *Ein gerechter Urteilsspruch bedeutet Freude für den Unschuldigen* (Sprichwörter 21,15).

Rivalitäten unter Geschwistern lassen sich nicht ganz ausrotten. Aber Sie können auf einer gewissen Ordnung in Ihrer Familie bestehen. Mit der Zeit kann das zu einer dauerhaften Freundschaft zwischen Geschwistern führen.

Gute-Nacht-Gedanken

- Sind Geschwisterstreitigkeiten ein Problem in Ihrer Familie? Wo könnte Ihrer Meinung nach der Grund dafür liegen?
- Richten Sie sich nach Gottes Regeln, wie sie die Bibel lehrt?

Himmlischer Vater, es tut oft so weh, wenn wir unsere Kinder miteinander streiten sehen. Wir bitten dich um deine Führung, um in diesen Momenten richtig zu reagieren. Hilf uns, immer fair zu bleiben, und gib uns Weisheit und Kraft, um gewisse Regeln in unserer Familie aufrechtzuerhalten. Amen.

FREITAG

Da müssen sie durch

Weisheit aber ist gut für dein ganzes Leben. Sprichwörter 24,11 GN

Ich (JD) betrat ein Restaurant. Da kam eine Kellnerin auf mich zu, die dort arbeitete. Sie war alleinerziehende Mutter und wollte mit mir über ihre 12-jährige Tochter sprechen, mit der sie einige Schwierigkeiten hatte.

»Wir haben uns das ganze Jahr gezofft«, sagte sie. »Fast jeden Abend streiten wir uns und fast immer ist es das gleiche Theater. Meine Tochter will sich unbedingt die Beine rasieren! Ich finde, das ist viel zu früh.«

Meine Antwort darauf: »Liebe Frau, kaufen Sie Ihrer Tochter einen Ladyshave!«

Die 12-jährige paddelte auf eine stürmische Zeit zu. Ihre alleinerziehende Mutter wollte allen Anfängen wehren und ihren kessen Teenie vor allen Übeln bewahren: vor Drogen, Alkohol, Sex und Schwangerschaft, Schulversagen und allem sonstigen. In dieser Situation schien es unklug, aus einem kleinen Thema wie Beine rasieren ein großes Theater zu machen. Ich stimme schon mit der Mutter überein, dass halbe Kinder nicht zu früh erwachsen werden sollten. Doch hier galt es, Prioritäten zu setzen.

Klugheit und Verstand sind ein sicheres Fundament, auf dem du dein Haus errichten kannst und Wissen füllt seine Räume mit wertvollen und schönen Dingen (Sprichwörter 24,3). Das ist ein Bibelvers, der auch als Fundament für eine Familie Gültigkeit hat. Beides, Klugheit und Verstand, sind nötig, um zu wissen, wann Sie die Zügel straffen und wann Sie lockerlassen müssen. Dickköpfige Kinder, die in ihrer Teenagerzeit auf Stromschnellen zutreiben, sollte man klugerweise durchschwimmen lassen.

Gute-Nacht-Gedanken

- Haben Sie die Dinge im Kopf, die das Wohlergehen Ihrer Kinder bedrohen?
- Bitten Sie immer Gott um Klugheit und Verstand bei Ihren elterlichen Entscheidungen?

Vater, wir sollten unseren Blick auf die Dinge richten, die für das Wohlergehen unserer Kinder vorrangig wichtig sind. Wir möchten dieser Aufgabe gerecht werden. Doch vor allem hilf uns beiden, unseren Blick immer wieder auf dich zu richten. Amen.

Der Sandmann

Singt Gott von Herzen Psalmen, Hymnen und Lieder, die der Geist eingibt. Dankt ihm so für die Gnade, die er euch geschenkt hat. Kolosser 3,16

Es fällt uns nicht schwer, Gott dankbar zu sein, wenn wir uns mit vielem Guten gesegnet wissen. Aber in Zeiten, wo alles schief läuft, ist es mit der Dankbarkeit nicht ganz so leicht.

Ich muss da an eine Geschichte von Gigi Graham Tchividjian denken. Sie wollte für ihre große Familie mit 6 lebhaften Kindern eine Sandkiste aufstellen. Darum rief sie bei einer Baustofffirma an und bestellte eine Fuhre Sand. Zu Gigis Entsetzen hinterließ der Lastwagen tiefe Spuren im Rasen. Der Boden war vom letzten Regen aufgeweicht. Außerdem brach der Laster beim Hin- und Hermanövrieren einige Äste von den Bäumen ab.

Und dann passierte, was passieren musste: Der Laster mit dem Sand blieb stecken. Je mehr der Fahrer rangierte, umso tiefer sank der Wagen ein, bis ein riesiges Loch im Rasen entstanden war. Eine Stunde später fuhr der Abschleppwagen vor. Der Fahrer des Abschleppwagens fuhr rückwärts heran, hakte den ersten Laster auf und hinterließ noch tiefere Spuren im Rasen. Der Abschleppwagen ratterte und zog, demolierte die Rasensprenganlage, rasierte Äste von den Bäumen und fuhr Sträucher platt. Alles umsonst – der Abschleppwagen steckte bald ebenfalls fest. Endlich kam Laster Nummer 3 angefahren – ein Monster auf 18 Rädern.

Nach 5 ½ Stunden massiver Verwüstung fuhren die drei Laster wieder ab. Gigi blieb mit einem Garten, der einem frisch gepflügten Acker glich, und mit den Rechnungen für fünf Tonnen Sand und zwei Abschleppwagen zurück. Der Tag war eine einzige Katastrophe.

Doch als sie abends ihren 8-jährigen Sohn ins Bett steckte, war sie überrascht über sein Gutenachtgebet: »Und ich danke dir, lieber Gott, für den aufregenden Tag und die große Sache in unserem Garten!«

Es gibt Zeiten, da haben wir das Gefühl, ein bisschen weniger Aufregung und Umtrieb würden es auch tun. Aber Gott weiß es am besten und er lässt uns durch Paulus sagen: *Dankt Gott in jeder Lebenslage. Das will Gott von denen, die mit Jesus verbunden sind* (1. Tessalonicher 5,18).

SD

23. WOCHE

Ich habe meinen Wert

SONNTAG

Einfühlsam

Gary Smalley und John Trent

Die 6. Klasse war für Eric ein schwarzes Schuljahr. Er ging ohnehin nicht gern zur Schule, aber vor Mathematik fürchtete er sich besonders. »Eine mentale Blockade«, lautete das Urteil der Schulpsychologen.

Als sei die mentale Mathe-Blockade noch nicht genug für einen 11-jährigen Schüler, bekam er im Herbst die Masern und konnte zwei Wochen lang die Schule nicht besuchen. Als er wieder im Unterricht erschien, multiplizierten seine Klassenkameraden bereits Brüche. Eric versuchte sich vorzustellen, was passiert, wenn man einen halben Kuchen mit einen dreiviertel Kuchen zusammenschiebt ...? Das war doch in jedem Fall eine Menge Kuchen.

Erics Lehrerin, Frau Gunther – laute Stimme, übergewichtig, Furcht einflößend und ein Jahr vor ihrem Ruhestand – war nicht besonders einfühlsam. Für den Rest des Jahres nannte sie Eric »Die Maser«, in Gedenken an seine vielen roten Flecken, die sie ihm pausenlos mit Make-up übertupfen wollte. Zudem schleuderte sie ihm, wenn seine mentale Mathe-Blockade ihn an einem Fortschritt in der Bruchrechnung hinderte, vor der ganzen Klasse ins Gesicht: »Ich gebe einen Dreck auf deine Ausreden, Maser! Du solltest dich lieber mehr anstrengen. Wer will, der kann!«

Die Blockade, einst von der Größe eines Gartenzauns, wuchs in Eric zur Chinesischen Mauer heran. Er verlor jede Hoffnung, das Versäumte je wieder aufzuholen, und ließ auch in Fächern nach, in denen er früher gut gewesen war.

Doch dann kam ein bemerkenswerter Augenblick.

Es war in der Mitte der 9. Stunde Englisch bei Mrs. Warwick. Nach über 25 Jahren erhellt sich Erics Gesicht bis heute, wenn er an den großen Augenblick jenes Tages zurückdenkt. Die Klasse hatte sich durch Mrs. Warwicks vergebliche Versuche gegähnt, eine Diskussion über eine Geschichte von Mark Twain zu entfachen. An einer Stelle der Lektüre klickte etwas in Erics Kopf. Vielleicht war sein Gedanke verrückt, aber plötzlich hatte er den Eindruck, dass er verstanden hatte, was Twain mit der Geschichte hatte sagen wollen – etwas, das ein wenig unter der Oberfläche lag. Trotz seiner Angst, ausgelacht zu werden, hob Eric die Hand und meldete sich zu Wort.

Das führte zu dem Augenblick, wo Mrs. Warwick freudestrahlend direkt in Erics Augen schaute und sagte: »Also Eric, ... das war *sehr* einfühlsam von dir!«

Einfühlsam. Einfühlsam? Einfühlsam!

Dieses Wort klang den ganzen Tag über in Erics Gedanken nach – und dort klingt es bis heute. *Einfühlsam? Ich? Ja, richtig. Ich glaube, das war einfühlsam. Vielleicht* bin ich *einfühlsam.*

Ein Wort, ein einziges kleines positives Wort fiel im richtigen Augenblick und stellte irgendwie die Balance im Selbstwert dieses Teenagers wieder her – und veränderte damit möglicherweise seinen Lebenskurs (obwohl er immer noch keine Brüche multiplizieren konnte).

Eric schlug eine Laufbahn als Journalist ein und schrieb später Bücher. Er arbeitete erfolgreich mit einigen Spitzenautoren zusammen. Sein wiedergefundenes Selbstvertrauen brachte ihn auf einen erfreulichen Weg, den er vielleicht anders nie entdeckt hätte.

Alles, was dazu nötig war, war ein kleines Wort im richtigen Augenblick – und eine Lehrerin, die selbst ein wenig einfühlsam war.

Vorschau

Die Welt kann für Kinder grausam sein, besonders, wenn sie das Gefühl haben, dass sie es irgendwie mit niemandem aufnehmen können. Eine relativ kleine Schwierigkeit wie Erics Lernblockade kann leicht zu einer Persönlichkeitskrise führen, besonders, wenn sich ein Kind dauernd Kritik zu seinem Schwachpunkt anhören muss.

Ich erinnere mich noch gut an die Zeit, als ich 13 oder 14 Jahre alt war. Das war die schwierigste Phase meines Lebens. Ich befand mich in einem sozialen Kreuzfeuer, das Anlass zu Minderwertigkeitsgefühlen und Selbstzweifeln gab. Ich habe diese Zeit überlebt und sogar einige positive Qualitäten aus den negativen Erfahrungen gewonnen. Ich wurde, obwohl mir das damals gar nicht richtig bewusst war, von dem Glauben gestützt, den ich durch das Vorbild meiner Eltern und ihrer Erziehung gewonnen hatte. Ich glaubte an einen liebenden Gott, der mich wertschätzte, so wie ich war und der – obwohl ich es nicht verdient hatte – seinen Sohn sandte, um für mich zu sterben (Johannes 3,16).

Wenn Ihre Kinder in ihren Herzen begriffen haben, dass der Schöpfer des Universums sie persönlich liebt und seinen eigenen Sohn für sie geopfert hat, werden sie ein viel gesünderes Selbstbewusstsein bekommen und viel besser für die Widrigkeiten der Teenagerzeit gewappnet sein.

MONTAG

Folgenschwere Grausamkeit

Du hast mich geschaffen mit Leib und Geist, mich zusammengefügt im Schoß meiner Mutter. Psalm 139,13

Der Psychologe Clyde Narramore berichtete einmal von einer Lehrerin, die die relative Bedeutung der Wörter *Groß* und *Klein* in ihrer Klasse darstellen wollte. Sie wählte ein Mädchen und einen Jungen aus und ließ sie vor die Klasse treten. Die Lehrerin legte ihre Hand auf den Kopf des Mädchens und sagte: »Groß, groß, Sharon ist groß.« Sharon war tatsächlich das größte Mädchen in der Klasse und fühlte sich jetzt wie eine Bohnenstange. Anschließend sagte die Lehrerin: »Klein, klein, David ist klein.« Der arme David war total am Boden zerstört. Denn das ist doch das Allerletzte, was ein Junge hören möchte, dass er das kleinste Kind der Klasse ist! Die Lehrerin war völlig unsensibel und merkte gar nicht, welchen Schmerz sie Sharon und David zugefügt hatte.

Jede Abweichung von der Norm in Größe, Gewicht, Frisur, Hautfarbe, Stimme und so weiter wird von den Kameraden Ihrer Kinder zum Anlass für Hänseleien. Manchmal spielen selbst Erwachsene, die es eigentlich besser wissen sollten, dieses grausame Spiel.

Es ist Ihre Aufgabe als Eltern, diesen schmerzhaften Kommentaren mit Liebe und Ermutigung zu begegnen. Machen Sie Ihren Kindern

Mut. Halten sie ihnen ihre starken Seiten und Fähigkeiten vor Augen. Und vor allem zeigen Sie Ihnen Bibelstellen wie Lukas 16,15: *Was bei Menschen Eindruck macht, das verabscheut Gott.* So lernen Ihre Kinder, dass Werte, die vor Menschen viel bedeuten, den Werten Gottes oft ganz entgegengesetzt sind.

Gute-Nacht-Gedanken

- Machen Sie sich über Ihre Kinder lustig, sodass sie sich verletzt fühlen?
- Wie können Sie dazu beitragen, dass Ihre Kinder sich mit ihren einmaligen Eigenschaften positiv fühlen?

Oh Herr, manchmal können Worte so sehr verletzen. Wir wollen unsere Kinder nicht herunterziehen, sondern sie stärken und selbstbewusst machen. Hilf uns, sie zu trösten und zu ermutigen, wie du es tust, wenn andere ihnen übel mitspielen. Amen.

DIENSTAG

Liebe und Achtung

Erweist ihnen den schuldigen Respekt. 1. Petrus 2,17

Liebe ist sehr wichtig, damit Ihre Kinder einen gesunden Selbstwert entwickeln. Es gehört aber auch noch mehr dazu. Achtung ist genauso lebensnotwendig. Leider ist es durchaus möglich, einen Menschen zu lieben, ohne ihn zu achten, oder ihn zu achten, ohne ihn zu lieben. Zum Beispiel will Ihr Sohn mit einem anderen Erwachsenen reden und Sie schneiden ihm das Wort ab und erklären, was er Ihrer Meinung nach sagen wollte. Oder Sie belehren Ihre Tochter, die ein Wochenende bei ihrer Freundin verbringen möchte, wie anständig sie sich dort zu benehmen hat.

Ein Kind merkt sehr genau, ob es die Anerkennung seiner Eltern hat oder nicht. »Natürlich lieben sie mich. Schließlich sind sie meine Eltern. Ich weiß, dass ich wichtig für sie bin, aber im Grunde achten sie mich nicht als eigenständige Person. Ich bin eine Enttäuschung für sie«, solches oder Ähnliches höre ich oft von Teenagern, die sich unverstanden fühlen.

Der erste Schritt zu einem gesunden Selbstwertgefühl ihrer Kinder ist, dass sie genau überlegen, was Sie in ihrer Gegenwart sagen und tun. Viel wichtiger, als auf jedes Problem einzugehen ist, dass Sie sich immer wieder fragen: »Habe ich meine Achtung für meine Kinder zum Ausdruck gebracht und respektiere ich die Entscheidungen, die sie treffen?«

Als der Apostel Petrus die Gläubigen aufforderte: »Erweist ihnen den schuldigen Respekt«, hat er bestimmt auch an die eigenen Familienangehörigen gedacht. Wer sein Kind liebt *und* achtet, ist im Einklang mit Gott und schafft eine gute Atmosphäre.

Gute-Nacht-Gedanken

- Zeigen Sie Ihren Kindern genauso viel Achtung wie Liebe? Wie machen Sie das?
- Sind Sie manchmal respektlos gegenüber Ihren Kindern? Wie äußert sich das?
- Welche Charakterzüge und Fertigkeiten Ihrer Kinder verdienen Ihre Achtung und Anerkennung?

Vater, bewahre uns davor, dass wir durch gedankenlos dahingesagte kritische Worte unserer Familie Schaden zufügen. Hilf uns, dass es uns wichtig ist, dass einer den anderen fördert. Wir bitten dich um deine Kraft, damit wir das schaffen. Amen.

MITTWOCH

Ein Jesus-Herz

Ein Mensch sieht, was in die Augen fällt; ich aber sehe ins Herz.
1. Samuel 16,7

In ihrem Buch *Designed for Excellence* (etwa: »Zum Besonderen berufen«) schreibt Lori Salierno, dass sie in ihrer Schulzeit unter einer schrecklichen Akne litt. Alles, was sie dagegen unternahm, half nichts.

Sie hörte, wie die Mädchen in der Schule hinter ihrem Rücken über ihre Pickel tuschelten.

Eines Abends konnte sie sich nicht mehr beherrschen. Schluchzend warf sie sich auf ihr Bett. Nach einiger Zeit kam der Vater in ihr Zimmer und tröstete sie. »Lori«, sagte er mitfühlend, »du tust mir so leid. Ich weiß, es ist sehr hart. Trotzdem kannst du damit fertig werden. Du musst deine Akne vergessen und an deinen inneren Werten arbeiten lernen.«

Lori war sich nicht sicher, ob ihr Vater wusste, was er da verlangte. Immerhin war es einen Versuch wert. Sie nahm sich das Gebot Jesu aus Matthäus 22,39 vor: »Liebe deinen Nächsten wie dich selbst«, und begann, es in Form von Besuchen im nahe gelegenen Pflegeheim anzuwenden. Sie hörte den Bewohnern zu und erzählte ihnen auch von sich. Je mehr Lori über die Nöte und Sorgen dieser Senioren erfuhr, umso mehr verkleinerte sich ihr eigener Schmerz.

Eines Tages sagte eine Bewohnerin des Heims zu ihr: »Lori, du bist wunderschön«. Und Lori stellte fest, dass sie sich wirklich schön *fühlte*. Die Besuche im Pflegeheim veränderten das Bild, das sie von sich hatte, und machten es ihr leichter, ihren Altersgenossen zu begegnen.

Gott sagt: *Der Mensch sieht, was ins Auge fällt, ich aber sehe ins Herz* (1. Samuel 16,7). Wenn wir unseren Kindern beibringen, das Wort des Herrn kennen zu lernen und es zu befolgen, werden sie Jesus immer näher kommen – und dadurch einen gesunden Selbstwert entwickeln.

Gute-Nacht-Gedanken

- Sind Ihre Kinder stärker mit ihren inneren oder äußeren Qualitäten beschäftigt?
- Haben Sie schon einmal mit Ihren Kindern über 1. Samuel 16,7 gesprochen und ihnen erklärt, was Gott am meisten an seinen Kindern schätzt?

Lieber Gott, es passiert uns leicht, dass wir Dingen, die in deinen Augen wenig bedeuten, viel Beachtung schenken. Danke für deine klaren Aussagen zu dem, was bleibenden Wert hat und was uns näher zu dir und unserer Familie bringt. Amen.

Besser als Würmer

An mir selbst erkenne ich: Alle deine Taten sind Wunder! Psalm 139,14

Ich hatte gerade einen Vortrag über die Wichtigkeit eines gesunden Selbstvertrauens bei Kindern beendet, da eilte eine Frau auf mich zu. Mein Beitrag widersprach ihrer Theologie. »Gott will, dass ich mich nicht besser als ein Wurm fühlen soll«, behauptete sie und bezog sich wahrscheinlich auf Psalm 22,7: *Doch ich bin kaum noch ein Mensch, ich bin ein Wurm, von allen verhöhnt und verachtet.* »Ich würde mich ja gern selbst achten«, fuhr sie fort, »aber Gott kann doch stolze Menschen nicht ausstehen, oder?«

Das stimmt, die Bibel verurteilt menschlichen Stolz. Gott scheint diese spezielle Sünde besonders aufs Korn zu nehmen: In Sprichwörter 6,16–19 sind »überhebliche Augen« als erste unter sieben weiteren Sünden aufgeführt, die Gott verabscheut.

Unsere Sprache ist dynamisch. Die Bedeutung der Wörter schleift sich mit der Zeit ab. Ich glaube nicht, dass es Gott missfällt, wenn Eltern sich über Erfolge ihrer Kinder freuen. Die biblische Bedeutung von *Stolz* wird heute besser mit *Überheblichkeit* übersetzt. Überheblich ist ein Mensch, der zu aufgeblasen ist, um sich demütig vor Gott zu beugen, seine Sünden zu bekennen und ein Leben im Dienst für andere zu führen.

Nie, nie, nie dürfen Sie Ihren Kindern direkt oder indirekt sagen, dass sie wertlos seien! Jesus hat seinen Thron im Himmel nicht verlassen, um für »Würmer« zu sterben. Er liebt uns als Mitglieder der Familie Gottes, als seine Brüder und Schwestern. Das ist ein Grund echter Wertschätzung.

Gute-Nacht-Gedanken

- Verstehen Ihre Kinder die biblische Bedeutung von *Stolz?* Und Sie?
- Zeigt eines Ihrer Kinder Anzeichen für Überheblichkeit oder Minderwertigkeitsgefühle?
- Wie können Sie ihnen helfen, ein »göttliches Selbstbewusstsein« zu entwickeln?

Herr, wir sind sehr dankbar, dass wir Brüder und Schwestern in deiner heiligen Familie sein dürfen. Hilf uns, dass wir Überheblichkeit meiden, die du so verabscheust. Verändere uns von innen her, sodass wir uns gegenseitig in einer Weise achten, die dir Freude macht. Amen.

FREITAG

Das Ehemaligentreffen

Ein ausgeglichener Sinn erhält den Körper gesund; aber Eifersucht ist wie eine Krebsgeschwulst. Sprichwörter 14,30

Isabel Wolseley fühlte sich in ihrem letzten Schuljahr ausgegrenzt und war neidisch auf ihre Mitschüler, die alles zu haben schienen. Sie hatten die richtigen Kleider, Freunde, die sie umschwärmten, super Noten und ein gesundes Selbstbewusstsein. Sie wurden für Theaterstücke ausgewählt, als Klassensprecher und Leiter besonderer Projekte. Und natürlich erhielten sie Auszeichnungen zum Schulabschluss.

Isabel, die auf einer Farm aufwuchs und deren Eltern weniger wohlhabend waren, war noch nie ausgezeichnet worden.

Nach einigen Jahrzehnten hatte Isabel endlich Lust, einmal an einem Treffen der ehemaligen Schüler teilzunehmen. Dabei machte sie eine überraschende Feststellung: Im Gespräch mit den Schulkameradinnen stellte sich heraus, dass ihr Selbstbild ganz und gar nicht mit dem übereingestimmt hatte, was ihre Klassenkameraden über sie dachten. Eine Frau seufzte: »Du hattest es so gut – du durftest auf einer Farm wohnen! Du hattest ein eigenes Pony. Eine Scheune mit Heu, in der du spielen konntest. Und heute bist du Schriftstellerin und bereist die Welt. Ich habe dich immer beneidet!«

Vergleiche sind die Wurzel des Minderwertigkeitsgefühls. Wir kommen *immer* zu kurz, wenn wir unser Minus gegen das Plus eines anderen halten. Dieses Prinzip müssen wir unseren Kindern verständlich machen. Die Bibel warnt: *Eifersucht ist wie eine Krebsgeschwulst* (Sprichwörter 14,30). Wir sollten unseren Kindern Mut zusprechen und Gott danken, weil er uns liebt, anstatt auf andere zu blicken, die scheinbar »alles haben«.

Gute-Nacht-Gedanken

- Raubt Eifersucht Ihrem Kind das Selbstvertrauen?
- Was können Sie dagegen tun, dass Eifersucht in Ihrer Familie wuchert?

Unser Schöpfer, danke für jede Segnung, die du unserer Familie zukommen lässt. Hilf uns, dass wir der Eifersucht nicht in die Falle gehen, und führe unsere Kinder zu einer dankbaren Haltung und zum Vertrauen in deine Pläne für ihr Leben. Amen.

SAMSTAG

Wahre Werte

Er (Gott) hat sogar die guten Taten schon geschaffen, die wir nun auch tun sollen. Epheser 2,10

Unsere Tochter Danae war schon mit 15 Monaten ein ausgesprochen hübsches Kind. Alle Familienangehörigen und Freunde und sogar völlig fremde Menschen wollten sie auf den Arm nehmen oder ihr Süßigkeiten schenken. Jeder wollte sie anscheinend mit Herzlichkeit überschütten.

An einem einzigen Tag änderte sich das. Es war der Tag, an dem Danae mit dem Tisch in unserem Wohnzimmer zusammenstieß. Sie lernte gerade, ihre kurzen Beinchen zu gebrauchen und Jim jagte sie spielerisch durchs Haus. Plötzlich verlor Danae das Gleichgewicht und knallte gegen die harte Couchtischkante. Dabei schlug sie sich einen Schneidezahn aus und verletzte sich den Kiefer. Das war ein schrecklicher Augenblick für uns alle!

Obwohl kein bleibender Schaden entstanden war, hing Danaes Mund durch die Kollision mit dem Möbelstück vorübergehend schief. Ihr Charme war dahin. Beim nächsten Einkauf im Kaufhaus stellte Jim fest, wie anders die Leute plötzlich auf unseren kleinen Liebling reagierten. Sie lächelten das Kind nicht mehr an und niemand wollte es streicheln. Vielmehr wandten sie entweder den Blick ab oder gafften extrem. Die Leute waren nicht absichtlich unfreundlich, aber sie demonstrierten einen unserer oberflächlichsten Werte: Wir reservieren unsere Zuneigung oft für die Attraktivsten unter uns.

Diese ungerechte Denk- und Verhaltensweise kann einen Jugendlichen mit einem bereits angeknacksten Selbstwertgefühl besonders niederschmettern. Darum ist es so wichtig für uns, dass wir unseren Kindern die wahren, das heißt, die göttlichen Werte vermitteln. Gott möchte, dass wir voller Achtung ihm gegenüber und gegenüber allen seinen Menschenkindern leben. Der Herr aller Herren und König aller Könige hat mich und Sie und jedes unserer Kinder mit einzigartigen Talenten und Temperamenten erschaffen. Er liebt jeden von uns so, wie wir sind, und hat einen sinnvollen Plan für unser Leben.

Indem Sie Ihren Kindern die Tiefe der Liebe Gottes erklären, der sein Leben für Ihren Sohn oder Ihre Tochter gegeben hat, stellen Sie die Sache mit dem Selbstwert in ein eigenes Licht. Das ist eine lebenswichtige Nachricht für Ihre Kinder genauso wie für Sie als Eltern.

24. WOCHE

Standhaft sein

SONNTAG

Nachbarschaftsgeheimnisse

Sandra Byrd

Jeden Tag schob ich meine Rolladen gerade so weit hoch, dass ich sie sehen konnte und selbst nicht gesehen wurde. Pünktlich wie die Morgenzeitung um 10 Uhr setzte sie ihre beiden Kinder in den kleinen Kombi. Und jeden Tag sahen sie aus wie zum Sonntagsspaziergang herausgeputzt.

Ich beneidete sie um ihre hübschen Kleider und atmete einen Hauch der großen weiten Welt. Ich wollte so gerne so hübsch und feminin wie sie sein und mein altes Gewicht wiederhaben. Wahrscheinlich würde ich keine breitrandigen Strohhüte mit einem erdbeerroten Band tragen wollen, aber ausprobieren würde ich es gern mal. Mein Auto müsste auch nicht fleckenlos rein sein – aber inzwischen rollten so viele Plastik-Kaffeebecher im Fußraum herum, dass sie schon für ein mittelstarkes Kaffeekränzchen ausreichten.

Nach wenigen Minuten verließ ich meinen Wachposten und ging zurück zum Fernseher und zu meinem Baby, das schon wieder schrie. Ich ging in die Küche und wärmte etwas Tee auf. Die Unordnung auf den Abstellflächen widerte mich an. Immer dasselbe.

Wie wurden alle Frauen auf der Welt außer mir mit dem ganzen Durcheinander fertig?

Eines Tages band ich mein Haar zu einem Pferdeschwanz und setzte das Baby in den Kinderwagen. Es war nackte Neugier, die mich dazu trieb, um Punkt 10 Uhr hinauszugehen.

»Oh ... Hallo!«, sagte ich, als ich die Nachbarin wie erwartet auf dem Weg zu ihrem Auto antraf, und errötete leicht.

»Wie geht es Ihnen?«, fragte sie und ihr netter britischer Akzent ließ echte Freude erkennen.

»Gut, ganz gut ...«, stotterte ich. »Was ich Sie schon immer mal fragen wollte, hm, ... wie schaffen Sie es eigentlich, jeden Morgen so früh schon so gut auszusehen?«, platzte ich heraus.

Sie verstand, was ich meinte. »Als Lizzie geboren wurde, bin ich immer erst nach 11 aus dem Haus gekommen, und selbst dann war meine Wohnung ein einziges Durcheinander«, lachte sie.

Hmm. Ich war erst gegen Mittag fertig. Immerhin lag ich scheinbar noch so halbwegs in der Zeit. Ermutigend. Ich wagte einen zweiten Vorstoß.

»Und Sie sehen immer so hübsch aus.« Ich deutete auf ihr Kleid.

»Mit solchen Kleidern habe ich erst nach den Kindern angefangen. Sie sind sehr bequem, wissen Sie.« Dabei ließ sie das Gummiband in der Taille schnacken und zeigte mir, wie weit es sich dehnen ließ.

»Und wie sieht es bei Ihnen im Haus aus?«, quetschte ich hervor, obwohl mein Verstand schrie: »Hör bloß auf damit! Wie kannst du sowas Persönliches fragen!«

»Jetzt, wo ich wieder mehr Energie habe, ist es nicht mehr so schwierig.« Sie sah meine übernächtigten Augen. »Aber das Baby war schon sechs Monate alt, bevor ich es endlich schaffte, immer genug Geschirr für die nächste Mahlzeit sauber zu haben.«

Wir quatschten noch ein paar Minuten miteinander, bevor sie in ihre Mutter-Kind-Gruppe oder wohin auch immer in den friedlichen Sommermorgen fuhr. Das Baby und ich bummelten noch ein wenig umher. Dann ging ich zurück ins Haus.

An diesem Abend blieb Michael beim Baby und ich ging los und kaufte mir ein hübsches zartes Sommerkleid. Als ich heimkam, sah ich, dass die Küche vor Sauberkeit blitzte. Ein Hoffnungsschimmer durchdrang mein benebeltes Hirn: *Vielleicht schaffte ich es ja doch irgendwann.*

Die Jahreszeiten gingen ins Land, und es wurde wieder Sommer. Eines Tages besuchten mein niedlich gekleidetes Kind und ich eine andere Nachbarin auf der anderen Straßenseite, um ihr neugeborenes Baby zu bewundern. Mit dieser Nachbarin hatte ich mich vorher oft unterhalten, aber seit das Kind geboren war, hatte ich sie nicht mehr gesehen.

Sie sah nicht gut aus. Ihr schlaffes Haar brauchte dringend eine Kurpackung und ihr blasser Teint auch. Endlich brach es aus ihr heraus:

»Warum schaffe ich es als einzige Frau auf dieser Welt nicht, mit allem fertig zu werden?

»Komm, wir setzen uns in den Garten«, sagte ich. »Ich will dir ein kleines Nachbarschaftsgeheimnis verraten.«

Vorschau

Manchmal sind die ruhigen, geordneten, kinderlosen Tage wie ein Traum aus alter Zeit, nicht wahr? Sie haben alles getan, was menschenmöglich war, und doch türmt sich der Abwaschberg höher als der Eiffelturm, der Rasen wächst sich zu einer Heuwiese aus und die Kinder begreifen scheinbar nicht einmal die simpelsten Grundlagen zivilisierten Verhaltens. Ist das nicht Grund genug, als Mutter oder Vater zu rufen: »Wir geben auf!«?

Bitte tun Sie das nicht. Geben Sie sich nicht dem Gefühl hin, dass sowieso alles hoffnungslos ist. Bemühen Sie sich weiterhin darum, ein von Gott gewollter Ehemann und Vater oder eine ebensolche Ehefrau und Mutter zu sein. Über kurz oder lang werden sie kleine Siege feiern, und mit der Zeit werden sich diese kleinen Siege in größere verwandeln. Ich habe oft gesehen, wie das geschieht, in meiner eigenen Familie und in zahllosen anderen.

Denken Sie daran, Gott lässt Sie nicht aus den Augen: *Ich kenne euer Tun. Ich kenne eure Liebe, euren beständigen Glauben, euren Dienst und eure Ausdauer. Ich weiß, dass ihr jetzt noch mehr tut als früher* (Offenbarung 2,9). Er *wird* Ihre Ausdauer belohnen.

Wir werden in den folgenden Tagen über die Macht der Standhaftigkeit reden. Mein Gebet für Sie lautet wie das des Apostels Paulus: *Wir bitten den Herrn, euer ganzes Denken und Wollen zu lenken auf die Liebe zu Gott und auf die standhafte Treue zu Jesus* (2. Tessalonicher 3,5).

Kinder und Disteln

Achte auf dein Leben und auf deine Lehre; überprüfe sie beide ständig.
1. Timotheus 4,16

Sind sie schon einmal im Spätsommer über eine Wiese gelaufen und haben die Disteln an Ihren Füßen und Knöcheln gespürt? Diese schmalen Blätter mit den vielen Stacheln, die sich in Ihre Socken hängen und schließlich in die Haut dringen. Das ist schrecklich nervig.

Disteln sind noch in anderer Hinsicht bemerkenswert. Sie streuen nicht nur einige, sondern viele Samen, die einige Jahre lang keimfähig bleiben. Wenn ein Samenkorn in einem Jahr nicht keimt, weil die Bedingungen nicht gut sind, wartet es einfach im Boden. In der nächsten Saison öffnet es sich und wächst. Oder es wartet noch ein Weilchen und erwacht erst dann zum Leben, wenn es eben soweit ist.

Disteln können uns etwas über Erziehung lehren. Wenn die Saat Ihrer verantwortungsbewussten Erziehung nicht aufgehen will, kann Sie das zur Verzweiflung treiben. Wenn Sie aber unbeirrt weitermachen und ein gutes Beispiel geben, werden Ihre Bemühungen irgendwann fruchten (1. Timotheus 4,16). Wie der Samen einer Distel, der ein Jahrzehnt oder länger in der Erde ruhen kann, werden die Dinge, die sie heute säen, eines Tages aufbrechen und in den Herzen und Gedanken Ihrer Kinder zu blühen beginnen.

Gute-Nacht-Gedanken

- Haben Sie Beispiele bei Ihren Kinder erlebt, wo Ihre Erziehungsmaßnahmen erst Jahre später Früchte getragen haben?
- Welche »Saat« säen Sie heute bei Ihren Kindern aus?
- Wie können Sie einander helfen, geduldig darauf zu warten, dass die ausgestreute Saat Wurzeln treibt?

Vater, wir brauchen Kraft, damit wir einen langen Atem behalten können. Richte uns auf, wenn wir müde werden. Hilf uns, gute Saat in das Leben unserer Kinder auszustreuen. Wir wollen dir das Ergebnis – und die Ernte – überlassen. Amen.

Leere Granaten

Ich kenne eure Liebe, euren beständigen Glauben, euren Dienst und eure Ausdauer. Offenbarung 2,19

Elmer Bendiner flog im 2.Weltkrieg zahlreiche Bombereinsätze über Deutschland. Eine dieser Missionen hat er nie vergessen: Bendiners B-17 wurde besonders hart unter Beschuss genommen. Elf Granaten durchschlugen den Treibstofftank. Wäre nur einer dieser Granaten explodiert, wäre die Maschine in einem brennenden Inferno vom Himmel gestürzt. Unverständlicherweise blieb jedoch alles intakt. Wie Bendiner in einem Buch *The Fall of Fortresses* (etwa: »Wenn Festungen fallen«) berichtete, bekam er später die Erklärung für dieses Wunder.

Als Entschärfungsexperten die Granaten öffneten, fand sich kein Sprengstoff darin. Alle Granaten waren leer – bis auf eine. Diese Granate enthielt eine kleine Notiz, die offensichtlich von einem Munitionsfabrikarbeiter in Tschechien geschrieben worden war. Übersetzt lautete sie: »Das ist alles, was wir im Augenblick für euch tun können.«

Die Bibel sagt, dass Gott unseren beständigen Glauben kennt: *Ich kenne euer Tun. Ich kenne eure Liebe, euren beständigen Glauben, euren Dienst und eure Ausdauer* (Offenbarung 2,19). Das gilt für unsere kleinen und großen Taten. Wenn die Gefahren, die Ihre Kinder bedrohen, sie mutlos machen und Sie das Gefühl haben, dass all Ihre Bemühungen nichts bewirken, denken Sie daran, dass Gott Sie sieht. Er belohnt selbst die kleinste Mühe.

Gute-Nacht-Gedanken

- Glauben Sie, dass Gott Ihre Bemühungen, die Kinder zu schützen, wahrnimmt (siehe Offenbarung 2,19)?
- Wie hat Gott selbst kleine Mühen in letzter Zeit gesegnet?

Herr, wir danken dir, dass morgen ein neuer Tag ist. Wir bitten dich, dass du uns mit frischer Kraft und Stärke beschenkst, damit wir das Beste aus jeder Situation machen, die uns begegnet. Amen.

Für Sorgenkinder beten

Bittet, und er wird euch beschenken, damit an eurer Freude nichts mehr fehlt.
Johannes 16,24

Meine (JD) Großmutter betete intensiv für ihre sechs heranwachsenden Kinder. Mein Vater, ihr jüngster Sohn, war eine besonders harte Nuss. Nach seinem Schulabschluss weigerte er sich sieben Jahre lang, in die Kirche zu gehen. Meine Großmutter hörte nicht auf, für ihn zu beten.

Eines Abends besuchte mein Onkel Willis, der Jesus leidenschaftlich liebte, meinen Vater (der gerade im Elternhaus zu Besuch war), als die Familie sich zum Kirchgang fertig machte.

»Jim«, sagte er zu meinem Vater, »willst du nicht mit uns in den Abendgottesdienst gehen?«

»Nein, Willis«, anwortete mein Vater. »Damit bin ich fertig. Ich will nicht wieder zurück.«

Willis sagte nichts. Da sah mein Vater, der auf dem Fußboden saß, große Tränen auf die Schuhe seines Bruders tropfen. *Na gut, dann geh ich eben mit*, dachte mein Vater. *Seinetwegen.*

An diesem Abend lud James Dobson Sr. Jesus in sein Herz ein – eine Entscheidung, die er bis zu seinem Lebensende nicht bereut hat. Gott hat die Gebete meiner Großmutter beantwortet, indem er eine Schlüsselfigur an eine kritische Straßenkreuzung stellte. Wenn Sie ausdauernd im Vertrauen beten, wird er für Ihre Kinder genauso viel tun.

Gute-Nacht-Gedanken

- Beten Sie für Ihre Kinder ausdauernd und im Vertrauen auf Gottes Treue?
- Wie haben Ihre Gebete bereits das Leben Ihrer Kinder verändert?
- Wie können Sie als Partner einander helfen, anhaltend zu beten, selbst wenn Sie müde oder entmutigt sind?

Lieber Vater, du hast uns aufgetragen, beständig zu beten und nicht aufzugeben. Bestärke uns darin, das für unsere Kinder zu tun. Hilf uns, für die Lieben zu beten, die du uns anvertraut hast und nie aufzugeben oder nachzulassen, bis wir alle zusammen bei dir sind. Amen.

Ausdauernde Standhaftigkeit

Das Volk Gottes, das Gott gehorcht und treu zu Jesus hält, braucht hier Standhaftigkeit! Offenbarung 14,12

Stehen Sie gerade vor einem Problem, das sich nicht lösen lässt? Ist es die Gesundheit Ihrer Tochter? Oder das unverantwortliche Verhalten Ihres Sohnes? Das Desinteresse Ihres Kindes an Gott? Ist es mangelnde Energie, die für Ihre quirligen Kleinkinder oder widerborstigen Teenies nicht ausreicht?

Wir wissen, wie hart es werden kann, angesichts einer sich nicht verringernden Herausforderung optimistisch und vertrauensvoll zu bleiben. Abraham und Sara in der Bibel mussten sich einer solchen Prüfung stellen. Gott hatte Abraham versprochen, dass er der Vater einer großen Nation werden sollte. Das war eine wunderbare Nachricht für einen alternden Mann und seine kinderlose Frau. Und was folgte auf diese gute Nachricht? Nichts! Es vergingen mehr als zwei Jahrzehnte ohne irgendein Anzeichen der Schwangerschaft. Abraham und seine Frau waren biologisch zum Kinderkriegen längst zu alt. Für Abraham war das unbegreiflich. Und doch glaubte er immer noch an die Macht Gottes: *Trotzdem zweifelte er nicht an dieser Zusage, sondern ehrte Gott mit unerschütterlichem Vertrauen* (Römer 4,20). Später wurde Abrahams Glaube mit der Geburt Isaaks belohnt (1. Mose 21,2).

Ist das nicht ein wunderbares Beispiel für Glauben in der Feuerprobe? Es soll Ihnen Mut machen, Ihr Vertrauen zu Gott beizubehalten, auch wenn nichts zusammenzupassen scheint. Ihre »ausdauernde Standhaftigkeit« geht nicht unbeachtet an Ihrem himmlischen Vater vorbei. Selbst wenn es scheint, als bewege sich nichts: Gott ist immer im Leben Ihrer Familienangehörigen am Werk.

Gute-Nacht-Gedanken

- Welche Situationen können in Ihrer Familie einen »Abraham-ähnlichen« Glauben vertragen?
- Wie haben Sie bereits den Lohn Ihres Glaubens festgestellt?
- Wie gut demonstrieren Sie »ausdauernde Standhaftigkeit« in Ihrer Familie?

Vater, wir müssen im Glauben unseren Weg gehen, auch wenn wir oft zunächst keine Ergebnisse sehen. Was wir in unserer Situation wahrnehmen, lässt unsere Herzen sehr leicht sinken. Öffne du unsere Augen, Gott, damit wir dein Wirken in unserem Leben entdecken. Schenk uns heute neuen Mut. In Jesu Namen. Amen.

FREITAG

Wenn der Erfolg auf sich warten lässt ...

Unvergängliche Freude ist ihnen gewiss, weil sie standhaft geblieben sind.
Jakobus 5,11

Manchmal hängt es von unserer Zähigkeit ab, ob wir verlieren oder gewinnen. Wir alle kennen Geschichten von Menschen, die sich zäh durchgeschlagen haben, wo andere auf der Strecke blieben. Nur selten denken wir darüber nach, wie viele Fehlschläge die »Gewinner« einstecken mussten, bevor sie ihr Ziel erreichten.

Thomas Edison zum Beispiel baute und testete über 1.000 Glühbirnen, bevor endlich die erste brannte. Louis L'Amour wurde mehr als hundert Mal abgewiesen, bevor er seine erste Kurzgeschichte veröffentlichten. Elvis Presley bekam nach seinem ersten Auftritt von seinem Manager den Rat, lieber zu seinem Job als Lastwagenfahrer zurückzukehren.

Satan möchte nichts lieber, als dass wir nach einer Niederlage aufgeben. Darum drängt der Schreiber des Hebräerbriefes die jüdischen Christen: *Darum wollen wir uns von allem freimachen, was uns beschwert, besonders von der Sünde, die sich so leicht an uns hängt. Wir wollen durchhalten in dem Lauf, zu dem wir angetreten sind* (Hebräer 12,1).

Das ist eine wertvolle Lektion für Ihre Kinder ... und auch für Mütter und Väter, sich neu daran zu erinnern.

Gute-Nacht-Gedanken

- Was ist Ihnen durch viel Ausdauer gelungen?
- Wie können Sie Ihre Kindern zur Standhaftigkeit ermutigen?
- Glauben Sie, dass sich Erfolg nach wiederholten Fehlern einstellen kann?

Lieber Vater, es fällt uns oft schwer, uns unser Versagen und Fehlverhalten einzugestehen. Hilf uns, rechtzeitig wieder umzukehren und anschließend unbeirrt einen Schritt nach dem anderen in die richtige Richtung zu tun. Wir sind dankbar, dass du an unserer Seite bleibst, wenn uns die Erziehung unserer Kinder zu überfordern droht. Amen.

SAMSTAG

Die Liebe einer Mutter

Ihr müsst standhaft bleiben und tun, was Gott will. Nur dann bekommt ihr, was er versprochen hat. Hebräer 10,36

Ruth Bell Graham war eine hingebungsvolle Mutter. Da ihr Mann Billy ständig als Evangelist unterwegs war, hatte sie mit ihren 5 Kindern alle Hände voll zu tun. Ihr ältester Sohn Franklin brauchte die meiste Aufmerksamkeit. Er rauchte, trank, blieb nachts lange aus und zeigte wenig Interesse an geistlichen Dingen.

Viele Nächte lag Ruth wach und dachte über ihren Sohn nach. Sie betete für ihn. Später berichtete sie darüber: »Jedes Mal, wenn ich besonders für Franklin betete, sagte Gott zu mir: ›Liebe ihn!‹ Das fand ich komisch, weil ich meinen Sohn sowieso von Herzen lieb hatte. Aber Gott meinte: ›Zeig es ihm. Erfreue ihn. Lass es ihn spüren. Du findest, dass er großartig ist. Lass ihn wissen, dass du das denkst‹.« Obwohl sie mit Franklins Verhalten nicht einverstanden sein konnte, bewies sie ihrem eigensinnigen Sohn immer wieder ihre Liebe.

1974 wurde Ruths Ausdauer belohnt. Franklin schüttete sein Herz vor Gott aus, bekannte seine Sünden und wandte sich von seinem früheren Leben ab. Heute ist er Geschäftsführer der christlichen Hilfsorgnisation *Samaritan's Purse* und der *Billy Graham Evangelistic Association.*

Gott hört auf unser anhaltendes Gebet für unsere Familie zu seiner Zeit, nicht unbedingt zu unserer. Wenn wir standhaft Gottes Willen tun (Hebräer 10,36), können wir mit seinen Verheißungen rechnen. Bei ihm gibt es Hoffnung und Zukunft. *SD*

25. WOCHE

Loslassen

SONNTAG

Unser Mädchen

Max Lucado

»Jenna! Aufwachen! Du musst in den Kindergarten!«

Diese Worte würde sie von nun an 1.000 Mal hören. Heute Morgen hörte sie sie zum ersten Mal. Ich saß schon eine Weile auf ihrer Bettkante, bevor ich diesen Satz aussprach. Um ehrlich zu ein, ich wollte ihn gar nicht sagen. Ich wollte sie nicht wecken. Was lähmte mich und ließ mich in der Dunkelheit der frühen Morgenstunde zögern? Während ich schweigend dasaß, merkte ich, dass meine Worte sie in eine neue Welt hinein weckten.

Vier helle Jahre waren dahingeeilt, in denen sie uns gehörte. Uns ganz allein. Und ab heute würde sich alles ändern.

Gestern Abend hatten wir sie als «unser Mädchen« zu Bett gebracht – das ausschließliche Eigentum von Mama und Papa. Mama und Papa lasen ihr vor, gaben ihr Anweisungen, hörten ihr zu. Aber ab heute würden das auch andere tun. Bis heute waren es Mama und Papa, die ihre Tränen getrocknet und Pflaster aufgeklebt hatten. Aber heute würden das auch andere tun.

Ich wollte sie nicht wecken.

Bis heute war ihr Leben allein für uns wesentlich – für Mama, Papa und ihre kleine Schwester Andrea. Heute würde sich dieses Leben erweitern – durch neue Freunde und Lehrer. Ihre Welt war dieses Haus, ihr Zimmer, ihre Spielsachen, ihre Schaukel. Heute würde sich ihre Welt erweitern. Sie würde die ersten Schritte ihrer Ausbildung beginnen – malen, lesen, rechnen, ... jemand werden.

Ich wollte sie nicht wecken. Nicht wegen dem Kindergarten und danach der Schule. Die ist sehr gut. Nicht weil ich verhindern wollte, dass sie etwas lernt. Der Himmel weiß: Ich möchte, dass sie wächst, liest und selbstständig wird. Nicht weil sie nicht zum Kindergarten gehen will. Seit Wochen spricht sie von nichts anderem mehr!

Nein, ich wollte sie nicht aufwecken, weil ich sie nicht hergeben wollte.

Aber ich habe sie trotzdem aufgeweckt. Ich habe ihre Kindheit mit dem unvermeidlichen Ruf: »Jenna! Aufwachen. Du musst in den Kindergarten!« unterbrochen.

Ich brauchte eine Ewigkeit zum Anziehen. Meine Frau Danalyn sah mich nervös herumhantieren. »Jennas Hochzeit wirst du nicht verkraften«, bemerkte sie trocken. Wahrscheinlich hat sie Recht.

Wir fuhren mit zwei Autos zum Kindergarten, sodass ich direkt von dort aus zur Arbeit weiterfahren konnte. Ich bat Jenna, mit mir zu fahren. Ich dachte, ich könnte ihr ein wenig väterlichen Trost bieten. Und das lief darauf hinaus, dass *sie* mir diesen Trost bot.

Für jemanden, der sich auf die Kraft des Wortes verlässt, fand ich sehr wenige Worte, die ich mit ihr wechseln konnte. Ich wünschte ihr »viel Spaß« und sagte ihr: »Pass gut auf, was die Erzieherin sagt. Wenn du dich einsam fühlst oder Angst hast, bitte deine Erzieherin, mich anzurufen. Ich komme sofort und hol dich ab.«

»Okay«, sagte sie gelassen und lächelte. Dann fragte sie, ob sie eine Kinderkassette anhören dürfe.

»Okay«, sagte ich.

Während sie lauthals mitsang, spürte ich einen Kloß im Hals. Wie groß sie schon war! Ihre Augen strahlten vor Neugier. Ihre Hände hielt sie gefaltet. Ihre Füße, sie trug brandneue türkis-rosa Turnschuhe, reichten gerade über den Sitz hinaus.

Was sie wohl denkt?, fragte ich mich. *Ob sie weiß, wie lang die Bildungsleiter ist, die sie heute Morgen hochzuklettern beginnt?*

Nein, das wusste sie nicht. Aber ich wusste es. Wie viele Schultafeln werden diese Augen zu sehen bekommen? Wie viele Bücher werden diese Hände halten? Wie vielen Lehrern werden diese Füße folgen und sie – schluck – imitieren?

Wäre es in meiner Macht gewesen, hätte ich genau in diesem Augenblick die vielen, vielen Lehrer, Lehrerinnen, Trainer und Tutoren zusammengetrommelt, die sie im Laufe der nächsten 10 oder 15 Jahre haben würde, und ihnen verkündet: »Dies hier ist keine normale Schülerin. Dies ist *mein Kind!* Geht vorsichtig mit ihm um!«

Ich parkte und stellte den Motor ab. Jetzt wurde mein großes Mädchen wieder ganz klein. Es war die Stimme eines sehr kleinen Mädchens, die die Stille unterbrach: »Papi, ich will nicht aussteigen.«

Ich schaute sie an. Die glänzenden Augen waren jetzt voll Angst. Die Lippen, die eben noch gesungen hatten, bebten.

Alles in mir wollte antworten: »Okay, lass uns die ganze Sache vergessen. Nur fort von hier!« Für einen kurzen Augenblick, der eine Ewigkeit dauerte, dachte ich daran, meine Tochter zu kidnappen, meine Frau zu schnappen und diesem schrecklichen, unaufhaltsamen Fortschritt zu entfliehen und für immer im Himalaya zu hausen.

Aber ich wusste, was besser war. Ich wusste, jetzt wurde es Zeit. Ich wusste, es war richtig so. Und ich wusste, es würde ihr gut gehen. Aber was ich nicht wusste, war, dass es so hart sein würde zu sagen: »Mein Schatz, das geht gleich vorbei. Komm, ich gehe mit dir rein.«

Und es ging vorbei. Ein Schritt in den Spielraum und schon siegte die Neugier über ihre Angst. Und ich ging fort. Ich gab sie ab. Nicht ganz. Nur ein wenig. Und nicht so viel, wie ich sie zukünftig noch aufgeben muss. Aber ich gab so viel von ihr ab, wie ich es heute konnte.

Vorschau

Ich bin überzeugt, dass es unter uns die besten Mütter und Väter der Welt gibt. Wir sorgen leidenschaftlich für unsere Kinder und tun alles, um sie zufrieden zu stellen. Aber wir gehören zu den schlechtesten Eltern, wenn es darum geht, unsere Söhne und Töchter loszulassen. Diese beiden Eigenschaften sind tatsächlich miteinander verbunden.

Die gleiche Verantwortung, die uns dazu führt, dass wir alles für unsere Kinder tun, wenn sie klein sind, bringt uns gleichzeitig dazu, sie über Gebühr festzuhalten, wenn sie heranwachsen. In jedem Stadium lassen wir nur ein bisschen mehr los. Wenn dann die Zeit kommt, dass Ihre erwachsenen Kinder das Elternhaus verlassen, müssen Sie sie vollkommen loslassen. Damit wird Ihnen eine neue Rolle zugewiesen: Die Fürbitte für Ihre Kinder.

Beten Sie kontinuierlich jeden Tag für sie. Bringen Sie Ihren Sohn oder Ihre Tochter vor den Herrn, während er/sie die ersten Schritte in die Welt der Erwachsenen wagt. Stehen Sie Ihren Kindern zur Verfügung, wenn sie um Rat fragen. Entscheidungen aber wird Ihr Sohn oder Ihre Tochter von nun an in eigener Verantwortung treffen.

Ich gestehe meine eigenen Schwierigkeiten auf diesem Gebiet gern ein. Bevor unsere Kinder geboren wurden, wusste ich, dass ich sie eines

Tages loslassen musste. Ich schrieb viel zu diesem Thema, als die Kinder noch klein waren. Doch als die Zeit kam, wo ich meine Hand öffnen musste, um sie fliegen zu lassen, fiel mir das sehr, sehr schwer. Ich war von Herzen gern Vater und nicht bereit, diese vertraute Rolle aufzugeben.

Sobald ihre Kinder flügge sind, müssen auch sie Ihre Hand öffnen. Es ist eine Frage des Vertrauens in die Kinder – und in Gott: *Setzt für immer das Vertrauen auf den Herrn, der unser Gott ist, unser Fels für alle Zeiten!* (Jesaja 26,4).

Es ist nicht einfach. Wenn wir aber unsere Kinder in die Obhut unseres liebenden Vaters entlassen, lassen wir es zu, dass er seinen perfekten Plan für den Rest ihrer Tage erfüllt. *JD*

MONTAG

Eine offene Hand

Deshalb verlässt ein Mann Vater und Mutter, um mit seiner Frau zu leben. 1. Mose 2,24

Als ich (JD) 17 Jahre alt war, verreisten meine Eltern für zwei Wochen und ließen mich allein zu Hause. Sie überließen mir ihr Auto und erlaubten mir, meine Freunde einzuladen, die die ganze Zeit bei uns übernachten durften. Ich erinnere mich, wie überrascht ich war, dass meine Eltern dieses Risiko eingingen. Ich hätte 14 wilde Partys feiern, das Auto zu Schrott fahren und unser Haus verwahrlosen lassen können (habe ich aber nicht gemacht)!

Viele Jahre später habe ich einmal meine Mutter gefragt, warum sie es riskiert hatten, mich unbeaufsichtigt zwei Wochen allein zu lassen. Sie lächelte und antwortete: »Weil ich wusste, dass du in etwa einem Jahr die volle Freiheit haben würdest und dann niemandem mehr Rechenschaft über dein Benehmen ablegen brauchtest. Ich wollte dir diese Freiheit auch schon einmal geben, solange du noch unter unserer Verantwortung warst.«

Meine Mutter wusste, dass ich eines Tages unabhängig von ihnen leben würde. Sie bereitete mich auf den Tag vor, an dem ich die Verantwortung für mein Leben allein übernehmen würde. Für Mütter und Väter mit Teenagern, die kurz vor dem Abflug sind, ist es die wirksamste Erziehungsmethode, sie mit geöffneter Hand zu halten.

Gute-Nacht-Gedanken

- Halten Sie Ihre Kinder in einer geöffneten Hand?
- Spüren Ihre Kinder, dass Sie ihnen vertrauen? Sollten Sie das? Sollten die Kinder Ihnen vertrauen?

Vater, du hältst uns mit geöffneter Hand. Du erlaubst uns zu wählen, aber du bist immer da und warnst uns, führst uns, berätst uns und machst uns Mut. Und wenn wir fallen, bist du schnell da und hebst uns auf und setzt uns wieder in die richtige Spur. Lehre uns, unsere Kinder ebenso zu behandeln. Amen.

DIENSTAG

Ein reifer Glaube

So werden wir in allem zu Jesus emporwachsen, der unser Haupt ist.
Epheser 4,15

Judy tat alles für die christliche Erziehung ihres Sohnes Kevin. Sie erzählte ihm biblische Geschichten, nahm ihn mit zum Gottesdienst und betete regelmäßig für ihn. Aber als Kevin Teenager wurde, verzweifelte Judy fast, weil er sich mehr und mehr von Gott entfernte.

Zwei Monate vor seinem Schulabschluss erfuhr sie, dass er drogensüchtig war. Kevin zog bald darauf in einen anderen Staat. Für Judy war das ganz entsetzlich. Sie musste ihren Sohn zu einer Zeit fortziehen lassen, als jede Faser ihres Seins von ihr verlangte, sich einzumischen und ihn zu schütteln, damit er zur Vernunft käme. Machtlos entschloss sie sich, ihren Sohn aus der Entfernung zu lieben und für ihn zu beten.

So wichtig es ist, einen lebendigen Glauben bei Kindern zu fördern, so wichtig ist es auch, Kinder geistlich nicht zu bedrängen. Sie müssen ihren eigenen, ganz persönlichen Glauben an Gott entwickeln und sich vom Glauben ihrer Eltern emanzipieren.

Judys Gebete für Ihren Sohn wurden nach zwei Jahren erhört. Kevin machte ein von Christen geleitetes Drogenentzugsprogramm mit und fand dort wieder zu Gott. Wir hoffen, dass auch Ihre Gebete für Ihre Kinder erhört werden, nachdem Ihre Söhne und Töchter ihr Elternhaus verlassen haben.

Gute-Nacht-Gedanken

- Legen Sie ausreichend Wert auf geistliche Gepflogenheiten in Ihrer Familie? Oder üben Sie eher zu viel geistlichen Druck auf Ihre Kinder aus?
- Sind Sie bereit, den Glauben Ihrer älteren Kinder in Gottes Hände zu legen?

Vater, danke, dass du meine Kinder noch mehr liebst, als ich es kann. Weil du vertrauenswürdig bist, weiß ich, dass du in ihrem Leben arbeitest. Hilf mir, mich auf dich zu verlassen, dass du den Glauben meiner Kinder festigst. Amen.

MITTWOCH

Ein Schritt nach dem andern

... (Wir wollen) uns dem zuwenden, was für die im Glauben Erwachsenen bestimmt ist. Hebräer 6,1

Unsere Tochter hatte die Fahrschule absolviert, die Führerscheinprüfung bestanden und war mit ihren 18 Jahren bereits eine verantwortungsbewusste junge Dame. Und doch war es für Mutter und Vater ein beängstigender Augenblick, als Danae zum ersten Mal allein mit unserem Auto losfuhr. Es gibt kein schöneres Geräusch, als wenn das Auto mit Tochter oder Sohn nach einem Solotrip wieder heil in der Einfahrt zum Stehen kommt.

Eltern sollten sich schon rechtzeitig daran gewöhnen, ihren Kindern immer wieder neue Verantwortung und Freiheiten zu übertragen. Bereits im Kindergartenalter sollte dieser lebenswichtige Prozess Schritt für Schritt beginnen. Wenn Ihr Kind seine Schuhe zubinden kann, lassen Sie es sie zubinden! Wenn es seine eigenen Kleider vernünftig auswählen kann, lassen Sie es frei wählen! Wenn es sicher allein den Weg zur Schule findet, gewähren Sie ihm diese Freiheit. Die letzte Abnabelung vom Elternhaus erfolgt für Sie und Ihre heranwachsenden Kinder viel sanfter, wenn Sie ihnen im Laufe der Jahre kontinuierlich Verantwortung und Freiheiten übertragen haben.

David wurde König von Israel. Gott hatte ihn auf die Verantwortung, sein Volk zu führen, in Etappen vorbereitet. Zuerst als Hirte, dann im Kampf gegen Goliath, schließlich als Befehlshaber über Soldaten in der Armee Sauls (1. Samuel 16,11; 17,49; 18,13). Genauso müssen wir unsere Söhne und Töchter nach und nach auf die Verantwortung des Erwachsenenlebens vorbereiten. Eine plötzliche Übergabe von Machtbefugnissen kann für beide Generationen ein Desaster werden.

Gute-Nacht-Gedanken

- Überlassen Sie Ihren Kindern nach und nach Verantwortung und Freiheit?
- Welches ist der nächste Schritt für jedes Ihrer Kinder in diesem Ablösungsprozess?

Vater und König, wir bitten dich um Weisheit in der Frage, wie wir unsere Kinder auf das Leben als Erwachsene vorbereiten können. Zeig uns, wie wir Verantwortung und Freiheit unter deiner Führung angemessen gewähren können. Amen.

DONNERSTAG

Unabhängigkeitstag

Jesus hat uns befreit. Galater 5,1

Es fällt Eltern oft schwer, ihr erwachsenes Kind in die Welt hinauszuschicken. Wir sollten aber auch bedenken, dass die Aussicht, das Elternhaus zu verlassen, für Ihren Sohn oder Ihre Tocher genauso schwer sein kann. Manchmal brauchen sie einen freundlichen Schubs.

Die Geschichte vom verlorenen Sohn ist Ihnen sicher bekannt. Er forderte vorzeitig sein Erbteil vom Vater, verließ sein Elternhaus und verprasste sein Geld mit Freunden (Lukas 15,11–13). Dieses eigenwillige Kind konnte es nicht abwarten, die Familienbande zu zerreißen. Sein älterer Bruder dagegen arbeitete als verantwortungsbewusstes Familienmitglied weiter auf dem elterlichen Hof mit. Wir wissen nicht genau, wie der ältere Sohn sein Leben zu Hause empfunden hat. Deutlich berichtet wird, dass er das großzügige Fest für seinen heimgekehrten Bruder nicht ertragen konnte (Verse 28–30). »Brave« Kinder wie dieser ältere Sohn haben oft größere Schwierigkeiten, sich vom Nest zu lösen. Gott hat nicht beabsichtigt, dass erwachsene Kinder dieselbe Beziehung zu ihren Eltern aufrecht erhalten, die sie hatten, als sie klein waren. Darum sollte jede Familie einen »Unabhängigkeitstag« als Tor in die Freiheit anstreben – und zwar nicht nur für das erwachsene Kind, sondern auch für die Eltern.

Gute-Nacht-Gedanken

- Haben Sie »brave« Kinder, die sich schwer tun werden, das Elternhaus zu verlassen?
- Reden Sie mit Ihren Kindern über ihre Zukunft und helfen Sie ihnen, sich auf einen »Unabhängigkeitstag« vorzubereiten?

Herr, wir genießen die enge Bindung an unsere Kinder. Und doch wollen wir sie nicht von deinen Plänen mit ihnen zurückhalten. Öffne unsere Augen, Herr, damit wir sehen, wie und wann wir sie am besten in die Welt ziehen lassen und in deine Obhut freigeben können. Amen.

FREITAG

Drachen steigen lassen

Denn alles, was geschieht, hat seine von Gott bestimmte Zeit. Prediger 8,6

Paulus erinnert uns daran, dass Kindheit ein vorübergehendes Stadium ist: *Dann aber wurde ich ein Mann und legte die kindlichen Vorstellungen ab* (1. Korinther 13,11). Auch mit guter Vorbereitung und Planung ist es nicht leicht, flügge gewordene Kinder loszulassen.

Die Autorin Erma Bombeck vergleicht die Verantwortung von Eltern mit einem steigenden Papierdrachen. Man beginnt, indem man versucht, das kleine Kunstwerk vom Boden hoch zu bekommen. Man rennt atemlos so schnell man kann die Straße entlang und zerrt den flatternden Drachen hinter sich her. Manchmal stürzt er wieder zu Boden. Man flickt ihn zusammen und versucht es noch einmal.

Das Herz beginnt zu klopfen, wenn er endlich Aufwind bekommt und gefährlich nah an der Oberleitung vorbeifliegt. Plötzlich, ohne Vorwarnung, zerrt der Drachen kräftig an der Schnur und steigt in den Himmel empor. Stück für Stück gibt man Leine, bis die Schnur zu Ende ist. Man steht auf Zehenspitzen und hält die letzten Zentimeter zwischen Daumen und Zeigefinger. Dann, widerwillig, lässt man los und erlaubt dem Drachen, unabhängig und ungebunden in Gottes blauen Himmel zu steigen.

Es ist ein aufregender und schrecklicher Moment zugleich, der mit dem Tag der Geburt Ihres Kindes vorbestimmt ist. Ihre Aufgabe als Vater oder Mutter ist nun beendet. Der Drachen ist frei – und Sie auch, zum ersten Mal seit 20 Jahren.

Wir bitten Sie dringend, dieses letzte Ereignis des Elternseins im Gedächtnis zu behalten. Ihr Ziel ist es, Ihrem Kind die notwendigen Komponenten zur Charakterbildung und Selbstkontrolle mitzugeben, damit die jungen Erwachsenen gut ausgerüstet sind und allein im Leben zurechtkommen können. Das Kernstück dieses Gebildes ist, wie wir gesehen haben, ein unerschütterlicher Glaube an Jesus, der sie durch das Auf und Ab ihres Lebens bringt.

Gute-Nacht-Gedanken

- Haben Sie eine klare Zielvorstellung für Ihre Erziehungsaufgabe?
- Sind Sie auf dem richtigen Weg, dieses Ziel zu erreichen?

Oh Vater, es ist so schwierig, dieses Ziel zu erreichen! Hilf uns, dass wir Eltern das Kernstück unserer Erziehung im Blick behalten – unsere Kinder eines Tages in die Freiheit ihres eigenen Lebens zu entlassen. Amen.

»Wiedersehen, Frau Schnecke«

Singt dem Herrn ein neues Lied! Er hat Wunder für uns vollbracht.
Psalm 98,1

Unsere inzwischen erwachsene Tochter Danae liebte jeden Aspekt Ihrer Kindheit und hat sie nur ungern verlassen. Als kleines Mädchen machte sie Rollenspiele mit ihren Teddybären, Stoffkaninchen und Kätzchen. Jedes hatte einen eigenen Namen und durfte abwechselnd bei ihr schlafen.

In dieser Zeit hatte Sie auch mir einen besonderen Namen zugeteilt. Ich hatte versprochen, für Danae und ihre Freundinnen ein Teekränzchen zu arrangieren. Wir deckten den Tisch mit gutem Geschirr, mit Keksen und Servietten. Wir erfanden Namen für ihre Freundinnen. So kamen Frau Perry, Frau Weiß und Frau Grün zum Tee, und ich hieß Frau Schnecke (ich stellte ihr keine Fragen dazu!). Die Namen blieben erhalten und jedes Mal, wenn es Tee gab, war ich Frau Schnecke.

Zu der Zeit war ich mit Leib und Seele Mutter und wünschte mir, diese Tage würden nie vergehen. Und ich glaube, Danae spürte das. Ihre Stofftiere und alten Schallplatten und andere Spielsachen waren in den ganzen Grundschuljahren ihr liebster Besitz.

Aber Kinder entwickeln sich weiter. Als Danae 13 Jahre alt war, veränderten sich ihre Interessen. Die Stofftiere und Schallplatten verstaubten. Etwa ein Jahr später ging Danae ihre Spielsachen und Besitztümer durch, sortierte und verpackte sie ordentlich und stellte sie vor Ryans Zimmertür. Ich habe sie dort mit einer Notiz gefunden, die mir die Tränen in die Augen trieb. Dort stand geschrieben:

Lieber Ryan,
Sie gehören nun alle dir.
Pass genauso gut auf sie auf wie ich.
In Liebe
Danae

Diese kurze Mitteilung machte mir klar, dass Danae ihre Kindheit hinter sich gelassen hatte. Sie war nun ein junges Mädchen, für das eine aufregende neue Phase des Lernens und Reifens begonnen hatte. Und entsprechend musste ich als Mutter meine Haltung zu ihr verändern.

In Gottes Plan sind Veränderungen für jeden von uns vorgesehen. Nichts bleibt, wie es ist. Gott stellt uns in jedem Lebensstadium vor neue Herausforderungen und bietet uns neue Möglichkeiten. Und das ist gar nicht schlecht! Wenn wir wissen, dass Gott die Kontrolle über uns und unsere Familien hat, wird es leichter für uns, Veränderungen zu verkraften. Immerhin hat der Schöpfer der Veränderungen uns gesegnet, indem er die größte Veränderung aller Zeiten schuf: *Wer zu Jesus gehört, ist ein neuer Mensch geworden. Was er früher war, ist vorbei; etwas ganz Neues hat begonnen* (2. Korinther 5,17).

26. WOCHE

Der Lohn

SONNTAG

Das leere Nest

Joan Mills

Erinnern Sie sich noch daran, wie die Kinder sich im Garten aus Bettlaken Zelte gebaut haben und darin übernachteten? Und wie sie bei Mondschein dann doch heimlich in ihre eigenen Betten krabbelten. Wie stolz und eifrig sie waren, als sie in den Kindergarten durften? Und wie auf die Minute pünktlich sie wieder nach Hause wollten? Wie sie nach einer Auseinandersetzung ihre kleinen Koffer packten? »Ihr werdet uns nie wieder sehen!«, schrien sie erbost. Aber am Gartentor kehrten sie wieder um, weil sie vergessen hatten, aufs Klo zu gehen.

Wenn sie 20 oder 22 sind, ist das nicht anders. Sie machen sich auf den Weg in die Welt der Erwachsenen. Begeisterung, Türenknallen, Fehlstarts und Geschwätz. Sie sind halb drinnen und halb draußen. »Tschüss, Mami! Tschü-hüüss! Mach dir keine Sorgen!« Am ersten freien Wochenende sind sie wieder da und leihen sich den Farbroller und ein Verlängerungskabel und eine Bohrmaschine aus. Sie durchstöbern den Dachboden, ziehen die Patchworkdecke hervor, die der Hund angeknabbert hat, und die schrecklichen alten Sofakissen, die nach toten Mäusen riechen. »Das ist genau das, was ich brauche!«, rufen sie entzückt und beladen das Auto.

»Tschüss, Mama! Tschüss, Papa!« Ein Abschied für immer. Aber ohne sich anzumelden, sind sie zum Essen wieder da und seufzen beim Anblick der vertrauten vollen Teller. Sie verabschieden sich zum x-ten Mal und ziehen mit vier Taschen voll Lebensmittel, einer Bratpfanne und einem Kochbuch wieder ab.

Sie rufen zu Hause an, aber nie so oft, wie Eltern es gern hätten. Und ihre Neuigkeiten lassen einem oft genug die Haare zu Berge stehen oder vorzeitig ergrauen: » ... da hab ich vergessen, die Handbremse anzuziehen. Mein Wagen ist drei Häuserblocks rückwärts den Berg hinabgerollt und jetzt ist er Schrott! Na ja, ich habe die Stereoanlage verkauft, und ...« – oder: »Mama! Jeder hier in der Stadt hat die! Das sind so Schaben unter dem Spülbecken. Die sind ...«

Bei solchen Anrufen hielt ich mich mit beiden Händen am Hörer fest und wünschte mir, ich könnte meine Kinder mit allem, was sie sich erträumten, zurücklocken – mit Geld, ungesundem Essen, egal was! Ich biss mir auf die Zunge, um nichts über warme Mahlzeiten, Straßenverkehr und trockene Socken an nassen Tagen zu sagen. »Ich bin ganz erstaunt, wie gut du zurechtkommst!«, log ich stattdessen.

Die Kinder verstreuen sich in alle Himmelsrichtungen. Die Eltern rücken zusammen, erinnern sich an das Kindergeplapper, an geflickte Jeans, Hähnchenbeine, die Nacht, als der Unfall passierte, die Weihnachtsfeste und Schülerbälle. Mit Stolz und Humor wachen sie aus einem mühsam errungenen Abstand heraus über ihre Brut. Es ist die Zeit des leeren Nests.

Langsam, langsam ändert sich etwas. Etwas Wunderbares scheint heranzuschweben, kaum zu erahnen, in hellen Momenten kurz erblickt. Nach einem Besuch bei den Kindern sind sich die Eltern fast sicher.

Ein Sohn breitet ein Handtuch auf den Tisch und bügelt eine perfekte Falte in seine besten Hosen (*Bügelbrett!,* denkt die Mutter und schreibt es sich auf die mentale Einkaufsliste in ihrem Kopf.) »Ich lade euch in ein französisches Restaurant zum Essen ein«, lässt der junge Mann verlauten. »Ich habe einen Tisch bestellt.«

»Bin ich anständig angezogen?«, fragt seine Mutter und ist plötzlich richtig schüchtern. Er geht mit ihr durch die Straßen der Stadt, umgeben von einer Aura der Sicherheit. Sein Arm liegt leicht auf ihren Schultern.

Oder eine Tocher bietet ihren Eltern die beiden einzigen Stühle an, die sie besitzt. Sie hat Pflanzen aus Stecklingen gezogen, eine Wand mit eigenen Bildern verziert und drei Wochenenden geopfert, um die kleine Frisierkommode zu restaurieren, in der sich ein Sonnenstrahl spiegelt.

Ihre Eltern betrachten ihre Tochter mit staunender Liebe. Das Zimmer ist unter ihren Händen ein Kleinod geworden. »Wunderhübsch«, sagen sie ihr ganz ehrlich. »Es ist richtig gemütlich bei dir.«

Und was ist heute? Ist jetzt heute? Ja. Die irgendwie wunderschöne Rückschau. Die Generationen lächeln einander zu, als wollten sie sich gegenseitig gratulieren. Die Kinder sind keine Kinder mehr. Die Eltern sehen ehrfurchtsvoll junge Erwachsene vor sich.

Es ist wunderschön. Das hätte ich mir nicht träumen lassen. Wie hätte ich mir vorstellen können, dass eine von meinen Dreien, die Schüchterne, ein Aufgebot blendender Mitbewerberinnen übertraf und heute völlig überzeugend Fernseh-Shows moderiert? Dass der Junge, der aus seiner Pubertät einen 3. Weltkrieg machte, seine Lebensaufgabe in einem anstrengenden, hochsensiblen sozialen Beruf finden würde? Oder dass der Bursche, der keine Bücher mochte und für seine Lehrer eine Nemesis war, sich der Wissenschaft zuwendet, ein armseliges Studentenleben auf sich nimmt und die Nächte durch büffelt?

Ich hatte nicht erwartet, dass meine eigenen jungen Erwachsenen von einer Minute auf die andere so überschwänglich lustig und dann wieder so selbstkritisch sein würden: so offenherzig und unvorsichtig. Oder dass das Erwachsenwerden sie dazu anregen könnte, Lebensversicherungen abzuschließen und Eigentumswohnungen zu kaufen. Oder dass sie sich als Geschwister gegenseitig Geld leihen würden, wo sie sich früher nur die Lutscher geklaut haben. Oder dass ich beim Betreten ihrer Wohnungen Mozart-CDs höre und Bücher finde, die sie mir ausleihen wollen.

Es war einmal vor langer Zeit, da wartete ich 3-mal 9 Monate lang mit Spannung, wie es aussehen würde, das neue wundersam gestaltete Menschenkind.

»Oh, schaut nur!«, sagte ich und verliebte mich. Heute sind meine Kinder auf eine andere Art wieder ebenso neu für mich. Und ich verliebe mich wieder.

Meine Tochter und ich teilen offen die komplexe Welt unseres Innenlebens und alle anderen Welten, die wir kennen. Gerührt merke ich, wie ihre Gesten und Bewegungen mich an die ihrer Großmutter oder an meine eigenen erinnern. Wir sind durch unbewusste Geheimnisse verbunden und von guten Mächten wunderbar geborgen.

Mein Sohn fliegt quer durchs Land und verbringt seine einzigen Ferien im ganzen Jahr bei mir. Er folgt mir in die Küche, probiert aus den Töpfen, reicht das Geschirr an. Wir lassen uns in der Sonne bräunen. Lesen schweigend nebeneinander. Er joggt. Ich pflege die Blumen im Garten. Wir spazieren am Strand entlang, den die Wellen aufgewühlt haben. Wir reden und reden und später spielen wir Scrabble bis Mitternacht. Ich bin unglaublich glücklich.

»Aber es sind ja deine Ferien!«, erinnere ich ihn. »Wollen wir etwas besonders Schönes unternehmen?«

»Ja, das hier«, sagt er. »Genau das.«

Als meine Kinder sich zum ersten Mal auf und davon wagten, hatte ich das bange Gefühl, sie seien auf dem Flug zu außerirdischen Sphären, dass sie unerforschte Räume betraten und dass mein Herz beim Versuch, ihnen zu folgen, sicherlich verloren ginge. Ich dachte, dies sei das Ende meines Mutterseins. Und was ist daraus geworden? – Der beste Teil; das Finale, festeste Bindung; das Ziel und der Lohn.

Vorschau

Sind das nicht wunderschöne Gedanken von Joan Mills? Nach Jahren gemeinsamer Kämpfe und Freuden mit den Kindern, nach gefeierten Siegen und sorgenschweren Niederlagen, steht der beste Teil für Sie als Eltern noch aus!

In Psalm 127,3 heißt es: *Kinder sind ein Geschenk des Herrn, mit ihnen belohnt er die Seinen.* Ein Teil dieser Belohnung ist, dass sie Ihre Kinder heranwachsen sehen dürfen. Ja, das ist manchmal gar nicht einfach. Und doch würde ich heute alles dafür geben, wenn ich noch einmal einige wenige dieser goldenen Tage nacherleben dürfte. Die meisten Eltern von erwachsenen Kindern sagen dasselbe.

Aber ein anderer Teil der Belohnung – und nach Joan Mills Geschichte zu urteilen, der beste Teil – ist das, was geschieht, nachdem Ihre volljährigen Kinder das Haus verlassen haben und ihren eigenen Weg gehen. Obwohl Ihre Beziehung zu Ihren Kindern sich verändert, wenn sie erwachsen sind, werden Sie tatsächlich feststellen, dass Sie sich noch einmal neu in sie verlieben.

Lassen Sie uns in unserer letzten gemeinsamen Woche über den Lohn der Elternschaft reden. *JD*

Fröhliche Ernte

Wir wollen nicht müde werden zu tun, was gut und recht ist. Wenn die Zeit da ist, werden wir auch die Ernte einbringen; wir dürfen nur nicht aufgeben. Galater 6,9

Gigi Graham Tchividjian und ihr Mann Stephan haben sehr viel Erfahrung im Umgang mit Lust und Last der Elternschaft – sie haben 7 Kinder. Es ist klar, dass sich bei einer Spanne von 20 Jahren zwischen dem ältesten und jüngsten Kind ihre Familienaktivitäten oft schwierig gestalten ließen, zum Beispiel bei Hausandachten. Es war immer ein Abenteuer, Material zu finden, das die Aufmerksamkeit der älteren Kinder fesselte und gleichzeitig für die jüngeren verständlich war. Oft war es ein Kampf, sie überhaupt alle in dem gleichen Zimmer zu versammeln!

Gigi und Stephan schafften es. Sie hielten die Familienandachten für absolut wichtig. Nach vielen Jahren sahen sie die Früchte ihrer Bemühungen. Stephan zum Beispiel begegnete überraschend einem seiner Söhne, der mit seiner Freundin spazieren ging. »Wir haben gerade gemeinsam unsere Andacht im Auto gehalten«, bemerkte er beiläufig. Ein anderer Sohn teilte Gigi beim Abendbrot mit, wie viel ihm die Andachten mit der Familie immer bedeutet hatten. Er hatte dabei begriffen, dass das Leben als Christ eine tägliche, arbeitsintensive Realität ist. Gigi stellte daraufhin fest, dass die Auseinandersetzungen um die Familienandachten die Mühe wert gewesen sind.

Auch Sie werden sich gelegentlich fragen, ob sie jemals Früchte Ihrer Bemühungen sehen werden. Wir glauben, dass Sie, wenn Sie durchhalten, tatsächlich fröhlich eine reiche Ernte einfahren werden.

Gute-Nacht-Gedanken

- Verfolgen Sie geistliche Ziele für Ihre Kinder?
- Auf welchen Gebieten war es mit Ihren Kindern am schwierigsten, und welche Lösungen haben Sie gefunden?
- Wie können Sie einander helfen, »nicht müde zu werden«?

Lieber Vater, manchmal sind wir so erschöpft von dem täglichen Kampf, dass wir den Blick für die richtige Richtung verlieren. Hilf uns, Vater. Stärke uns, damit wir das Beste aus unseren heutigen Gelegenheiten machen ... lieben, beraten, warnen und ermutigen. Amen.

DIENSTAG

Anfang und Ende

Siehe, ich mache alles neu! Offenbarung 21,5

Mit dem Ende Ihrer formalen Erziehungsaufgabe geht eine Epoche zu Ende. Gleichzeitig ist es eine großartige Gelegenheit – die Chance, eine wunderschöne neue Beziehung zu Ihren erwachsenen Kindern zu beginnen.

Mike und Margi Klausmeier aus Colorado Springs genießen ihre Kinder heute mehr als in der Zeit, da sie heranwuchsen. Die Zwillinge Matthew und Vacid haben beide mit ihren Eltern in der evangelistischen Organisation *Jugend mit einer Mission* gearbeitet. Tochter Katie reiste mit ihrer Mutter kürzlich auf einer Missionsreise durch Indien und wird bald ihre Mutter und einen Bruder nach Kambodscha begleiten.

Mike sagt: »Unsere Beziehung zu unseren Söhnen ist eine Beziehung zwischen erwachsenen Christen geworden. Wir kamen uns durch den gemeinsamen Glauben sehr viel näher und sie teilen ihren Weg mit uns.« Margi ergänzt, dass die Missionsarbeit mit ihrer Tochter sie unglaublich eng zusammengebracht habe.

Gott selbst sagt: *Ich schaffe jetzt etwas Neues. Es kündigt sich schon an, merkt ihr es denn nicht?* (Jesaja 43,19). Gott ist in Ihren erwachsenen Kindern immer noch am Werk. Wir möchten Ihnen Mut machen, Ihre Kinder in dieser nächsten Lebensphase als junge Erwachsene anzunehmen und Ihnen Ihre Freundschaft und elterliche Unterstützung anzubieten. Und dann beobachten Sie und sehen, was Gott tut. Sie werden feststellen, dass Ihre Beziehung zu Ihren Söhnen und Töchtern in gewisser Hinsicht gerade erst beginnt.

Gute-Nacht-Gedanken

- Wie können Sie Ihren heranwachsenden Kindern mehr Freundschaft anbieten?
- Was möchten Sie mit ihnen Neues erleben?
- Wie möchten Sie Ihre Beziehung zu Ihren Kindern verändern, wenn sie erwachsen sind?

Herr, die Phasen unseres Lebens eilen nur so dahin. Danke für deine Liebe und Fürsorge in all den Jahren. Hilf uns dabei, eine neue Art der Beziehung zu unseren volljährigen Kindern aufzubauen, die uns ihnen näher bringt und dir Ehre macht. Amen.

MITTWOCH

Kühlschrankkunst

Zugleich hörte er eine Stimme vom Himmel her sagen: »Du bist mein Sohn, dir gilt meine Liebe, dich habe ich erwählt.« Markus 1,11

Ellen, 34 und Mutter von drei Kindern, nimmt Kunstunterricht in einer Volkshochschule ihrer Stadt. Eines Tages erklärt ihr der Lehrer, dass die Zeichnung, die am ersten Tag des Kurses angefertigt wurde, in eine Mappe gehört, die den Hauptteil ihrer Arbeit ausmachen wird.

»Kann ich auch eine andere Zeichnung einbringen?«, fragte Ellen ihren Lehrer schüchtern. »Ich habe die erste Zeichnung nicht mehr.« Der Lehrer wollte wissen, was mit der ersten Arbeit passiert sei. Ellen antwortete mit einer Spur von Stolz in der Stimme: »Sie hängt am Kühlschrank meiner Mutter.«

Obwohl sich die Beziehung zu Ihren erwachsenen Kindern natürlich verändert, heißt das nicht, dass damit ihre Elternschaft *beendet* ist. Sie können sich natürlich auch weiterhin für die Arbeit Ihrer Kinder interessieren und ihr Gelingen bewundern. Sie können sie in ihren Entscheidungen bestätigen und ihnen zeigen, dass sie stolz auf sie sind. Dabei werden Sie entdecken, dass Sie eine neue Ebene gegenseitiger Hochachtung und Wertschätzung für Ihre Kinder entwickeln.

Unser Gott hat den Himmel geöffnet, um seine Freude über seinen Sohn zum Ausdruck zu bringen (Markus 1,10–11). Sollten wir uns da nicht die Mühe machen, auf unsere Weise das Gelingen unserer eigenen Kinder zu feiern? Vielleicht beginnen Sie mit dem Ehrenplatz an Ihrer Kühlschranktür.

Gute-Nacht-Gedanken

- Wie können Sie Ihren erwachsenen Kindern zeigen, dass Sie stolz auf sie sind?
- In welcher Weise haben Ihre Eltern Sie als Erwachsene bestätigt?
- Wie haben Sie sich durch ihre Bestätigung gefühlt?

Vater, kritische und erniedrigende Worte schlüpfen uns so leicht über die Lippen. Hilf uns durch die Kraft deines heiligen Geistes, dass wir auch unsere erwachsenen Kinder mit Worten und Taten aufbauen, ermutigen und feiern ... und auch einander als Mann und Frau. Amen.

DONNERSTAG

Der Segen der Enkelkinder

Wir wollen dir allezeit danken und deinen Ruhm verkünden in allen Generationen. Psalm 79,13

Das Buch der Sprichwörter sagt: *Der Alten Krone sind Kindeskinder.* (Sprichwörter 17,6 L.) Zur Zeit der Bibel war es ein großer Segen, seine Enkelkinder heranwachsen zu sehen. Auch heute ist das noch so. Es ist eine tiefe Freude, die Sie erfüllt, wenn Sie sehen, wie eine neue Generation in die Welt gesetzt wird. Diese wertvollen Wesen sind ein Teil von Ihnen, ein Verbindung zwischen Vergangenheit und Zukunft.

Der Segen der Enkelkinder wächst mit Ihrem Verantwortungsbewusstsein. Gott schenkt Ihnen die Gelegenheit, Ihr geistliches Erbe an Ihre Nachkommen weiterzugeben. Meine (JD) eigene Großmutter, die wir »die Kleine Omi« nannten, weil sie so zierlich war, war die Freude meiner Kindertage. Sie erzählte mir oft, wie schön es im Himmel sein wird, und machte mich ganz neugierig darauf. Von meinem Vater wusste ich, dass seine Mutter ihre 6 Kinder täglich um die Bibel versammelt hatte, aus der sie vorlas und betete. Anschließend hat sie davon gesprochen, wie wichtig es ist, Jesus zu kennen und ihm zu gehorchen. Oft hat sie gesagt: »Wenn eins von euch den Glauben verliert, wäre es besser für mich, ich wäre nie geboren.«

Falls Sie Enkelkinder haben, bitte ich Sie dringend, sich mit ihnen zu beschäftigen und sie kennen zu lernen. Interessieren Sie sich für ihre Interessen. Machen Sie mit ihnen Spiele und lesen Sie ihnen etwas vor. Erzählen Sie ihnen Geschichten aus Ihrem Leben. Und vor allem, erzählen Sie ihnen von Jesus. Helfen Sie ihren Enkelkindern, im Glauben fest zu werden. Das ist Ihre schönste Aufgabe als Großeltern.

Gute-Nacht-Gedanken

- Wie sehen Sie Ihre Rolle als Großeltern?
- Wie können Sie helfen, den Glauben Ihrer Enkelkinder zu stärken?

Lieber Herr, sollte es dein Plan für unsere Familie sein, dann freuen wir uns auf Enkelkinder. Zeig uns, wie wir die Zeit mit unseren Enkeln nutzen können, und leite uns durch deinen Geist im Gebet für unsere eigenen Kinder, dass sie unser geistliches Erbe der nächsten Generation weitergeben können. Amen.

FREITAG

Der Lohn

Durch Jesus, unseren Herrn, schenkt er uns ein Leben, das keinen Tod mehr kennt. Römer 6,23

In einer guten Beziehung zwischen Eltern und ihren erwachsenen Kindern liegt eine sehr große Lebenserfüllung. Ich (JD) erinnere mich gern an besondere Augenblicke mit meinen Eltern als erwachsener Sohn. Als Vater genieße ich heute mehr denn je die Zeit mit meinen erwachsenen Kindern Danae und Ryan.

Und doch gibt es noch einen größeren Lohn für Eltern. Unsere Zeit auf dieser Erde wird ein Ende haben – vielleicht schneller als wir denken. Mütter und Väter dürfen sich auf das große Ziel freuen: Das Zusammensein mit Ihren Kindern nicht nur hier und heute, sondern auch in der Ewigkeit.

Es gehört zu Gottes Plan für Familien, dass Eltern und Kinder nur eine kurze Zeit getrennt werden und dann für immer im Himmel vereint sind. Wenn Gott mich zu sich ruft, weiß ich, dass meine Eltern mich mit offenen Armen empfangen und willkommen heißen werden. Und eines Tages, vielleicht gar nicht lange danach (wenn die Wahrscheinlichkeitsrechnung stimmt), werde ich dasselbe für meine eigenen Kinder tun.

Genau das ist der Lohn, der alle anderen Freuden übersteigt – ein glücklicher Familienzusammenschluss, der für immer hält. Ich bete darum, dass Ihre Familie »die Krone der Gerechtigkeit« erhält (2. Timtheus 4,8), die den Glaubenden verheißen ist.

Gute-Nacht-Gedanken

- Sehen Sie und Ihre Kinder gemeinsam einer Zukunft im Himmel entgegen?
- Stimmen Sie damit überein, dass das ewige Leben durch Jesus zu erlangen, das Wichtigste für uns und unsere Kinder ist?

Herr, füll unsere Herzen mit dieser Hoffnung: ... Immer bei dir, immer miteinander an dem Ort, den du für uns vorbereitet hast. Was das Leben uns auch bieten mag – nichts lässt sich mit der Vorstellung vergleichen, einmal mit dir als Familie im Himmel vereint zu sein. Wir beten, dass das für uns alle gilt. Amen.

SAMSTAG

Lebensabschnitte

Alles, was auf der Erde geschieht, hat seine von Gott bestimmte Zeit.
Prediger 3,1

Lassen Sie mich meinen Beitrag zu diesem Buch mit einem letzten Gedanken für Frauen schließen, besonders für die Frauen, die Vollzeitmütter sind. In einer Gesellschaft, die die Bedeutung der Mutter immer mehr entwertet, werden sich Ihnen bestimmt Fragen zur eigenen Identität stellen.

Als meine Kinder klein waren, hat mich dieses Thema umgetrieben. Ich erinnere mich gut, wie ich zu meinem Mann sagte: »Ich weiß, wer *du* bist, aber bitte sag mir noch mal, wer *ich* bin.«

Jim hat mir geduldig durch diese Zeiten hindurchgeholfen. Er erinnerte mich daran, dass Gott mir als wichtigste Aufgabe die Sorge für unsere beiden Kinder und unser Zuhause anvertraut hatte. »Wenn diese kurze Zeit vorüber ist«, sagte er, »wird er neue Herausforderungen an dich stellen. Du wirst es erleben.« Damit fühlte ich mich in meiner Aufgabe als Familienfrau bestätigt und habe mich über meine Rolle als Vollzeitmutter gefreut. Ich habe den Kindern in der Zeit, in der sie mich am meisten brauchten, meine ganze Aufmerksamkeit gewidmet. Heute bin ich dankbar zu sehen, was Gott aus dieser Mühe gemacht hat. Ich würde es keinen einzigen Tag anders haben wollen, wenn ich mein Leben noch einmal leben müsste.

Als die Zeit vorüber war, erwiesen sich Jims Worte als zutreffender, als er selbst gedacht hatte. Unser Jüngster hatte kaum das College verlassen, da betraute mich Gott mit der Verantwortung, ein nationales Gebetstreffen ins Leben zu rufen. Ich wurde Vorsitzende der *National Day of Prayer Task Force*. Als Ergebnis unserer Arbeit finden heute jährlich über 500 Gebetsversammlungen in unserem Land statt. Diese zeitaufwendige Aufgabe hätte ich unmöglich übernehmen können, solange unsere Kinder klein waren. Doch da meine Aufgabe als Mutter jetzt vollendet ist, setzt Gott mich auf eine neue, mich ausfüllende Weise ein.

Ich hoffe, dass Sie, falls Sie kleine Kinder haben und »Vollzeitmutter« oder »Teilzeitmutter« sind, sich nicht von der allgemeinen Meinungsmache beeinflussen lassen, dass Sie mit den Kindern irgendwie

Ihre Zeit verschwenden. Das ist eine Lüge! Es gibt keine größere Lebensaufgabe, als kleine menschliche Wesen auf die Welt zu bringen und ins Leben zu begleiten. Die Zeit dafür vergeht wie im Flug. Danach richtet sich der Blick wieder auf eine andere Lebensphase. Salomo drückt das so aus:

Alles, was auf der Erde geschieht, hat seine von Gott bestimmte Zeit:
Geboren werden und sterben,
einpflanzen und ausreißen,
töten und Leben retten,
niederreißen und aufbauen,
weinen und lachen,
wehklagen und tanzen,
Steine werfen und Steine aufsammeln,
sich umarmen und sich aus der Umarmung lösen,
finden und verlieren,
aufbewahren und wegwerfen,
zerreißen und zusammennähen,
schweigen und reden.
Das Lieben hat seine Zeit und auch das Hassen,
der Krieg und der Friede.
Prediger 3,1–8

Die Zeit der Kindererziehung ist vorbei, bevor Sie es bemerken. Danach verändert sich Ihr Leben wiederum radikal. Seien Sie zufrieden mit der Aufgabe, vor die Gott Sie im Augenblick stellt, und machen Sie Ihre Sache gut! Den Rest Ihres Lebens können Sie dann wieder andere Talente einsetzen. Eine völlig neue Identität erwartet sie in der nächsten Lebensetappe. Geben Sie Ihren Kindern das Beste, was Sie Ihnen geben können: Ihre Zeit.

Sie werden es nie bereuen!

Nachwort

Bei all den Aufgaben, die Eltern zufallen – Windeln wechseln, Pflaster auf zerschundene Knie kleben, Hausaufgaben überprüfen, zu Sport- und Musikstunden fahren, Fotos und Videofilme machen –, kann man sich kaum vorstellen, dass das eines Tages alles zu Ende sein soll. Wir wollen gar nicht aufhören, Vater oder Mutter zu sein und unsere Söhne und Töchter zu versorgen und zu umhegen. Und doch kommt eines Tages der Augenblick, wo Sie sagen werden: »Es ist geschafft. Nun ist Schluss. Ich habe meinen Kindern alle Einsichten und Weisheiten vermittelt, dich ich habe, und wenn Sie meine Hilfe nun nicht mehr brauchen – nun gut, dann sind sie jetzt selbst an der Reihe.«

Wenn Sie diesen Moment erreicht haben, bitten wir Sie: Freuen Sie sich! Feiern Sie ein Fest! Sie haben an einem der größten Privilegien dieses Lebens Anteil gehabt – Sie haben junge Menschen auf eine gute Zukunft auf dieser Erde und auf eine weitaus bessere im Himmel vorbereitet. Wenn Sie sich selbst voll und ganz eingebracht haben und versucht haben, in Gottes Sinn zu handeln, dürfen Sie sich mit großer Zufriedenheit zurücklehnen. Es gibt keinen besseren Lohn, als wenn Gott zu Ihnen sagt: »Gut gemacht!«

Wir möchten Ihnen mit dem folgenden Gebet, das uns aus dem Herzen spricht, helfen, mutig diesen unvorstellbaren Augenblick ins Auge zu fassen:

Himmlischer Vater, ich sehne mich danach, ein Vater oder eine Mutter nach deinen Vorstellungen zu sein. Mein höchstes Ideal ist, dass du meinem Umgang mit den mir anvertrauten Kindern zustimmen kannst. Aber ich fühle mich so unfähig! Es macht mir Angst zu sehen, wie sehr mein eigenes Beispiel meine Kinder in dem beeinflusst, was sie tun und wie sie über dich denken. Ich tröste mich damit, dass ich weiß, du erwartest nur das von mir, was ich auch geben kann. Danke für das gute Beispiel, das du mir durch meine eigene Familie und/oder andere Menschen gegeben hast. Danke für die Richtlinien, die du uns in der Bibel gibst. Hilf mir bitte, meine geliebten Söhne und Töchter, die du mir anvertraut hast, nach bestem Wissen und Gewissen zu begleiten und zu unterweisen. Vor allem bitte ich dich, dass unser Familienband nicht zerreißt und wir später einmal gemeinsam vor dir stehen können. Danke für meine Kinder. Amen.

Gott segne Sie und Ihre Kinder ... und vergessen Sie nicht, das Licht auszuknipsen!

James und Shirley Dobson

Anmerkungen

1. WOCHE

Sonntag: »Footsteps« von Dennis Rainey aus Parenting Today's Adolescent *von Dennis und Barbara Rainey mit Bruce Nygren, Thomas Nelson 1998*
Dienstag: Statistiken aus »Teens and Adults Have Little Chance of Accepting Christ As Their Savior,« *Barna Research Online*, 15. November 1999 wie zitiert in *Bringing Up Boys* von James Dobson, Tyndale House Publishing 2001
Samstag: Gebet aus *Bringing up Boys* 2001, a.a.O.

2. WOCHE

Sonntag: »Living and Learning« von Robin Jones Gunn 1998. Besuchen Sie ihre Website unter www.robingunn.com. Geistliche Checkliste zu *Emotions: Can You Trust Them?* von Dr. James C. Dobson, Gospel Light Publications 1980
Montag: Danae Dobson, zitiert aus *What My Parents Did Right,* zusammengestellt und veröffentlicht von Gloria Gaither, Star Song Publishing Group, 1991
Samstag: aus *Wenn Liebe hält, was sie verspricht* von Robertson McQuilkin, Gerth Medien 1998

3. WOCHE

Sonntag: »Innocent Petitions« von Robin Jones Gunn aus *Mothering by Heart,* Multnomah Publishers 1996
Dienstag: zitiert aus *Growing a Spiritually Strong Family* von Dennis und Barbary Rainey mit Bruce Nygren, Multnomah Publishers 2002

4. WOCHE

Sonntag: »Lavender Memories« von Sandra Picklesimer Aldrich und Bobbie Valentine. Aus *Heart Prints*, WaterBrook Press, Colorado Springs 1999

Mittwoch: Werteliste aus *Growing a Spriritually Strong Family* von Dennis und Barbara Rainey mit Bruce Nygren, a.a.O.

Donnerstag: aus *Bringing Up Boys*, a.a.O.

5. WOCHE

Sonntag: »Remodeling Job« von Bob Welch aus *A Father for All Seasons*, Harvest House Publishers, Oregon 1999

6. WOCHE

Sonntag: »Time Alone for Mom« von Crystal Kirgiss. Aus: *More Stories for the Heart*, Alice Gray, Multnomah Publishers 1997

Montag: Statistiken aus »Parent's Love Affects Child's Health, *Reuters*, 10. März 1997, zitiert in *Bringing Up Boys*, a.a.O.

7. WOCHE

Sonntag: »Stay!« von Jodi Detrick. Mit Erlaubnis der Autorin.

Samstag: aus *The Dance of Heaven* von Becky Sowers, Multnomah Publishers 2001

8. WOCHE

Sonntag: »Family Picture« von Gary Rosberg, aus *Guard Your Heart*, Multnomah Publishers 1994

Dienstag: aus *Bringing Up Boys*, a.a.O.

9. WOCHE

Sonntag: »Three Days of Joy« von Sandra Byrd. Mit Erlaubnis der Autorin.
Mittwoch: Statistiken aus »The Parent Trap«, *Newsweek*, 29. Januar 2001; *University of Michigan Institute for Social Research und Surface Transportation Police Project of Washington, D. C.*, wie in Cox News Service vom 26. Juli 2000 berichtet.
Donnerstag: aus »A Walk with a Child« von Faith Andrews Bedford, *Country Living*, Mai 1998

10. WOCHE

Sonntag: »Standing Tall« von Steve Farrar. Aus *Standing Tall*, Multnomah Publishers 1994

11. WOCHE

Sonntag: »Love Wins« von Pasty G. Lovell. Aus *Focus on the Family* 1993

12. WOCHE

Sonntag: »Run, Tami, Run« von John William Smith. Aus *Hugs for Mom*, Howard Publishing 1997
Dienstag: aus *What Kids Need Most in a Dad* von Tim Hansel, Fleming H. Revell Company 1984
Mittwoch: Illustration entnommen aus *Mothers Have Angel Wings*, herausgegeben von Carol Kent NavPress Publishing Group 1997
Freitag: aus *Leaving the Light On* von Gary Smalley und John Trent, Multnomah Publishers 1994

13. WOCHE

Sonntag: »Finders, Keepers« von Faith Andrews Bedford. Aus *Country Living* 1996

Mittwoch: aus *Living in Light of Eternity* von Stacy und Paula Rinehard, NavPress 1986

Donnerstag: Studie veröffentlicht in *Rich Kids* von John Sedgwick, William Morrow and Company 1985

Samstag: aus *The Treasure Principle* von Randy Alcorn, Multnomah Publishers 2001

14. WOCHE

Sonntag: »A Father's Blessing« von Morgan Cryar. Dieser Artikel ist mit Erlaubnis entnommen aus *Decision* Juni 1996. Billy Graham Evangelistic Association

Dienstag: aus *Das Gebet des Jabez – Andachten* von Bruce Wilkinson mit David Kopp, Gerth Medien 2002

Freitag: Statistik aus »Expenditures on Children by Families: 2000 Annual Report,« USDA Center for Nutrition Policy and Promotion. http://www.govspot.com/news/reports/family.htm (Zugang 16. Juli 2002).

Samstag: zitiert aus »Special Occasions« von Faith Andrews Bedford, *Country Living*, November 1999

15. WOCHE

Sonntag: »Holding On to Innocence« von Dale Hanson Bourke. Aus *Everyday Miracles*,Word Publishing 1989

Montag: aus Ellen Goodman: »Battling Our Culture Is Parents' Task«, *Chicago Tribune,* 18. August 1994

Dienstag: aus *Bringing Up Boys*, a.a.O. Nazi-Methoden aus »Courageous Choices«, *Focus on the Family* vom 24. Mai 2001

16. WOCHE

Sonntag: »Double Life« von Michael Fitzpatrick C 2000. Mit Erlaubnis des Verfassers.
Mittwoch: Material von Ellen Sorokin: »Conservative Groups Scold Powell«, *Washington Times*, 16. Februar 2002, und »Sexually Transmitted Disease Surveillance, 2000«, Centers for Disease Control and Prevention, Atlanta, Georgia, U. S. Department of Health and Human Services, September 2001 (www.cdc.gov/std/stats/TOC2000.htm)
Freitag: Zitate von Peter Singer, *Practical Ethics,* 2. Ausgabe (Cambridge, U. K.: Cambridge University Press, 1993), 191 und Paul Zielbauer, »Princeton Bioethics Professor Debates View on Disabilities and Euthanasia,« *New York Times,* 13. Oktober 1999, B8

17. WOCHE

Sonntag: »Sweet Dreams« von Jeannette Clift George. Aus *Mothers Have Angel Wings*, zusammengestellt von Carol Kent, NavPress/Pinon Press1997
Montag: aus *Bringing Up Boys*, a.a.O.
Dienstag: aus »Awards Ceremony« von P. R. aus *Sons: A Father's Love* von Bob Carlisle,Word Publishing 1999
Samstag: Martha Sherrill »Mrs. Clinton's Two Weeks out of Time: The Vigil for Her Father, Taking a Toll Both Public and Private«, *Washington Post*, 3. April 1993

18. WOCHE

Sonntag: »Chase and the Beanstalk« von Dale Hanson Bourke. Aus *Everyday Miracles,* Word Publishing 1989
Mittwoch: »Do What?« von Carole Mayhall 1997
Samstag: »True Generosity« von Elizabeth Cobb 1999

19. WOCHE

Sonntag: »I wasn't Prepared for a Prodigal« von Gigi Graham Tchividjian. Aus *Currents of the Heart,* Multnomah Publishers 1996

20. WOCHE

Sonntag: »Yerr Out!« von Clark Cothern. Aus *At the Heart of Every Great Father,* Multnomah Publishers 1998

Montag: aus *God's Little Devotional Book for Dads* Honor Books 1995

Mittwoch: aus »Fare Is Fair« von Lucile Lind Arnell, *Reminisce Extra,* Februar 1999

Freitag: Statistik aus »Census Bureau Says 7 Million Grade-School Children Home Alone«, U. S. Census Bureau 31. Oktober 2000. http/ww.census.gov/Press-Release/www/2000/cb00-181.html (16. Juli 2002)

21. WOCHE

Sonntag: »It Is Well with My Soul« von Jennifer Rothschild. Aus *Lessons I Learned in the Dark* Multnomah Publishers 2002

22. WOCHE

Sonntag: »Infamy on Ice« von Phil Callaway. Aus *Who Put the Skunk in the Trunk?,* Multnomah Publishers 1999

Samstag: aus *Weatherproof Your Heart* von Gigi Graham Tchividjian, Fleming H. Revell Company 2000

23. WOCHE

Sonntag: »Perspektive« von Gary Smalley und John Trent. Aus *Leaving the Light On,* Multnomah Publishers 1994

Mittwoch: aus *Designed for Excellence* von Lori Salierno mit Esther Bailey, Anderson 1995

24. WOCHE

Sonntag: »Neighborhood Secrets« von Sandra Byrd, aus *Heartbeats,* WaterBrook Press, Colorado 2000

Dienstag: aus *Standing Tall* von Steve Farrar, Multnomah Publishers 1994

Samstag: aus *Being a Great Mom, Raising ReatKids* von Sharon Jaynes, Moody Press 2000

25. WOCHE

Sonntag: »Our Girl« von Max Lucado. Aus *Six Hours One Friday,* Multnomah Publishers 1989

Freitag: aus Erma Bombeck, »Fragile Strings Join Parents, Child«, *Arizona Republic*, 15. Mai

26. WOCHE

Sonntag: »Season of the Empty Nest« von Joan Mills. Abgedruckt mit Erlaubnis aus der Januarausgabe 1981 von *Reader's Digest*

Montag: aus *Weatherproof Your Heart* von Gigi Graham Tchividjian, Fleming H. Revell 2000

Donnerstag: aus *Bringing up Boys*, a.a.O.